Storia istituzionale e politica della Sicilia
Un compendio

Di Massimo Costa

Prima edizione: 2019

Copertina di Silvio Catalano
Grafica di Silvio Catalano

Massimo Costa (nato a Palermo nel 1967), Ordinario di Economia aziendale all'Università degli studi di Palermo, è un aziendalista, economista e studioso di scienze storico-sociali, noto particolarmente per la sua attività pubblicistica su temi che riguardano lo Statuto della Regione siciliana e i rapporti finanziari tra lo Stato e la Regione. Tra i suoi interventi divulgativi un campo particolare è quello dedicato alla storia della Sicilia e in particolare alle istituzioni socio-economiche del Regno di Sicilia.

Questo testo riprende gran parte di questi interventi e copre altri temi e tempi, nell'intento di fornire un testo di storia istituzionale completo della Sicilia, sotto forma di compendio, per coprire un campo poco "arato" nella storiografia tradizionale, o sbrigativamente coperto con la narrazione delle "dominazioni", non condivisa dall'autore, o sostituita da "microstorie" o da "teoremi" socio-economici, in genere di stampo volutamente denigratorio. Egli sostiene, al contrario, che la Sicilia ha avuto una storia statuale, giuridica, istituzionale propria e non diversa da quella di qualunque altro paese europeo, con le sue luci e le sue ombre, occultata sino ad oggi per motivi essenzialmente ideologici, e in questo riportata alla dovuta attenzione, senza alcuno sciovinismo o agiografia, ma anche con riferimenti a fatti e istituzioni, la cui esistenza è oggettiva e difficilmente confutabile.

In quanto "compendio", l'autore ha scelto di non appesantire il testo con i riferimenti storiografici e documentali che di volta in volta fondano le affermazioni contenute nel testo. Nondimeno questi, e segnatamente le più note e classiche opere di storiografia della Sicilia, non sfuggiranno allo storico più attento che potrà verificare l'assoluto rigore di ogni affermazione riguardo al fatto storico, mentre i giudizi sono presentati come tali.

Una storia vista sì da un punto di vista nazionale siciliano, per nulla frequente nella storiografia odierna, spesso inconsciamente e visceralmente anti-siciliana, ma sempre con grande equilibrio, sempre pronta a mettere in evidenza le contraddizioni e i diversi punti di vista delle parti in gioco, senza mai assumere partito preso.

Di particolare interesse la storia delle istituzioni, costituzionali, legislative ed amministrative, comprese quelle religiose, culturali, militari, con particolare riguardo a quelle del Regno di Sicilia, letteralmente dissotterrate dall'oblio. E così pure la storia politica, con le posizioni dei vari partiti, nel senso lato del termine, e le scelte dei governi di volta in volta susseguitisi alla guida dell'Isola, con particolare riguardo a quella svoltasi nella massima istituzione che ha sfidato i secoli, fino a diventare l'emblema stesso delle istituzioni siciliane: il Parlamento.

Una storia da amare, la *nostra* storia, da leggere, da studiare, da diffondere, perché la "rivelazione" che in essa è contenuta possa essere condivisa da quanti più

Siciliani possibili, ieri come oggi figli della Terra al centro delle terre emerse, al centro della civiltà mondiale. Perché la storia della Sicilia non è solo una storia nazionale particolare; in Sicilia – come bene disse Goethe – "è la chiave di tutto".

PARTE I:

SICILIA ANTICA O SICULO-SICELIOTA

La storia della *Sicilia antica* va dalla "notte dei tempi" fino allo sbarco dei Normanni nel 1060/61. È in altre parole, per convenzione, tutta la storia di Sicilia precedente al Regno di Sicilia. A parte la preistoria e protostoria, simile a quella di tanti altri popoli dell'Europa meridionale (un substrato di culture mediterranee, cui si sovrappone un'invasione indoeuropea nell'Età del ferro), "Sicilia antica" è praticamente sinonimo di "Civiltà Siculo-Siceliota", o poco più che "Civiltà Greca di Sicilia".
L'elemento greco si installa nell'Isola a partire dal VIII secolo a.C. e rapidamente assimila tutti gli altri elementi, quanto meno nella cultura alta. La Sicilia greca può essere considerata una delle più grandi civiltà dell'Antichità, insieme a quella greca propria, a quella egiziana, a quelle dell'Asia Minore, della Mesopotamia, e così via, una vera radice della storia mondiale, con un'epopea politica oggi in gran parte ingiustamente dimenticata.
Anche nei lunghi secoli di appartenenza all'Impero Romano, come Provincia, la Sicilia resta terra greca, o greco-romana, senza una reale soluzione di continuità nella sua cultura, a parte la fondamentale transizione dal paganesimo al cristianesimo, anche questa con molti elementi di continuità nell'apparente cesura. Dapprima Provincia della Repubblica Romana, poi dell'Impero Romano, infine, dopo una breve parentesi barbarica, dell'Impero Romano d'Oriente, con cui l'elemento greco si rafforza ancora, sin quasi a far sparire quello latino.
La Civiltà Siceliota (o Siculo-Siceliota, forse più propriamente) sopravvive anche durante la parentesi saracena *alias* arabo-sicula

(relativamente lunga in valore assoluto, ma relativamente breve in relativo alla complessiva storia siciliana), per poi consegnare il testimone alla nuova Sicilia che andranno a costruire i cavalieri normanni.

La costante politica di questo vastissimo periodo è che la Sicilia è sempre una realtà geopolitica a sé, sempre distinta da tutte quelle con cui entra in contatto, che vengano dall'Oriente greco, dall'Occidente latino, o (meno) dall'Africa semitica di Cartaginesi e Arabo-islamici. Sono dapprima gli "indigeni" a scoprire la loro nazionalità nella Lega Sicula di Ducezio (V secolo a.C.), ma poco dopo sono gli stessi Sicelioti di origine greca a considerare concluso il loro antico debito di sangue e comunanza con Ioni o Dori, nel Congresso di Gela del 424 a.C., nel quale nasce il Sicilianismo politico, ovvero l'identificazione dei Siciliani con la sola Sicilia come loro nazione di appartenenza. A tempo immemorabile, precedente ai Greci, risale lo stesso simbolo identitario della Sicilia, la Trinacria. Poco a poco, le pòleis greche entrano nell'egemonia siracusana, poi suggellata dall'Arcontato di Sicilia, con Dionisio il Vecchio, poi dalla Symmachìa di Timoleonte, e infine in un vero e proprio "Regno di Sicilia" con Agatocle, Pirro e Ierone II, seppure non esteso ancora alla provincia occidentale, sempre soggetta ai Punici. Saranno soltanto i Romani a dare unità amministrativa alla Sicilia. La Provincia di Sicilia è erede giuridica, politica e amministrativa del Regno di Sicilia (come la Provincia d'Asia poteva esserlo del Regno di Pergamo, o quella d'Africa della Repubblica di Cartagine, ad esempio) dentro il nuovo Impero universale. E come entità geopolitica a sé, distinta dall'Italia o da altre province dell'Impero, sfida i secoli, per arrivare praticamente intatta all'invasione araba.

Ma anche gli Arabi, già durante la conquista, ne fanno un emirato autonomo dall'Africa, con l'unica variante di essere questa volta centrato su Palermo, e non più sull'antica capitale, Siracusa. L'emirato elettivo autonomo sarebbe diventato sempre più autonomo, poi ereditario, poi sganciato dall'Africa e soggetto direttamente ai califfi del Cairo, infine trasformato in vero e proprio "Regno", come nell'Antichità, soggetto ai califfi solo per quanto concerne la religione.

Il ritorno del Cristianesimo, ma questa volta al di fuori del perimetro dell'Impero, getta le basi per riprendere la strada interrotta con la conquista romana di Siracusa secoli prima, e per ricostruire uno stato sovrano, sulle ceneri dello stato islamico in distruzione, e sulla base dell'elemento greco-romano sottostante ancora ben vivo. Ma questa sarebbe stata una nuova Era. La Sicilia antica a quel punto era ormai definitivamente tramontata.

Il territorio fisico e politico siciliano oggi: la Sicilia e le isole adiacenti (Eolie, Pantelleria, Egadi, Pelagie, Ustica)

Capitolo 1: Sicilia preistorica e protostorica

La Sicilia è una terra geologicamente piuttosto recente. Tranne poche rocce, forse "isole" a suo tempo, fino all'era Terziaria avanzata, essa praticamente non esisteva. All'inizio, circa 230 milioni di anni fa, c'era solo un grande golfo della Tetide, tra ciò che poi sarebbe stata l'Europa e ciò che poi sarebbe stata l'Africa. A quei tempi, ciò che un giorno sarebbe stata la Sicilia, giaceva in fondo ai mari. Il movimento dell'Africa verso l'Europa è lo stesso che in epoca lontanissima fece chiudere quello che era il "golfo" dell'Oceano Indiano nell'attuale Mediterraneo, lo stesso che fece emergere Alpi e Appennini. Questo processo di corrugazione durò dai 45 ai 10 milioni di anni fa.

Poi – com'è noto – vi fu un'epoca, nelle lontane ere geologiche, nella quale il Mediterraneo, trasformatosi in mare chiuso, finì per prosciugarsi quasi del tutto, intorno alla fine del Miocene (6/7 milioni di anni fa), finché l'apertura dello Stretto di Gibilterra, circa 5 milioni di anni fa, non ne inondò nuovamente i fondali.
Con il passare del tempo si ebbe la progressiva emersione della Sicilia. Dapprima di forma approssimativamente ellittica, si saldò poi con una grande isola nata in contemporanea al suo sud, data dall'attuale massiccio dei Monti Iblei.
Intorno ai 500.000 anni fa l'Isola avrebbe assunto grosso modo la forma attuale. La comparsa, dal fondo del mare, dell'Etna, poi la sua saldatura con la Sicilia, l'erosione, e la formazione di qualche piccola pianura alluvionale, diedero poi a poco a poco alla Sicilia la forma con la quale la conosciamo oggi.

Formazione geologica della Sicilia

Similmente le piccole isole che la contornano sono quasi tutte ex vulcani, con l'eccezione di Vulcano e Stromboli, ancora vivi, e qualche residua attività effusiva nella stessa Lipari.

(Romgiovanni CC-BY-SA-3.0, via Wikimedia Commons)
L'Etna in eruzione

L'alternarsi di diverse glaciazioni consentì il passaggio in Sicilia di molte specie animali dal Continente; il successivo innalzamento dei mari, trasformando la Sicilia nuovamente da massiccio montuoso in isola propriamente detta, avrebbe determinato un relativo isolamento delle specie viventi nella stessa, con fenomeni di "nanismo insulare" tipici, tra i quali il più noto è certamente quello degli elefanti nani, i cui teschi ritrovati dagli antichi siciliani furono scambiati per quelli dei mitici Ciclopi, i mostruosi giganti dotati di un solo occhio nel centro della fronte, considerati dai Greci i primi mitici abitatori dell'Isola.

Non diversamente privo di fondamento il mito, sempre greco, dei Lestrigoni, giganti antropofagi che, dopo i Ciclopi, avrebbero abitato l'Isola. L'unico fondamento di verità di questa leggenda potrebbe essere quello della cattiva sorte toccata ai primi navigatori che dall'Oriente civilizzato si erano avventurati in questa terra, ancora nel buio della preistoria.
Anche dal punto di vista antropico la storia siciliana è relativamente recente.

Nella realtà, se dobbiamo dare credito ai ritrovamenti paleontologici, la Sicilia – restando isolata dal Continente – non conobbe insediamenti di ominidi, né di antenati diretti dell'Homo sapiens. Il Paleolitico Inferiore, quindi, vede la Sicilia del tutto priva di insediamenti umani o pre-umani.
Non diversamente accade per il Paleolitico Medio. Gli insediamenti di neanderthaliensi si spingono sino alla Calabria estrema, ma non giungono in Sicilia. Finché l'uomo non inventa una qualche forma di zattera la Sicilia resta uno scrigno naturale inespugnabile per gli esseri umani.

È solo intorno al 20.000 a.C. (Paleolitico Superiore) che i primi gruppi di sapiens si stabiliscono in Sicilia.
Da questo momento in poi, lentamente, le varie "culture" tecnologiche si susseguono una dopo l'altra.

Gli studiosi hanno diviso in fasi questa antichissima storia di Sicilia, in funzione delle varie tecnologie adoperate. A parte un primo, dubbio, periodo "aurignaziano" (pietre scheggiate ma ancora in assenza di vere e proprie lame), il Paleolitico Superiore siciliano sarebbe da ascrivere quasi tutto alla cosiddetta fase "epigravettiana", cioè la fase della presenza di "lame e punte a dorso abbattuto". Oggi può forse fare sorridere che questo segni la storia di un popolo, ma allora gli strumenti di caccia erano l'elemento di distinzione più importante delle culture primitive. L'epigravettiano si innesta, come perfezionamento tecnologico, su un precedente "gravettiano" che in Sicilia non arrivò mai a passare, segno che questa cultura arrivò, poco dopo le primissime testimonianze umane, già ad un certo grado di evoluzione. Dopo l'epigravettiano "antico" dei primi tempi, arrivò quello "evoluto", tra il 16.000 e il 14.000 a.C. su imitazione di analoghe culture italiane, e infine quello "finale", tra il 12.000 e il 10.000 a.C. Questa cultura si sarebbe per la prima volta distinta nettamente da quelle contemporanee della Penisola, segno di uno sviluppo ormai autonomo.

Il Mesolitico, con l'introduzione di forme primitive di pastorizia, si data intorno al 10.000 a.C. In Sicilia, a differenza che in altre parti d'Europa, non ci fu mai una vera e propria era glaciale, e quindi il passaggio tra il Pleistocene (cui si ascrive per intero il Paleolitico) e l'Olocene, cui si ascrivono le fasi successive, non fu segnato da mutamenti climatici significativi, ma forse soltanto dall'innalzamento del livello dei mari, giacché alcuni ritrovamenti paleolitici si trovano in aree costiere oggi sommerse, come nei pressi di Levanzo. Anche la tecnologia mostra evidenti segni di continuità, al punto che si è pensato che l'uomo del Mesolitico siciliano sia lo stesso del Paleolitico, soltanto con un lento perfezionamento delle tecnologie adottate. In quest'era si assiste anche alla nascita della pesca, della raccolta intensiva di molluschi marini e terrestri, dell'attività di raccolta di prodotti del suolo e alla diversificazione delle abitazioni rispetto alle primitive grotte.

Il Neolitico, con l'introduzione dell'agricoltura, possiamo datarlo intorno al 6.000 a.C. Il passaggio all'agricoltura sembra sia stato l'effetto di una lenta evoluzione spontanea delle popolazioni siciliane primitive, piuttosto che dell'apporto di migrazioni dall'esterno, delle quali non vi è traccia, data la continuità nell'evoluzione degli stili dei manufatti. Tutt'al più questa evoluzione interna può essere stata influenzata da alcuni contatti a medio raggio con altre popolazioni, italiane o africane, con le quali cominciavano ad esserci rapporti man mano che la navigazione, sia pure con mezzi rudimentali, si andava perfezionando. In questo periodo sono colonizzate per la prima volta le Eolie, Pantelleria, e – sul finire del Neolitico – le Isole maltesi, con le tipiche grandi costruzioni megalitiche. Queste colonizzazioni insulari potrebbero essere ulteriore testimonianza delle migliori abilità di spostamento via mare degli uomini di questo periodo.
La popolazione naturalmente diventa stanziale, e i villaggi, spesso trincerati da un fossato, diventano sempre più frequenti che nel Mesolitico, ma le caverne sono abbandonate solo molto lentamente. Naturalmente migliora la tecnologia, ormai "microlitica" (si trovano cioè molti oggetti minuti, segno del perfezionamento delle lavorazioni sulla pietra), e si diffondono le

ceramiche impresse. La fine del periodo neolitico, nonostante la progressiva abbondanza dei raccolti e il perfezionarsi dell'agricoltura, è segnata da una diminuzione degli insediamenti e da uno scadimento delle produzioni tecnologiche e artistiche. Di questo declino null'altro possiamo dire, se dovuto a tensioni "politiche" o a cause naturali, se non meramente registrarlo come un dato archeologico che affiora per un periodo intorno agli inizi del IV millennio a.C.

L'Eneolitico, con una prima metallurgia del rame, lo registriamo solo nel 3.200 a.C., quando contemporaneamente in Mesopotamia e in Egitto si stava per entrare nella storia propriamente detta (epoca pre-dinastica). È indubbio che in questa fase si hanno contatti con l'area egeo-anatolica e influssi culturali, artistici e tecnologici che provengono da quell'area, almeno per quel che riguarda la Sicilia orientale. Questi contatti sembrano intensificarsi col passare dei secoli. I villaggi agro-pastorali diventano più robusti. L'arte, prima semplice e standardizzata, diventa assai diversificata da sito a sito dell'Isola, sia pure con alcuni elementi tipici ricorrenti. Dai sepolcri si evince una assai probabile stratificazione sociale e un complessificarsi della religione.

Si può parlare invece di una vera e propria Età del Bronzo Antica circa mille anni dopo (2.200 a.C.).
Impossibile stabilire con esattezza le migrazioni o stratificazioni etniche durante la Preistoria. Probabilmente si poteva trattare anche della stessa popolazione, in evoluzione autoctona, con modesti innesti lungo i secoli successivi. Durante l'Età del Bronzo Antica pare che sia venuta in Sicilia una popolazione dalla Sardegna (Liguri? Iberi? Di certo mediterranei come gli autoctoni che si trovavano già in Sicilia), che portò con sé la tecnologia del

"bicchiere campaniforme" insieme a specifici riti e credenze. Dalla Sardegna arriva anche il megalitismo, sconosciuto in Sicilia, dove ormai c'era e sarebbe restata dominante una tradizione ipogeica (tombe scavate nel sottosuolo), con l'eccezione di Malta e Gozo. La cultura del bicchiere campaniforme interessò soprattutto la Sicilia occidentale, con una blanda penetrazione solo nel Val di Noto e in un secondo momento, mentre gli influssi egei non vanno a occidente al di là del Belice e dell'Imera. In quest'epoca sono indubbi i contatti commerciali e culturali tra i Sicani (se dobbiamo chiamare già così i primi abitanti dell'Isola) e un altro popolo mediterraneo pre-ariano, i Cretesi, ai quali si deve certo un'accelerazione nella cultura tecnologica in Sicilia. Di questo resta traccia mitica nel volo di Dedalo, che da Creta sarebbe approdato a Camico, citta sicana, governata secondo la favola dal re sicano Cocalo. Le "invenzioni" di Dedalo alla corte di Cocalo sono il residuo mitologico di una vera esportazione commerciale e culturale tra Creta e la Sicilia. Se non etnicamente, è certo che tecnologicamente in questa fase la Sicilia appare alquanto frammentata. Una cultura tipicamente siciliana di questo periodo è però la "Civiltà di Castelluccio" irradiata dall'entroterra netino verso altre aree come quella etnea o la costa di Gela. Anche le Eolie esprimono in questo periodo una cultura a loro peculiare.

Di certo, intorno al 1.450 a.C (epoca in cui si fa iniziare in Sicilia la Media Età del bronzo), l'etnia siciliana si presenta ormai abbastanza stabile ed omogenea. Siamo nella penombra della Protostoria, da cui arriva qualche luce per il numero sempre più frequente di testimonianze e per la valorizzazione, retrospettiva, delle più remote testimonianze storiche.

In quest'epoca la Sicilia è certamente abitata dal Popolo dei Sicani, la cui leggenda vuole siano venuti in due ondate successive dalla

Liguria e dall'Iberia. Le due leggende sembrano ormai avere un qualche fondo di verità storica. Liguri e Iberi (tra cui i Cantabri, antenati degli attuali Baschi) erano popolazioni appartenenti a quel ceppo etnico-linguistico che va sotto il nome di "mediterraneo", poi sopraffatto dall'invasione ariana sul finire del II millennio a.C. (i Liguri, almeno in parte, sarebbero stati celtizzati, e agli Iberi si sarebbero sovrapposti in Spagna i Celtiberi, di lingua indoeuropea). I Mediterranei costituivano uno dei tre ceppi etnico-linguistici (insieme agli Indoeuropei e agli Uralo-altaici) della grande famiglia "nostratica" o "iaftitica", dal nome del mitico figlio di Noè, Iafet, da cui sarebbero derivate tutte le lingue caucasiche. Tracce di questa famiglia linguistica mediterranea, poi sostituita dagli indoeuropei, sono rimaste oggi nel Caucaso (georgiano, osseto, etc.) e nel Paese Basco (lingua basca). Come tutti i popoli mediterranei, anche i Sicani sembrano adorare divinità ctonie (legate alla terra o a elementi naturali, quali boschi, laghi, vulcani, fiumi), tutte sottomesse ad una grande divinità femminile rappresentante la natura e la fertilità. In questo periodo i rapporti culturali e commerciali con l'Egeo si intensificano e diventano determinanti, laddove ormai l'Egeo non è più minoico ma miceneo.

La composizione etnico-linguistica della Sicilia si complica intorno al 1.300 a.C. Gli sconvolgimenti politici legati alla crisi dell'Età del Bronzo nel Vicino Oriente (Popoli del Mare), portano ad uno spostamento di un intero popolo che, approdato in Sicilia, fonda alcune comunità nell'estremo occidente: gli Elimi. Non è noto, a tutt'oggi, se gli Elimi parlassero una delle lingue indoeuropee in uso nell'Asia minore, dalla quale provenivano (com'è noto gli Ittiti e i Luvi portarono queste lingue in Asia minore in epoca molto precoce), ovvero se appartenessero allo stesso ceppo linguistico mediterraneo di Sicani e Cretesi. Il mito li lega alla fuga da Troia, e in effetti le date sembrano corrispondere. Gli Achei (Micenei) distruggono la città propio nello stesso periodo in cui affluiscono questi popoli dall'Asia minore. Ma di più, naturalmente, non è storicamente affermabile. A loro sono attribuite, in età storica, le città di Erice e Segesta. Un giorno, molti anni dopo, questo mito sarebbe stato raccolto nell'Eneide, che narra della morte di Anchise in Sicilia, e i Romani avrebbero accordato a Erice e al suo tempio di Venere un culto e privilegi particolari per questa presunta comune origine con i progenitori dei fondatori di Roma.

Ancora, dal 1.250 a.C., si può parlare di una Tarda Età del Bronzo, in cui le comunità siciliane, organizzate in piccole città e villaggi, sono ormani vere e proprie piccole comunità politiche, non sappiamo se monarchiche od oligarchiche, sebbene i più remoti racconti greci a noi pervenuti ci parlino di veri e propri "re" sicani. Di certo si trattava ormai di civiltà relativamente sviluppate. Fra queste un nome spicca su tutte: Pantalica, vicino Siracusa. Non sappiamo se la migrazione elima abbia a che fare o no con questo salto tecnologico, o se esso debba essere attribuito ad una progressiva evoluzione interna al mondo sicano.

Intorno al 1.050 a.C. anche la Sicilia, come il resto d'Europa, sperimenta l'invasione indoeuropea, qua ad opera di un popolo, i Siculi, che avrebbero poi dato il nome alla stessa nazione siciliana. I Siculi provenivano dalla Penisola italiana e, prima ancora, da quella balcanica e dall'area primordiale di insediamento degli indoeuropei, nella cd. Sarmazia, le vaste pianure oltre il Mar Nero, costituendo certamente la punta più avanzata di quelle stirpi nella loro invasione dell'Europa. Che i Siculi vengano dall'Italia è confermato, per quel che può valere, anche dal mito, che spesso contiene un fondo di verità. Un loro re nell'estrema Calabria, di

nome "Italo", avrebbe dato il nome a quel distretto e poi, per progressiva generalizzazione, all'intera Penisola. Scacciati da altra tribù italica (forse gli Osci) i Siculi approdano in Sicilia. Curioso destino, questo, per cui i Siciliani avrebbero dato ai più numerosi Italiani, tanto il nome del loro stesso Paese quanto, secoli più tardi, attraverso la traduzione in volgare italiano dei primi componimenti in letteratura siciliana, le origini della stessa letteratura italiana.
Con i Siculi, come dappertuto con gli ariani, approda in Sicilia l'Età del Ferro. La colonizzazione è massiccia e sostitutiva di precedenti etnie però forse solo nelle Eolie, dove ebbero il nome di Ausoni. Conquistato in pochi anni il Val Demone, i Siculi diventano l'etnia dominante, ma i Sicani, assimilati nella loro lingua, dovevano costituire la maggior parte della popolazione. I villaggi dei Siculi ormai sono vere e proprie città. La Sicilia è già allora organizzata in una rete urbana. La conquista del Val di Noto e di Pantalica da parte dei Siculi è più lenta e sofferta, prendendo circa un secolo (possiamo considerarla iniziata intorno al 950 e conclusa intorno all'850 a.C.). Arrivata al Salso, l'ondata sicula si spegne. La Sicilia occidentale resta popolata dai Sicani, ma la penetrazione della cultura sicula (compresa la tecnologia del ferro) e, con ogni probabilità, anche della lingua, prosegue lenta e inarrestabile. Al punto che, all'arrivo dei Greci, la distinzione tra Sicani, Elimi e Siculi sembra praticamente ormai solo una distinzione tradizionale storica e politica, mentre nei fatti gli indigeni sono talvolta considerati un unico popolo, compatto dal punto di vista culturale e linguistico. Sopravvivono forse alcune "sacche linguistiche" sicane, come sembrerebbe da alcune iscrizioni non decifrate in età storica, ma la loro eccezionalità testimonierebbe piuttosto della loro avvenuta assimilazione.
A contatto con i Greci i Siculi cominciano a "scrivere", infatti, talune iscrizioni che gettano un po' di luce sulla loro lingua.

Sembrerebbe una lingua "italica antica", somigliante un po' al latino più antico, un po' al greco, quasi anello mancante tra le due, certamente indoeuropea. I Siculi adorano le stesse divinità ctonie dei Sicani, come Adrano, il dio del vulcano Etna, e i suoi presunti figli, i Palìci, due gemelli, considerati dèi dei due laghetti vulcanici presso l'attuale Mineo, poi assurti a protettori della libertà dei Siculi. Su tutto il pantheon sicano-siculo continuava però a regnare la divinità femminile, simbolo e protettrice della fertilità dei campi e della Sicilia stessa, una figura materna, una "bedda matri" si direbbe oggi, che poi i Greci avrebbero identificato con la loro Dèmetra, che in Sicilia ebbe culto speciale per moltissimi secoli.

(Museo nazionale romano di palazzo Altemps)

La dea Dèmetra (Cerere per i Romani), protettrice antica della Sicilia

Intorno all'800 a.C. i Fenici (popolo semitico proveniente dall'attuale Libano) inseriscono stabilmente la Sicilia nelle loro rotte commerciali verso l'Occidente, e per questa ragione fondano qua e là piccoli stabilimenti commerciali lungo le sue coste (gli "empori", come li avrebbero chiamato i Greci).

Alla venuta della grande colonizzazione di massa greca, i Fenici non tentano neanche di resistere. Abbandonano tutti gli empori sulle coste orientali e meridionali e si concentrano su quattro fortezze nell'estremo occidente, perché più difendibili dall'unica colonia di popolamento di Tiro, la grande Cartagine: Mozia (nello Stagnone vicino l'attuale Marsala), Trapani, Panormo (dapprima chiamata Ziz, poi grecizzata anche nel nome), con il suo piccolo avamposto di Solunto.
Con la concentrazione, gli empori occidentali diventano piccole città-stato, le quali stringono alleanza tra loro, e con le due città-stato degli Elimi (Segesta ed Erice), e tutte insieme, compresi i villaggi sicani ed elimi dell'interno, si mettono sotto la protezione della Repubblica di Cartagine. La Sicilia sta entrando così nella storia propriamente detta.

Cronologia:

20.000-10.000 a.C. Paleolitico Superiore
10.000-6.000 a.C. Mesolitico
6.000-3.200 a.C. Neolitico
3.200-2.200 a.C. Eneolitico
2.200-1.450 a.C. Antica Età del Bronzo
1.450-1.250 a.C. Media Età del Bronzo (Sicani)
1.300 a.C. Insediamento degli Elimi
1.250-1.050 a.C. Tarda Età del Bronzo
1.050-750 a.C. Età del Ferro (Insediamento dei Siculi)
800 a.C. Insediamenti punici sulle coste siciliane

Capitolo 2: Dalle Pòleis al Regno Siceliota

Sono i Greci però che portano la Sicilia nella piena luce della storia con le loro possenti ondate migratorie iniziate nell'VIII secolo a.C. Quando gli Ioni, con il mitico Teocle, fondano la colonia di Naxos, nel 734 a.C., comincia una continuità di testimonianze storiche scritte che arriva fino ad oggi.

Ma è un anno dopo che si avrà l'evento decisivo. Questa volta sono i Dori, di Corinto, a fondare Siracusa, ad opera dell'ecista (così denominati i mitici fondatori delle colonie) Archìa. Segue una continua migrazione e fondazione di colonie da parte dei Greci che dura circa un secolo e mezzo.

I Siculi non possono in alcun modo arginare un'invasione, talvolta pacifica, tal altra aggressiva. Tentano, e talvolta riescono, a resistere nell'interno. Le coste sono perdute, tranne quelle settentrionali. Chi vuole restare o entrare in una pòlis greca come uomo libero, deve farlo restando privo di diritti politici, almeno nelle grandi colonie doriche del sud, mentre a nord pare che la fusione tra ioni e siculi sia stata più pacifica e paritaria, almeno nelle prime generazioni.

Le *pòleis* (città-stato) dei primi greci nascono come comunità di liberi colonizzatori, e quindi come "repubbliche" dove, almeno in teoria, tutti i coloni hanno pari dignità e si dividono le terre. Ma la sottomissione o l'afflusso dei Siculi, così come gli afflussi di coloni di seconda generazione, causano poco a poco una evoluzione aristocratica delle repubbliche siceliote dove le aristocrazie sono composte dai discendenti dei primi colonizzatori.

A Siracusa, da subito la più grande delle pòleis greco-sicule, ad esempio, il potere spetta ai discendenti dei primi coloni, che costituiscono l'aristocrazia dei *Gàmoroi*, mentre tutti gli altri, esclusi dal potere politico, greci o siculi che fossero in origine, erano i

Kyllìrioi, semplici lavoratori, in condizione servile ma forse non propriamente schiavi.

È del tutto errato parlare di una "dominazione greca" per questa colonizzazione. Le repubbliche greco-sicule furono sin dall'inizio del tutto indipendenti dalla Madrepatria, che presto superarono in ricchezza, cultura e potenza, richiamandosi alla stessa solo per ragioni affettive e in momenti di particolare solennità o di crisi politica.
La Sicilia acquistava per lunghi anni una struttura municipale e quindi politicamente frammentata, e una struttura aristocratica, ciò che sarebbe restato una vera costante nella sua lunghissima storia.

Dopo le prime due colonie fu la volta di Leontini (Lentini), Katane (Catania), Zancle (Messina), Megara Iblea, Gela (quest'ultima nel 688, considerata la fine della prima ondata di colonizzazione). Le quattro colonie più settentrionali furono fondate dai Calcidesi dell'Eubea (Ioni), Megara dai Megaresi (Dori), Siracusa – come abbiamo detto – dai Corinzi (Dori anche loro), Gela da Rodii e Cretesi (anche questi Dori).
Da subito Siracusa assume una posizione dominante e conquista un retroterra. Un secolo dopo la fondazione troviamo alcune fortezze nell'interno, come Acre o Casmene, segno di evidente espansione della *polis*.
Intorno alla metà del VII secolo si assiste ad una seconda ondata di colonizzazioni, ormai non più solo dalla Grecia propria, come la prima, ma anche dalle stesse città greco-sicule, ormai cresciute di numero e potenza, a ottant'anni circa dai primi insediamenti. Così nacquero Imera (vicino l'attuale Termini Imerese), Selinunte (nell'estremo occidente) e, finalmente, Akragas (Agrigento), nel 580 a.C., con cui si esaurisce del tutto la colonizzazione Greca.

Questa città presto sarebbe diventata la seconda dei Sicelioti (così chiamati i Greci di Sicilia) per ricchezza e potenza dietro Siracusa. Sul finire del VII secolo l'organizzazione politica tradizionale entra in crisi; cominciano le *staseis*, cioè le fazioni civili. All'inizio tra clan aristocratici, poi tra aristocratici e popolari. Purtroppo i primi secoli della vita di queste città-stato sono avvolti nella nebbia, tra storia e leggenda. In alcuni casi il partito popolare impone un "tiranno", come accade con Panezio a Leontini (615), di cui però in pratica nulla sappiamo, in altri casi sarà il partito aristocratico a imporsi per mezzo di legislatori che ne moderano il predominio, come Caronda a Catania.

Sarebbe stata proprio la più giovane delle pòleis, la stessa Akragas, a sperimentare precocemente la crisi del governo aristocratico e l'introduzione di forme di governo autoritario, con la tirannide di Falaride (572-556), la prima, a parte quella oscura di Panezio. Le tirannidi erano in grado di favorire la modernizzazione sociale meglio delle vecchie repubbliche aristocratiche. Il passaggio dalle repubbliche aristocratiche alle tirannidi fu lento ma generalizzato, più o meno in tutta la Sicilia, come del resto in Grecia (si pensi ad Atene e alla tirannide di Pisitrato). A Falaride si attribuisce la sottomissione dei Sicani dell'interno, con la conquista della mitica Camico, e il consolidamento dei confini dal Salso al Platani. Sarà rovesciato presto e la repubblica sarà restaurata, ma il destino politico generale della Sicilia sembrava ormai segnato verso questa nuova forma di governo. Anche questo antico tiranno resta avvolto nella leggenda, come il suo mitico "toro", strumento di tortura dentro il quale "arrostire" i nemici politici, che pare avesse il potere acustico di trasformare le strazianti grida dall'interno in muggiti.

Più certamente a Gela, Cleandro, aristocratico figlio di Pantare, un vincitore nei giochi olimpici, diventa tiranno nel 505. Dopo di lui sarà la volta del fratello Ippocrate (498). A Gela inizia la storia del primitivo stato greco di Sicilia. Ippocrate si distingue per la sua politica espansiva, assoggettando Nasso, Leontini e Zancle, dove mette tiranni subalterni. Tuttavia il tiranno di Reggio, Anassila, con l'aiuto di profughi dall'Asia minore, ormai occupata dall'Impero persiano, assalta Zancle e la toglie al tiranno siciliano. La successiva ripopolazione della città con abitanti provenienti dalla Messenia, nel Peloponneso, fece tramutare il nome in "Messene", da cui l'odierna Messina. Ippocrate stringe il cerchio intorno alla Repubblica Siracusana (la I, quella aristocratica), ma senza grandi risultati, perché privo di flotta. Nel 491, in una battaglia contro i Siculi, Ippocrate muore, e gli succede il comandante della cavalleria, Gelone, della famiglia dei Dinomenìdi.

La metropoli siracusana, che già aveva nel frattempo mostrato il proprio primato sottomettendo le città più vicine e i Siculi dell'interno, è quella dove l'aristocrazia dei Gàmoroi resiste invece più a lungo.
Ma la storia era ormai segnata. Nel 485 Gelone, già da 6 anni tiranno di Gela, conquista Siracusa, chiamato proprio dai Gàmoroi a seguito di una rivolta dei Kyllìrioi, e se ne insignorisce.
Da questo momento in poi Gela cessa di avere storia propria e diventa un municipio avanzato della signoria di Siracusa, sempre più ampia. Gelone pone la propria sede a Siracusa. Ad esempio, alla morte di Gelone, Gela va al fratello minore Polizelo, come tiranno "vassallo" del fratello maggiore, Ierone, al quale spetta la più grande Siracusa, dopo essere stato per anni il governatore di Gela per conto del fratello. Ad ogni modo più della metà della

popolazione di Gela fu trasferita a Siracusa, che così divenne una delle più grandi metropoli del mondo greco di allora.
Una delle ultime repubbliche oligarchiche, forse troppo vicina a Siracusa, Megara Iblea, attacca la grande signoria di Gelone. Facile la vittoria dei Sicelioti ormai praticamente unificati dalla dinastia dei Dinomenìdi. I nobili sono deportati a Siracusa come liberi cittadini, i poveri venduti come schiavi, la città distrutta. Siracusa cresceva sempre più.

Sulle prime del V secolo la Sicilia greca trova una sorta di unità politica nell'asse tra i tiranni di Siracusa (i Dinomenìdi) e Terone di Akragas (della dinastia degli Emmenìdi, tiranno dal 488 al 472). Mentre Terone aveva assoggettato Imera (tolta al tiranno Terillo nel 483), costruendo uno stato-cuscinetto tra la Sicilia greca e quella punica, Gelone mantiene tutta la Sicilia a est del Salso, ponendo tiranni satelliti nelle città sottomesse, e inglobando nel proprio dominio, seppure con relativa autonomia, anche i Siculi dell'interno.
Sono questi in Grecia gli anni delle Guerre Persiane. I Fenici spingono Cartagine ad attaccare i Greci da ovest, mentre loro, ormai flotta dell'Impero persiano, li stanno attaccando da est.
È il 480 a.C.: i Sicelioti, sotta la guida di Gelone di Siracusa e Terone di Agrigento, sbaragliano i Cartaginesi, guidati da Amilcare, che muore in battaglia, nella celebre battaglia di Imera; i Punici sono costretti a ripiegare nei loro domini storici (la cosiddetta "Epicrateia" o Provincia punica) da dove non sarebbero usciti per i successivi 70 anni. Tra i combattenti dal lato dei Greci, un giovane e valoroso comandante indigeno, il siculo Ducezio. Anche il tiranno di Reggio e Messina, Anassila, genero dell'ex tiranno Terillo di Imera, è costretto ad entrare come subalterno nell'egemonia siracusana.

A Gelone (478) succede il fratello Ierone I. Le popolazioni ioniche di Nasso e Catania sono deportate a Lentini e, per ripopolare Catania ormai quasi deserta, Ierone chiama coloni dorici dal Peloponneso, ridandole il nome di "Etna". Solo Selinunte, all'estremo occidente, e già praticamente in area di influenza punica, sfugge a questa diarchia. A nord, per la prima volta, i Sicelioti si scontrano via mare con una potenza italiana, allora rappresentata dagli Etruschi, sconfiggendoli a Cuma (474) e fermando così la loro espansione verso sud. Ierone I stabilisce un'alleanza con Locri ed estende l'influenza siceliota sulla Calabria.

Le tirannidi però non sopravvivono ai loro più grandi esponenti. Gli eredi (ad Akragas Trasideo, figlio di Terone e a Siracusa Trasibulo, fratello di Ierone I), incapaci, sono rovesciati negli anni '60 del V secolo a.C. e dappertutto si costituiscono repubbliche. Tranne a "Etna" (cioè Catania) dove Dinomene, figlio di Ierone I, mantiene il potere per qualche anno, per poi essere cacciato, con il ritorno all'antico nome di Catana. Ma non è il ritorno all'aristocrazia. Il potere a Siracusa risiede ora in 15 strateghi, coadiuvati da un Consiglio elettivo, e dall'Assemblea popolare di tutti i cittadini. Non essendo retribuite le cariche pubbliche, queste potevano essere ricoperte solo da benestanti. A Siracusa, quindi, si instaura una democrazia moderata, la cd. "Politèia", in cui il potere ricade ormai nell'aristocrazia del censo e non più in quella del sangue. Ordinamenti simili si hanno nelle altre città. Un tentativo di colpo di stato, sventato nel 454, fa introdurre a Siracusa il "petalismo", corrispondente siceliota dell'ostracismo ateniese, con cui i soggetti politicamente pericolosi erano esiliati per cinque anni. Il predominio siracusano sulle altre pòleis è indebolito, ma non cessa del tutto, per mezzo di tributi, riscossi soprattutto dai Siculi dell'interno.

La più grossa sfida che i Greci di Sicilia (o Sicelioti) devono superare in questa fase è però proprio la rivolta dei Siculi, vera rivolta nazionale indigena guidata da Ducezio. Ducezio, rispetto ad altri Siculi, può definirsi un siculo ellenizzato, che conosceva molto bene la civiltà greca, ma che proprio grazie a ciò aveva maturato una coscienza nazionale propria contrapposta a quella ellenica. I Siculi, ormai in parte grecizzati, mal sopportavano il predominio e la continua penetrazione dei nuovi venuti. La rivolta fu non solo politica, quindi, ma etnica, volta al respingimento dei coloni, cementata dal culto nazionale degli Dei Palici. La Lega Sicula tenne in scacco per ben 9 anni (459-450) le armi dei Sicelioti. Vi furono atti di vero eroismo come quello dei cittadini di Trinakia, che preferirono uccidersi tutti l'un l'altro prima che i Greci entrassero nelle loro mura. Alla fine la maggiore potenza greca ebbe ragione. La Repubblica siracusana riuscì a prevalere, una colonia di sicelioti fu condotta pacificamente a Enna, nel cuore della Sicilia, ma di fatto si affievolirono le discriminazioni tra Siculi e Sicelioti, da questo momento in poi sempre più un unico popolo con due lingue. A Ducezio fu concesso l'onore delle armi, e, dopo un periodo di esilio a Corinto, fondò una città-stato sulla costa tirrenica, Kale Akte, mista tra Sicelioti e Siculi, su cui avrebbe regnato sino alla morte (440). Si ha quindi un breve conflitto con Akragas, che accetta infine l'egemonia siracusana sul resto della Sicilia, rinchiudendosi nel suo distretto. Sembrava che per la Sicilia ci dovesse essere un lungo periodo di pace, ma questa non sarebbe durata a lungo.

La seconda metà del V secolo, infatti, vide ancora una volta la Sicilia protagonista della grande storia internazionale. Questa volta è il turno della Guerra del Peloponneso, scontro mortale tra Atene e Sparta.

L'egemonia siracusana sulla Sicilia Greca faceva sì che la Sicilia dorica prevalesse su quella ionica, e quindi che la Sicilia parteggiasse per Corinto e Sparta, rifornendole di generi alimentari, mettendo così in scacco la potenza navale di Atene.
Atene cerca di contrare questo appoggio siceliota ai Peloponnesiaci dapprima ingerendosi nella politica siciliana, poi addirittura pensando ad una vera e propria invasione della Sicilia. Intanto stipula alleanze con le poche città siciliane non soggette all'egemonia siracusana: Segesta, Lentini e, fuori dalla Sicilia, Reggio. Favorita da uno scontro tra Lentini e Siracusa, Atene partecipa a questa guerra con un piccolo esercito (427). Dalla parte di Atene e Lentini si schierano contro Siracusa e i suoi alleati, le città di Camarina, Catania e Nasso, mentre Akragas, ormai dedita solo all'agricoltura e al commercio, resta neutrale. I combattimenti vanno avanti in maniera non decisiva dall'una parte e dall'altra per qualche anno.

Il Tempio della Concordia di Akragas (Agrigento)

Segue un periodo di pacificazione tra le città-stato siciliane in cui avviene un'importante svolta. Nel Congresso di Gela del 424 a.C., cui parteciparono anche rappresentanti indigeni siculi, il politico siracusano Ermocrate, appartenente al partito oligarchico, individua per la prima volta nelle minacce esterne, e in particolare in Atene, il vero pericolo per la Sicilia invitando tutti alla concordia "nazionale": "Non siamo più Dori, né Ioni, ma Siciliani!". Questo discorso segna il superamento di ogni divisione etnica in Sicilia. Dopo 300 anni dall'inizio della colonizzazione, i Siciliani si sentono greci di lingua e civiltà, naturalmente, ma scoprono, forse contagiati dai Siculi, che la loro vera patria è ormai soltanto la Sicilia. Questo discorso sarebbe stato considerato l'atto di nascita del Sicilianismo politico, inteso come identificazione della Sicilia come comunità politica di riferimento; visione politica che sarebbe restata, tra le altre, una vera costante politica della storia siciliana sino ai nostri giorni. In quel frangente, comunque, agli Ateniesi non resta altro che accettare la ritrovata unità dei Siciliani, e quindi si ritirano.

Una successiva guerra civile a Leontini tra oligarchici e popolari determinò poi l'intervento di Siracusa, ormai padrona di tutta la Sicilia, all'infuori di quella che era diventata una sorta di "Svizzera" dei tempi: Akragas. Gli oligarchici, alleati dei Siracusani, si trasferiscono nella metropoli. La città è rasa al suolo. I profughi lentinesi invocano l'aiuto degli Ateniesi, che però ancora indugiano di fronte a una spedizione così azzardata. Un nuovo conflitto tra Selinunte, fedele a Siracusa e la città elima di Segesta, alleata di Atene, diventa infine il *casus belli* con il quale Atene spera di spezzare una volta per tutte le retrovie siciliane della Lega Peloponnesiaca degli Spartani. Questa volta la spedizione siciliana, episodio cruciale, anzi determinante della Guerra del Peloponneso, consta di 250 navi e 40.000 soldati circa (415). Gli Ateniesi non trovarono però, oltre Segesta e

qualche tribù di Siculi, alcun alleato in Sicilia. Tutta la Sicilia greca ebbe paura di questa spedizione e si strinse intorno a Siracusa, levando un esercito non meno imponente di quello degli invasori. Akragas soltanto rimase neutrale come sempre.
La spedizione ateniese si risolse in un disastro, i Sicelioti tagliano i rifornimenti all'esercito, lo sconfiggono, fanno strage dei soldati Ateniesi e dei loro alleati, costringono i superstiti all'orrenda prigionia delle Latomie, da cui pochissimi sarebbero usciti vivi.

La vittoria sugli Ateniesi galvanizzò però il partito democratico di Siracusa, guidato da Diocle, che riforma la costituzione della II Repubblica Siceliota-Siracusana (dopo la I, quella dei Gàmoroi) in senso apertamente popolare, sul modello ateniese, con il sorteggio delle magistrature. Ermocrate è mandato in esilio nel 411. Nell'euforia generale Selinunte attacca di nuovo Segesta.
Ma questa esuberanza siceliota risveglia dal lungo sonno il tradizionale nemico punico: gli Elimi di Segesta ed Erice si prostrano a Cartagine come tributari in cambio di aiuto.
I Cartaginesi pensano di poter approfittare delle guerre e delle divisioni interne all'avversario per sottomettere una volta e per sempre l'Isola e vendicare la sconfitta di Imera di settant'anni prima.
Selinunte, indifesa, estremo avamposto ellenico, è distrutta, saccheggiata, i suoi abitanti trucidati, donne e bambini condotti in schiavitù (409). A Imera i Cartaginesi trovano un esercito siceliota mandato da Diocle, ma la sorte non fu diversa. Mezza popolazione riuscì a fuggire, l'altra mezza ebbe la stessa sorte dei Selinuntini (408). Forse i Cartaginesi si sarebbero accontentati di queste conquiste, e di avere trasformato l'intera

Sicilia occidentale da una rete di città-stato amiche in una vera e propria "provincia" del loro impero. Ma in questo frangente ritorna in Sicilia Ermocrate, che con un esercito privato, senza l'autorizzazione di Siracusa, sbarca sulle rovine di Selinunte, attacca i Punici, e ne scatena ancora una volta la reazione. Approfittando del fatto che Diocle stesso era stato mandato in esilio, Ermocrate torna a Siracusa (407), ma i Siracusani, temendo che volesse farsene tiranno, lo uccidono. Tra i suoi sostenitori scampati all'eccidio, un giovane di 24 anni che avrebbe segnato la storia siciliana: Dionisio, che poi sarebbe passato alla storia con il soprannome di *Il Vecchio.*
Nel frattempo l'avanzata dei Punici sembra inarrestabile. Gli Agrigentini, che avevano affidato a Siracusa la difesa del loro territorio, fuggono in massa quando i Cartaginesi entrano in città. Poi questi entrano a Gela, a Camarina, Siracusa è infine presa d'assedio.
Ed è in queste condizioni che nel 406 il giovane politico appartenente alla fazione di Ermocrate si fa dare la somma dei poteri, e rispolvera il titolo di "Stratega autocrate", che era già stato di Gelone e Ierone: inizia la nuova tirannide di Dionisio il Vecchio.
Grazie a un attacco di peste tra le fila dei Cartaginesi egli riesce ad ottenere una pace tutto sommato vantaggiosa: Selinunte e Imera, insieme a tutta la provincia occidentale, è riconosciuta a Cartagine. I superstiti di Imera, insieme a coloni punici, fondano Terme (Termini) nei pressi di Imera stessa, che viene abbandonata. Akragas, Gela e Camarina neutralizzate e soggette a tributo ai Punici. Tutte le città sicule e siceliote libere, solo Siracusa a Dioniso. In realtà quest'ultima parte del Trattato non sarà rispettata e in breve Dioniso sarebbe diventato il signore di tutta la Sicilia siceliota (già entro il 402), ma tanto era bastato a

salvare la Sicilia greca da sicura rovina. Con lui la II repubblica muore e comincia la II tirannia.

Passato alla storia come un tiranno, nel senso moderno del termine, Dionisio fu certo un dittatore, ma anche un grande statista. In un certo senso egli è il vero fondatore dello Stato di Sicilia. Superando l'antica semplice egemonia, costruisce una vera amministrazione statale, sotto l'apparente struttura di Lega, della quale si mette a capo come "Arconte di Sicilia" (ma il titolo non è certo), mentre – a parte – resta "stratega autocrate", cioè tiranno, della (altrettanto apparente) Repubblica municipale di Siracusa. A differenza dei predecessori non abolisce le assemblee popolari e le magistrature elettive, ma le svuota, facendo eleggere sempre uomini a lui fedeli, così come nelle altre città soggette al suo dominio.
Anche in Italia fa una cosa del genere, ponendo a Locri una "reggia secondaria", con tanto di seconda moglie in contemporanea a quella siracusana, e proclamandosi Arconte d'Italia. Ma in Italia il suo potere è più debole, poiché riesce a controllare solo la Calabria meridionale, mentre per le altre città greche è solo un protettore rispetto all'espansionismo di Bruzzi e Lucani che pressavano verso sud. La massima espansione dei Sicelioti in Italia è rappresentata dalla fondazione di una colonia siracusana ad Ancona, in una zona sino allora mai raggiunta dall'espansionismo ellenico e in una incursione punitiva contro gli Etruschi a Cerveteri.
Dionisio trasforma la Sicilia a suo piacimento, deporta popoli, distrugge e rifonda città.

(PD-old-100 PD-1923)
Dionisio il Vecchio

Il tiranno siciliano si ingerisce anche nella politica della Grecia, più che altro sostenendo sempre Sparta, sia nel suo periodo di breve egemonia, sia dopo la sconfitta di questa ad opera dei Tebani.
Sconfigge i Cartaginesi inseguendoli sino a Mozia, che distrusse nel 397. Questa poi sarà ricostruita nella vicina Lilibeo (l'odierna Marsala) più difendibile attraverso i rifornimenti da Cartagine. Non riesce però a debellare il dominio punico al di là dei fiumi Imera e Platani, nonostante ben tre guerre con cui tentò di scacciarli definitivamente dall'Isola; celebre ma non risolutiva la battaglia di Monte Cronio nel 375. Anche Akragas resta uno stato-cuscinetto neutrale tra lo Stato sicelioto e l'Epicrateia punica. Distrugge Naxos e la sostituisce con la fondazione della vicina Taormina. Finché vive (367) il suo dominio è fuori discussione; al suo fianco come generale e ammiraglio il valido fratello Leptine. L'Isola di Ortigia, privata dei suoi abitanti, si trasforma in una grande reggia-fortezza

a disposizione del tiranno. Un tentativo di Platone di trasformare lo stato siceliota nella repubblica ideale quasi costa la vita al grande filosofo che è costretto a riparare in Grecia. Chiamato più tardi da Dionisio *il Giovane* il tentativo non avrebbe avuto migliore successo.

Dionisio II il Giovane, figlio del predecessore, salito al potere con una formale acclamazione dal popolo siracusano riunito in assemblea, si mostra da subito debole e inadeguato. Dopo una decina d'anni di governo malfermo, è cacciato da Siracusa da Dione, cognato di Dionisio il Vecchio, e deve riparare a Locri, nei domini italioti. Sul "trono" di Siracusa, sconvolta dalla guerra civile, si succedono altri tiranni, mentre lo Stato va in frantumi. I tentativi, sotto Dione e i suoi successori, di instaurare la "repubblica ideale" platonica, falliscono miseramente, insieme a progetti ideologici stravaganti, quali quello ad esempio di abolire la proprietà privata. Questi tentativi tuttavia dimostrano, al di là della loro inapplicabilità pratica, la permeabilità dell'ambiente siracusano, non solo di Dionisio il Giovane, rispetto all'ideologia di una repubblica "aristocratica" nel senso etimologico del termine (cioè il "governo dei migliori"). Nella realtà è solo un succedersi di tiranni, alcuni dei quali figli di Dionisio I, sistematicamente assassinati l'uno dietro l'altro, e di lotte tra i loro eserciti di mercenari.

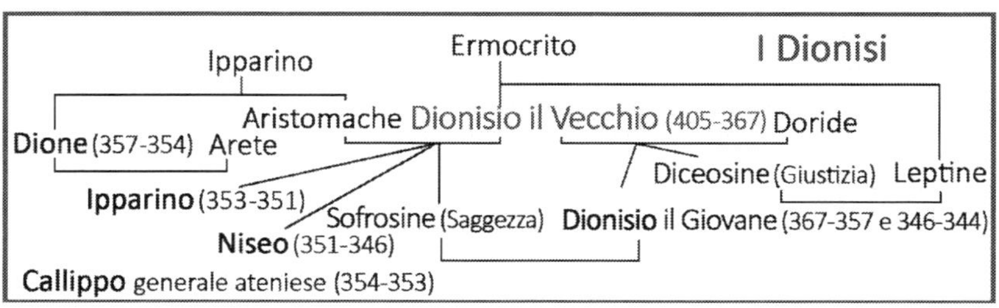

Quando Dionisio II riesce a ritornare a Siracusa, solo nel 346, il suo dominio è comunque effimero. Il ritorno dei Cartaginesi di Annone fa insorgere i Siracusani che chiedono aiuto alla madrepatria, Corinto, la quale invia l'anziano generale Timoleonte. Il dominio italiota va in rovina, e la sua famiglia a Locri è sterminata. Dopo un assedio ad Ortigia gli si fa salva la vita, ma è costretto all'esilio a Corinto dove chiuderà la sua esistenza come modesto maestro elementare.

A Siracusa (344) è quindi instaurata la III repubblica (dopo quella aristocratica e la "politeia") sotto il buon governo di Timoleonte. Questi abbandona l'imperialismo in Italia, mentre trasforma lo Stato Siciliano in una confederazione di città-stato (la "*Symmachìa* Siceliota"), riportando ordine dopo il caos del decennio precedente. Il Governo repubblicano di Timoleonte è un periodo breve (344-336) ma intenso di splendore economico, politico e culturale. Le monete siceliote prendono a usare stabilmente l'uso della Trinacria, ormai simbolo politico della Sicilia. Le fortificazioni di Ortigia, emblema dell'oppressione tirannica, sono abbattute; i profughi politici sono riammessi a Siracusa. Sconfitti i Cartaginesi al Crimiso (341), e quindi ricacciati nella loro provincia al di là dei fiumi Platani e Imera, si volge verso la giungla di riottosi tiranelli, riconducendo tutte le città-stato siceliote dentro il nuovo stato confederale, tuttavia rispettoso delle autonomie municipali. Dà a Siracusa infine una costituzione moderata: un'*Ecclesìa* di tutti i cittadini e una *Bulè* di 600 ricchi possidenti sono gli organi più importanti; il Presidente elettivo annuale della Bulè, assistito da Strateghi, è capo del Governo, ma il ruolo di Capo dello Stato (magistrato eponimo) è affidato a un sacerdote di Zeus Olimpio, sorteggiato tra una terna di nomi eletti dall'Ecclesìa. Nel 336 si ritira a vita privata. Alla sua morte, nel 318, gli vengono riservati onori da Padre della Patria.

(PD-old-100 PD-1923)

Funerali di Timoleonte nel quadro di Giuseppe Sciuti

La Repubblica siracusana e la Confederazione siceliota, però, tenute insieme dalla sua autorevolezza, non sopravvivono alla sua morte, quando il partito popolare, con un colpo di stato, rovescia le istituzioni repubblicane ed affida tutto il potere ad un capo politico di umili origini, tale Agatocle (316).
Questi, durante il colpo di stato, fa trucidare migliaia di ricchi, e altri li fa esiliare. Promette e realizza riforme sociali importanti quali la remissione dei debiti e la distribuzione delle terre.
Agatocle rinnova la politica di potenza di Dionisio il Vecchio, ma su basi ancor più ambiziose.
Questa volta il dominio siceliota è esteso a quasi tutta la Calabria, e le città Italiote non ancora cadute sotto il giogo romano (come era avvenuto a quelle campane) si mettono sotto la sua protezione. Persino alcune isole Ionie cadono sotto il dominio siceliota: Corcira (Corfù) e Leucade. Tale massima espansione sarà raggiunta però solo intorno al 295, dopo una serie di fortunati conflitti contro gli Italici e contro le monarchie al di là dello Ionio (Macedonia ed Epiro).

Contro Cartagine, invece, la lotta non è mai risolutiva. Riesce a portare la guerra in Africa (310), dove brucia la propria flotta per evitare tentazioni di fuga alla truppa. Purtroppo fallirono i tentativi di alleanza con il governatore tolemaico della Cirenaica, Ofella, e così l'assedio di Cartagine. Alla fine si tornò allo statu quo, ma ora anche Akragas entra a far parte del dominio siceliota (306).
Sul modello delle monarchie ellenistiche a lui contemporanee, anche la Sicilia cessa infine di essere una "Confederazione" e diventa quindi una vera e propria monarchia (305).
Agatocle cinge il diadema di "*basileus*", dando vita, per la prima volta nella storia, al Regno di Sicilia. Nella sostanza non cambia molto. L'autonomia delle singole città non viene meno del tutto, e, unico monarca ellenista, mantiene alcune magistrature elettive e un'assemblea popolare nella capitale.
Ciò che non riesce ad Agatocle è di istituire una stabile dinastia in Sicilia. Avendo perso il figlio Arcàgato nella campagna d'Africa e non avendo stabile discendenza, restituisce nel testamento la sovranità all'Assemblea popolare, tornando alle sue origini democratiche.

Alla sua morte (289), per assassinio, si instaura quindi una debole IV Repubblica, poi una più modesta IV tirannia (Iceta, nel 281, dopo la I dei Dinomenìdi, la II dei Dionisi, e la III della prima fase del dominio di Agatocle), infine una guerra civile (dal 280) in cui lo Stato siciliano va nuovamente in frantumi. Un tiranno di Akragas, tale Finzia, di cui sappiamo poco, distrugge Gela, e vicino fonda la città di Licata. I Cartaginesi ne approfittano per riprendere il loro programma espansionista.
L'unica mossa che riescono a fare i Sicelioti per tentare una pacificazione è quella di invitare in Sicilia Pirro, re dell'Epiro, allora fresco delle difficili vittorie sui Romani in Italia meridionale.

Nel 278 Pirro è in Sicilia, sbaraglia i Punici che si rinserrano al Lilibeo e, nella Palermo appena strappata loro, nella stessa Palermo che secoli dopo sarebbe stata la sede del Regno, Pirro raccoglie l'eredità di Agatocle e si incorona Re di Sicilia.
Ma il Regno di Pirro dura poco. I rovesci in Italia meridionale lo costringono ad abbandonare la Sicilia già nel 276, lasciando dietro di sé il vuoto politico.
A Siracusa riesce a prendere il potere un altro uomo forte, assai illuminato e abile diplomatico, Ierone II, il quale, in qualche anno, riesce a mettere insieme di nuovo il Regno di Sicilia (incoronato nel 269). Ma nel frattempo per la Sicilia è cambiato tutto da un punto di vista geopolitico.
La sconfitta di Pirro ha portato la Confederazione italica, guidata dai Romani, ad impossessarsi di tutta l'Italia meridionale, fino a Reggio. Per la Sicilia l'espansione da quel lato è ormai preclusa per la minacciosa presenza romana. Da ovest, al fuggire di Pirro, i Cartaginesi, città dopo città hanno esteso il loro dominio ormai organizzato come quello di una vera e propria provincia. A sud hanno conquistato Agrigento, Licata e Camarina, insidiando il territorio ibleo oltre Noto. A nord non hanno incontrato resitenza arrivando a porre un presidio a Messina, cacciando in Calabria i Mamertini, mercenari campani già al soldo di Agatocle, che l'avevano occupata da alcuni anni e che avevano già seminato il terrore nelle campagne siciliane con le loro razzie. A sud di Nebrodi e dell'Alcantara, ad est del Salso e a nord di Noto, ciò che resta del picccolo Regno siceliota sotto Ierone II.
Ierone II capisce subito che può sopravvivere ormai solo in equilibrio tra Roma e Cartagine, mentre è escluso che possa espandersi a spese di una delle due potenze.
Ma i fatti storici camminano più veloci dei tentativi della Sicilia di mantenersi indipendente. I Mamertini, che già occupavano Reggio,

e quindi confederati di Roma al di là dello Stretto, cacciano la guarnigione cartaginese di Messina, che allora controllava la città, e chiedono aiuto a Roma. Cartagine, da sempre alleata di questa Repubblica, chiede il rispetto dei trattati e di rimanere al di là dello Stretto. Roma sceglie di sfidare Cartagine (264 a.C): è l'inizio della I Guerra punica. Una guerra lunga, durata più di vent'anni, che avrebbe trasformato Roma in una potenza navale (ricordiamo, dopo una prima sconfitta alle Eolie, le vittorie navali di Milazzo, nel 259 e Capo Ecnomo, nel 256) e che avrebbe seminato in Sicilia occidentale distruzione e morte (come nel saccheggio di Agrigento del 261). Roma trova per strada tre piccoli alleati, ai confini del Regno di Sicilia (Messina, Noto e Taormina) che sarebbero diventati suoi "soci". La Sicilia è il principale, ma non unico, teatro di guerra, poiché Roma con Attilio Regolo porta la guerra in Africa, secondo quella che era stata la strategia di Agatocle; ma questa spedizione non sarà più fortunata della precedente. La Sicilia di Ierone II, dopo qualche incertezza, sceglie una difficile neutralità un po' più vicina ai Romani che ai nemici di sempre. Alla fine, come è noto, vincono i Romani, dopo la decisiva battaglia delle Egadi (241).

I Cartaginesi abbandonano la provincia siciliana (non è noto se abbiano abbandonato in questa occasione anche Malta e Pantelleria o solo più tardi). Un magistrato romano siede ora a Lilibeo, dove prima era il governatore punico. Ereditando un'amministrazione provinciale, ne fanno la prima provincia dell'Impero Romano. Tranne le tre piccole città alleate, le altre sono divise tra decumane (tributarie) e libere (immuni) secondo il principio romano del "*divide et impera*", ma tutte sottoposte al predominio della Repubblica Romana. La Sicilia greca, però, riesce ancora a salvare la propria indipendenza. Ierone II diventa un re satellite della Repubblica romana, comprendendo bene che la sua

sorte era legata ormai a questa fedeltà. Durante il suo lungo regno si dedica a migliorare, per sé e per lo Stato, i proventi del commercio agricolo; perfeziona il sistema tributario nel suo Regno, imponendo a tutti i sudditi la "decima" sul raccolto.
Non deroga mai da questa fedeltà, né durante la crisi tra Roma e Cartagine che porterà la prima a conquistare Sardegna e Corsica, né allo scoppio della II Guerra Punica (218). La monarchia siciliana resterà fedele a Roma, anche quando Cartagine, con Annibale, avrà conquistato tutta l'Italia meridionale.

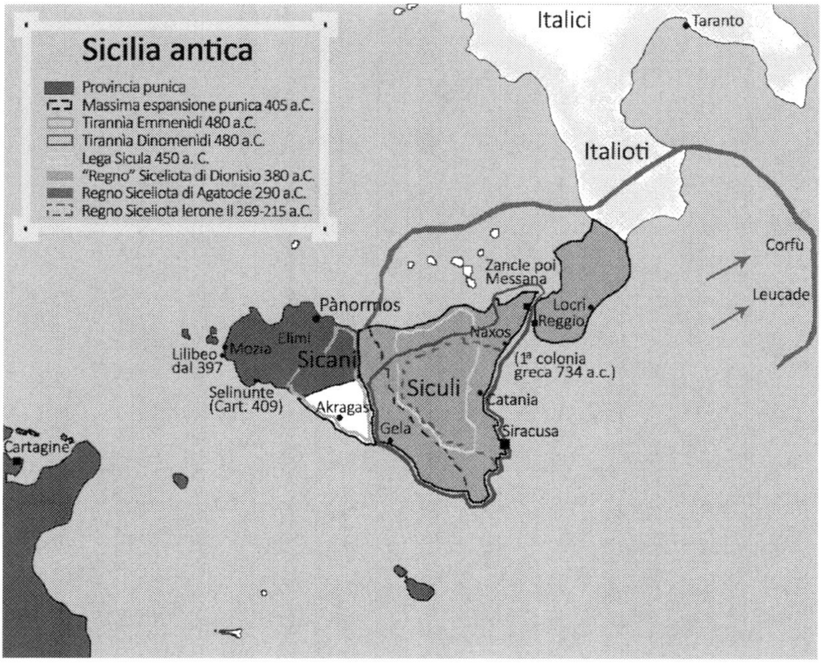

Durante la guerra, però, i Siracusani, dopo la morte di Ierone II (nel 215) rovesciano le alleanze, comprendendo che l'alleanza con Roma, prima o poi, avrebbe significato la perdita dell'indipendenza per la Sicilia. A Ierone II succede brevemente il nipote Ieronimo, poiché il figlio, cd. Gelone II, a quanto sembra filocartaginese, era già morto un anno prima del padre. Ieronimo è però assassinato a Leontini in una congiura filoromana, ma la piega ormai era presa e subito dopo è instaurata la Repubblica, la V nella storia dello stato siceliota, per continuare la guerra contro i Romani. I Cartaginesi mandano rinforzi sbarcando in Sicilia e occupando Akragas. Roma intuisce il pericolo e manda il console Marcello sul nuovo fronte. Il Regno è indifendibile, c'è troppa disparità di forze. Abbandonate tutte le città e l'entroterra alle vendette romane, la Repubblica tenta di difendere almeno la capitale, Siracusa, in un lungo assedio durato due anni.

Siracusa resiste eroicamente, anche grazie alle ingegnose macchine da guerra di Archimede, contro quella che era la più grande potenza militare del tempo. Alla fine però è presa (212), Archimede – per errore – ucciso. La guerra si avviava a finire.

Nel 210 gli ultimi cartaginesi abbandonano l'agrigentino. Nel 201 la II Guerra punica si sarebbe conclusa. Tutta la Sicilia, così, diventava Provincia Romana.

È la fine dello Stato Siceliota indipendente. La Sicilia dovrà attendere altri mille anni per tornare protagonista attiva della propria storia.

Cronologia politica (con riferimento principale a Siracusa):

734 a.C. Fondazione di Naxos (Nasso)
733 a.C. Fondazione di Siracusa
733-485 a.C. I Repubblica (aristocratica)
485-465 a.C. I Tirannide (Dinomenìdi)
    485-478 Gelone
    478-467 Ierone I

467-465 Trasibulo
465-405 a.C. II Repubblica (politeia) [459-450 Lega Sicula di Ducezio]
405-344 a.C. II Tirannide (Dionisi)
405-367 Dionisio I il Vecchio
367-357 Dioniso II il Giovane
357-354 Dione
354-353 Callippo
353-351 Ipparino
351-346 Niseo
346-344 Dionisio II il Giovane (di nuovo)
344-316 a.C. III Repubblica (di Timoleonte)
316-305 a.C. III Tirannide (di Agatocle)
305-289 a.C. I Regno Siceliota (di Agatocle)
289-281 a.C. IV Repubblica
281-280 a.C. IV Tirannide (di Iceta)
280-278 a.C. Guerra civile
278-276 a.C. II Regno Siceliota (di Pirro d'Epiro)
276-269 a.C. V Tirannide (di Ierone II)
269-214 a.C. III Regno Siceliota [264-241 I Guerra punica e conquista Romana della Sicilia centro-occidentale]
269-215 Ierone II
215-214 Ieronimo
214-212 a.C. V Repubblica [218-201 II Guerra punica]
210 a.C. Fine delle ostilità in Sicilia, ormai interamente provincia romana

Capitolo 3: La Sicilia Provincia Romana

La Sicilia fu la prima Provincia della Repubblica Romana, quando l'espansione oltre la Penisola non consentiva più di adottare le tradizionali alleanze che avevano dato luogo alla complessa Confederazione italica.

Come abbiamo detto, all'inizio fu un "passaggio di consegne" dai Punici, che poco a poco avevano trasformato la rete di città a loro federate in una vera e propria provincia del loro impero. Così almeno alla fine della I Guerra Punica. Alla fine della II anche il Regno di Sicilia (nella parte orientale) entra a far parte della Provincia, anzi ne diventa il cuore. Con i Romani la Sicilia raggiunge per la prima volta quell'unità politica che non aveva mai avuto ai tempi della grande Civiltà Siceliota.

I Romani governano essenzialmente una terra greca. Il greco, come lingua scritta, aveva soppiantato ogni altro idioma, e il punico, già forse allora confinato all'estremo occidente, scompare rapidamente senza lasciare traccia. I Siculi, a contatto con i Latini, lentamente si latinizzano, ma per tutta l'era repubblicana le iscrizioni latine sono limitatissime, mentre dei Siculi e della loro lingua sembra essersi persa ogni traccia scritta. I governatori romani, se non conoscono il greco, hanno bisogno di un interprete, i Siciliani partecipano alle olimpiadi greche e ai riti ellenici, tra cui famosissimi quelli Eleusini. Si può perciò dire che la Sicilia sia stato il primo dei regni ellenistici inclusi nel dominio romano.

Le città-stato, che nel dominio punico e nel Regno Siceliota non avevano perso mai del tutto la loro indipendenza, vengono conservate nella loro autonomia interna, ma poco a poco vengono omologate e diventano sempre più unità amministrative e sempre meno politiche. All'inizio – come si è detto – solo tre città non erano incluse nella Provincia (Messina, Taormina e Noto) ma erano alleate direttamente di Roma. Le altre distinte tra "libere ed immuni" (soltanto cinque, tra cui Palermo) e "vettigali" (tutte le altre), cioè tributarie. A queste si aggiungono nel tempo alcuni municipi dotati di cittadinanza romana, le "colonie" o "città censorie" di Romani e Italici direttamente provenienti dalla Penisola. Ma poco a poco l'amministrazione provinciale livellerà queste differenze.

All'inizio i Romani mantengono gli ordinamenti giuridici trovati, in particolare la *Lex Hieronina* in materia fiscale riadattata nella *Lex frumentaria*: solo che ora la decima dei prodotti agricoli non andava alla reggia di Siracusa ma direttamente a Roma. Ma una dominazione durata secoli sarebbe stata destinata a romanizzare progressivamente tutto l'ordinamento giuridico, fino a renderlo indistinguibile da quello romano, salvo forse per qualche residuo ordinamento municipale.

Al vertice dell'ordinamento un Pretore romano (non prima però del 227, quando analoga figura fu prevista per la "Sardegna e Corsica"), che sedeva nella reggia di Siracusa, assistito, da due Questori, uno a Siracusa, per il vecchio "Regno siceliota", uno per la parte occidentale dell'Isola, la "Provincia lilibetana" o "Vecchia provincia" (cioè l'antica Epicrateia punica), che sedeva invece a Lilibeo (forse residuo della primissima organizzazione dopo la I guerra punica). Le nomine erano di norma annuali, ma potevano essere prorogate.

Nei primi secoli di tale dominio, nella fase "repubblicana" e del "principato" (dalla fine del III secolo a.C. agli inizi del I secolo d.C.) la Sicilia è il "granaio dell'Impero", la nutrice di Roma. Alle pesanti imposte e vendite forzate a prezzi imposti si imponeva il divieto di vendere grano e altri generi fuori da Roma senza il permesso della Repubblica. Le migliori e più vaste proprietà agricole passano nelle mani di famiglie romane. Il latifondo invade

campi ancora vergini nell'interno dell'Isola, strappati alla primordiale foresta mediterranea che per secoli Siculi e Sicelioti non avevano significativamente intaccato. Per far questo la Sicilia è letteralmente invasa da una popolazione servile importata dai quattro angoli del Mediterraneo, laddove erano arrivate le conquiste romane. Non sappiamo se questa popolazione servile sia stata in grado di riprodursi in maniera significativa e quindi innestarsi stabilmente in Sicilia, ma più probabilmente aveva bisogno di continue immissioni. Di certo la dominazione romana fu essenzialmente di rapina. Non c'è bisogno di ricordare Verre, il più rapace dei governatori romani (73-71 a.C.), forse solo colpevole di avere rubato anche alle élite collaborazioniste e a qualche cittadino romano in Sicilia, e quindi di avere semplicemente esagerato. Era tutta la dominazione romana a concepire la Sicilia come "colonia di sfruttamento". La civiltà Siceliota, già fiorente ai tempi dell'indipendenza, decade rapidamente e la Sicilia esce quasi dalla storia.
Torna agli onori delle cronache solo per due guerre servili, cioè per rivolte di schiavi, che tengono in scacco per anni interi i Romani: la prima dal 139 al 132, la seconda dal 104 al 101. Ambiguo l'atteggiamento dei Siciliani di fronte a queste rivolte, in fondo senza speranza di successo: alcuni, tra i più poveri, spalleggiavano il tentativo degli schiavi di cacciare i Romani dall'Isola; altri, i possidenti, ormai assimilati alla classe senatoria romana, invocavano un intervento per ristabilire l'ordine.
Celebre, quanto meno nell'immaginario collettivo, la I Guerra servile, per la figura epica di Euno, il capo degli schiavi, siriano, incoronatosi Re di Sicilia, con il nome ellenistico di Antioco, nome tradizionale dei sovrani della dinastia dei Seleucidi. Gli insorti proclamarono la naturale libertà e uguaglianza degli uomini ma non ebbero la forza di resistere alla reazione romana. Per alleviare un

po' le condizioni del lavoro servile, ma anche per dare ordine al governo della Provincia i Romani emanarono, dopo averli sconfitti, la *Lex Rupilia*, che naturalmente non poteva rimuovere il malessere alla base, dando infine luogo, nel giro di una sola generazione, ad una II Guerra servile, dagli esiti anche qui scontati. Ancora una volta abbiamo uno schiavo, Salvio, che si fa acclamare re col nome di Trifone, ma già vediamo comparire nel suo abbigliamento una toga purpurea e i fasci littori, segno che la cultura ellenistica si andava ibridando con quella romana. A Salvio successe Atenione, anche lui poi sconfitto. Secondo alcuni questa avrebbe avuto maggiori appoggi tra i Siciliani stessi, malcontenti della dominazione romana, da cui la Sicilia era spremuta da più di un secolo. Scontato però l'esito anche della seconda rivolta. È da notare che in entrambe i rivoltosi si riunirono al Tempio di Cerere a Enna e ai santuari degli Dei Palici a Mineo, da sempre simboli dell'antico nazionalismo siculo.

Statua di Euno a Enna

Roma venne a capo di queste rivolte e stroncò ogni velleità libertaria o separatista. La *pax romana* fu ristabilita, naturalmente a spese della Sicilia, avviata verso un inesorabile declino, che non fu solo politico, ma anche economico, culturale e demografico.
I rivolgimenti della Repubblica Romana che seguirono e le prime due guerre civili (la *prima* tra Mario e Silla, e la *seconda* tra Cesare e Pompeo) toccarono solo marginalmente la Sicilia, dove Silla inviò Pompeo a liberare la provincia dai Mariani durante la prima, e che Cesare occupò senza colpo ferire durante la seconda.
La fine della II Guerra Civile vide l'instaurazione a Roma del 2° Triumvirato (Ottaviano, Antonio e Lepido) come un'istituzione ufficiale della Repubblica. Rispetto a questo nuovo governo, un figlio di Pompeo, Sesto, insieme a fuoriusciti pompeiani, si insignorisce delle tre maggiori isole del Tirreno, dando vita ad un'effimera talassocrazia, ponendo come capitale Siracusa. Dal 42 al 36 a.C. Siracusa, sotto Sesto Pompeo, diventa brevemente centro di uno strano stato insulare comprendente Sicilia, Sardegna e Corsica, comandato dagli oppositori a Roma, sinché i Triumviri non riescono a ricondurre all'ordine i ribelli, dopo la battaglia navale di Nauloco. I Siciliani furono puniti severamente da Augusto per aver appoggiato lo stato piratesco di Lucio Pompeo. A diverse città, ormai relativamente integrate con Roma, Cesare aveva concesso già la cittadinanza latina, ma non quella romana, che invece aveva concesso ai "Cisalpini", forse perché ancora erano sentiti in gran parte come "Greci", o comunque non del tutto assimilabili agli Italici.
In quest'epoca si registra una non ben documentata III Guerra servile, guidata da tale Seleuro, forse a capo di schiavi che avevano appoggiato la signoria di Sesto Pompeo, il quale finì i suoi giorni nel circo a Roma (35 a.C.), su un palco che rappresentava l'Etna,

aperto il quale, si fece precipitare il malcapitato in una gabbia di leoni dai quali fu sbranato.

La conquista dell'Egitto da parte di Ottaviano Augusto, e la successiva instaurazione del Principato (27 a.C.) segnano un'altra svolta per la Sicilia. L'Egitto era molto più adatto della piccola Sicilia al ruolo di granaio di un Impero ormai immenso, e la Sicilia comincia ad essere trascurata, in quanto non più strategica per il grande dominio esteso ora su tutto il bacino del Mediterraneo.
Augusto assegna così la Sicilia al Senato, considerandola una provincia del tutto pacificata e integrata con il resto dell'Impero. Da ora in poi al vertice dell'amministrazione è un "Proconsole", forse non assistito più da due ma da un solo questore, ma appare certo che la divisione in due sub-province, per essere arrivata all'età bizantina, dovette in qualche modo permanere. Ad Augusto, che visitò la Sicilia intorno al 22 a.C., si deve un'ondata di latinizzazione dell'Isola, per mezzo di una serie di colonie insediate qua e là (sei secondo la tradizione), tra cui una di un certo momento a Palermo, oltre che in città importanti come Taormina, Siracusa e Catania. I cittadini romani di pieno diritto, comunque, restavano una minoranza, costituita dagli abitanti delle colonie, dei "*municipia*" (altre città con questo specifico privilegio, come Messina, o Agrigento) e altri cittadini sparsi per l'Isola, ma la Sicilia non fu integrata nell'Italia augustea, mentre rimase una delle tante province dell'Impero. Da testimonianze del tempo rileviamo che i comuni (le "*civitates*") dell'Isola erano in numero di 68, comprese Lipari e Malta. Non si ha però più traccia di esenzioni tributarie per nessuno dei comuni dell'Isola, nemmeno per le colonie romane; la decima fu anzi sostituita da una più pesante imposta fondiaria, lo *stipendium*.

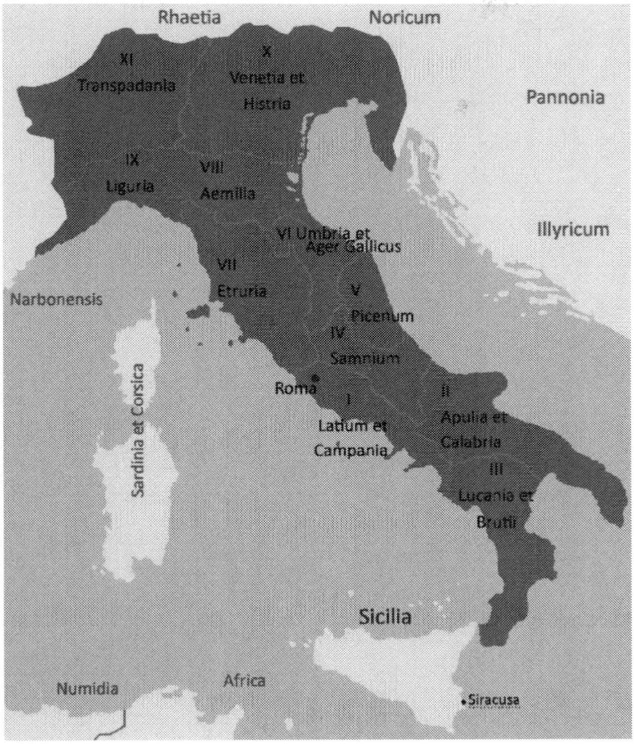

La Sicilia Provincia Romana ai tempi dell'Italia augustea

Dalla morte di Augusto (14 d.C.) all'invasione barbarica dei Vandali (468 d.C.) passano ben quattro secoli e mezzo; secoli dei quali sappiamo pochissimo, e spesso solo da fonti indirette, sulle varie riorganizzazioni amministrative dell'Impero. Per tutta la durata di questo mai la Sicilia sarebbe stata parte dell'Italia, ma sarebbe stata sempre concepita come realtà geopolitica a sé. Anche sul finire dell'Impero, ai tempi di Diocleziano, quando le province vennero raggruppate in Diocesi, e la Sicilia fu compresa nella Diocesi "Italiciana", si trattò appena di una transitoria organizzazione amministrativa, per la quale essa non divenne più

italiana di quanto non lo fossero diventate la Rezia (l'odierna Svizzera) o il Norico (l'odierna Austria), anch'esse ricomprese nella "*Diocesis Italia*".
La Sicilia pare abbia perso in questi secoli gran parte della sua popolazione e lo stesso latifondo pare sia andato un po' in declino. Ora la Sicilia è posto di villeggiatura, giardino, per la ricca classe senatoria romana. Da un lato la sua importanza relativa nell'Impero è sempre più modesta, dall'altro i suoi abitanti si vanno lentamente integrando con gli Italici. Il latino finalmente prevale sul greco nelle iscrizioni ritrovate, e nella sempre più scarna letteratura, ma il greco non scompare mai del tutto.
Ormai non è più nemmeno corretto parlare di una "dominazione romana" come durante la Repubblica. La Sicilia diventa una delle tante province di un impero potenzialmente universale, nel quale il "primato" dell'Italia è sempre più teorico che effettivo. Anche le zecche, simbolo di una relativa autonomia economica dell'Isola, che non monetavano più in oro sin dalla perdita dell'indipendenza, si spengono del tutto nel corso del II secolo d.C.
Sappiamo di qualche disordine nel 68 d.C. e di una successiva nuova "iniezione" di Italici da parte di Vespasiano negli anni successivi. Sappiamo della visita dell'imperatore Adriano, ai primi del II secolo d.C. all'Etna, ma ben poco altro.
Nel 212, con l'Editto di Caracalla, anche i Siciliani diventano in blocco tutti cittadini romani, come tutti gli altri abitanti dell'Impero, ma in realtà, più che cittadini, sono tutti semplici sudditi, livellati dal generale dispotismo che non distingue più tra Italici e provinciali. In un periodo di crisi dell'Impero Romano (la cd. III anarchia militare, nella seconda metà del III secolo d.C.) si registra anche una IV Guerra servile (259), piuttosto oscura, forse più ascrivibile ai disordini comuni di quel tempo che a una generalizzata rivolta di tipo sociale come quelle del II sec. a.C.

Ma la vera trasformazione profonda di questi secoli è la progressiva e lenta cristianizzazione dell'Isola. Sebbene attestato sin dai primissimi tempi (il passaggio dell'Apostolo Paolo è addirittura menzionato negli Atti degli Apostoli), per lungo tempo il Cristianesimo rimase confinato alle classi medie urbane, soprattutto nella costa orientale, più aperta ai contatti con l'Oriente. Le campagne mostrarono invece una persistenza formidabile degli antichi culti siculo-sicelioti.

Sul finire del III secolo le figure più nobili del martirio siciliano, dapprima S.Agata e poi S.Lucia, sono testimoni di un radicamento ormai solido della nuova fede. Per contro sempre in Sicilia si ebbe una vera e propria resistenza ideologica degli ultimi pagani neoplatonici, attestata dal lungo soggiorno in Sicilia di Porfirio e dagli scritti del filosofo Probo.

Anche l'aristocrazia, finché la religione "gentile" fu culto di stato, rimase legata alla stessa, in particolare ai culti "nazionali siciliani" di Cerere o della Venere ericina, per poi cambiare repentinamente nel corso del IV secolo d.C. Simbolo di questa transizione, più di altri, è forse l'intellettuale Firmico Materno, da giovane trattatista pagano di astrologia, a uomo maturo polemista cristiano contro i pagani.

Privata della tutela pubblica, la religione pagana scompare rapidamente dalle testimonianze storiche, ma resiste sotto forma di culti popolari nelle campagne dove assume i caratteri della magia e della superstizione con i quali persiste per secoli e solo lentamente viene "acculturata" da una sovrapposizione di culti cristiani. La Chiesa cristiana, uscita dalle catacombe, viene assegnata come suffraganea ai pontefici romani. Per questa via l'influenza di Roma e del latino sulla Sicilia si fa sempre più intensa, mentre la Chiesa di Roma acquista sempre maggiori proprietà nell'Isola.

Quando l'asse dell'Impero si sposta definitivamente a Oriente con Costantino, la Provincia di Sicilia, pur restando a sé stante, mantiene con Roma e con l'Italia un legame di dipendenza speciale, di cui torna ad essere il granaio. Tramontata la divisione di Diocleziano in "diocesi" sarebbe passata alla "Prefettura del Pretorio d'Italia" e poi nella diocesi dell'Italia "suburbicaria" (cioè peninsulare). Ma queste inclusioni in strutture "super"-provinciali non ne alterarono sostanzialmente l'amministrazione, né la fecero mai integrare del tutto con l'Italia propriamente detta, dalla quale restò sempre politicamente distinta, ma semplicemente testimoniano del mantenimento di un legame speciale con quello che stava diventando ormai il troncone d'Occidente dell'Impero, di cui segue la sorte fino ai suoi sconvolgimenti finali.

La natura insulare dell'Isola però la protegge, almeno sino a un certo punto, dalle invasioni barbariche. La Sicilia diventa una roccaforte inattaccata della classicità greco-romana mentre il mondo antico andava in rovina. Solo nel 278 una spedizione di Franchi per breve tempo mette piede in Sicilia, ma il fatto rimane a lungo isolato. Anche Alarico, capo dei Visigoti, si ferma improvvisamente allo Stretto (dove la leggenda attribuisce tale arresto alla Fata Morgana). L'amministrazione provinciale continua la propria vita apparentemente immutabile, anche durante i convulsi ultimi anni dell'Impero Romano d'Occidente.
Saranno i Vandali, impadronitisi di Cartagine, a costituire la prima e forse unica signoria romano-barbarica dotata di una flotta degna di questo nome. Il Regno dei Vandali di Genserico spadroneggia nel Mediterraneo seminando il terrore, conquista la Sardegna e la Corsica, e infine inevitabilmente sbarca in Sicilia. Nel 440 si impadroniscono di Lilibeo, ma nel 456 il generale romano-barbarico Ricimero li ferma presso l'odierna Agrigento.

Non è corretto parlare di una vera e propria "dominazione vandala" in Sicilia, quanto piuttosto di un'invasione e di una breve occupazione, negli anni della caduta dell'Impero Romano d'Occidente (468-476). I Vandali essenzialmente saccheggiano la Sicilia, mentre si contano numerosi episodi di martirio religioso (essi erano cristiani ariani e non cattolico-ortodossi come i Siciliani). In quel momento l'Impero Romano d'Occidente, nelle sue convulsioni finali, non poteva certo provvedere alla difesa della Sicilia. Però sarà Odoacre, il primo sovrano romano-barbarico dell'Italia, a ristabilire presto le cose per via diplomatica: con un accordo politico concede a Genserico la città di Lilibeo e un tributo annuale, facendosi restituire in cambio la Sicilia dove l'amministrazione provinciale è ricostituita, con minimo impegno della tribù barbarica da lui guidata. Forse nessun erulo o quasi mise mai piede in Sicilia, e l'amministrazione poté essere affidata a italici-romani sotto il governo barbarico di Ravenna.
Con l'avvicendamento in Italia degli Ostrogoti di Teodorico agli Eruli di Odoacre (493) i Vandali sono scacciati definitivamente dalla Sicilia, anche dal Lilibeo. La Sicilia continua in sostanza ad essere una provincia romana sotto i nuovi dominatori. Mentre però Odoacre era capo di una piccola tribù, ora Teodorico guidava un popolo intero. Ciò determinò una presenza un po' più attiva in Sicilia, il cui governo fu affidato a un "*Comes*" (letteralmente "compagno", poi, nel tempo, "conte"). Al suo seguito venne un discreto numero di Ostrogoti a governare e difendere militarmente alcuni presidi dell'Isola, ma questa non restò terra di insediamento privilegiata della popolazione barbara, e comunque di queste epoche oscure non sappiamo quasi nulla, se non che il governo ostrogoto pare si sia dimostrato nel complesso blando nei confronti della Sicilia, fatta salva qualche persecuzione per le differenze religiose (anche gli Ostrogoti erano ariani).

La dominazione dei Goti durò, con i successori di Teodorico, molto poco del resto. Già nel 535, regnante Teodato, le armate del generale bizantino Belisario riportarono la Sicilia sotto la bandiera dell'Impero Romano: presa Catania con un colpo di mano, le altre città a patti, solo Palermo oppose un po' di resistenza. Quando entrò a Siracusa, capitale dell'Isola, Belisario buttò sulla folla monete d'oro, nel tripudio generale di una ritrovata stabilità politica. I Siciliani non potevano sapere che quelle monete sarebbero state le uniche ricevute da un governo che si sarebbe rivelato uno dei più esosi mai avuti e da avere nei secoli a venire. E non potevano nemmeno capire che quello era ormai l'Impero bizantino, cioè un impero greco che aveva la sua sede a Costantinopoli. Nella cultura giuridica e nel senso comune dei tempi, quello era semplicemente il ritorno dell'Impero Romano, visto da secoli come unica fonte di legalità possibile.
Le Guerre gotiche che avrebbero insaguinato e devastato l'Italia nei decenni successivi toccarono solo marginalmente la Sicilia. Solo dal 549 al 551 Totila, re ostrogoto, riuscì brevemente a tornare in Sicilia, per poi esserne nuovamente scacciato dai "Romani d'Oriente".
Nel complesso, quindi, le invasioni e dominazioni barbariche durarono poco più di mezzo secolo, non alterarono l'amministrazione e la società romana di Sicilia e, in breve, possiamo dire che costituirono una effimera parentesi che non lasciò praticamente traccia nella storia di Sicilia.

Il termine "bizantino", sebbene convenzionalmente accettabile perché ormai invalso in tutta la storiografia occidentale, non è però molto fondato da un punto di vista giuridico. I "bizantini" chiamavano sé stessi "Romani" ("Rhomei" in greco, da cui ancora il diffusissimo cognome contemporaneo siciliano di Romeo) e considerarono, fino all'ultimo, il loro Impero né più né meno che "Impero Romano". Anche la dizione "Impero Romano d'Oriente" è valida a rigore solo sino al 476. Quando Odoacre depose l'ultimo Imperatore Romano d'Occidente, Romolo Augustolo, non dichiarò terminata la dominazione romana in Occidente, come nessuno degli stati romani-barbarici si sarebbe mai sognato di fare. Semplicemente rimandò a Zenone, Imperatore d'Oriente, le insegne dell'Impero d'Occidente.

Da quel momento, sulla carta, esisteva di nuovo un solo Impero Romano.

E tuttavia le trasformazioni, pure lente, in questo troncone orientale della romanità, si sarebbero susseguite fino a farne una cosa alquanto diversa dall'originale. Il termine "bizantino", come sinonimo di "costantinopolitano", dall'antico nome greco della capitale, serve quindi a sciogliere questa ambiguità tra il primo e il secondo impero romano.

A poco a poco, intanto, diventò "greco-romano". Il greco sostituì il latino come lingua ufficiale. Negli anni più bui l'amministrazione civile (poco più che tributaria, non occupandosi di altro che di riscuotere le imposte) e quella militare si fusero tra loro e le singole province, o "Themi", vengono dotate di una relativa autonomia amministrativa e militare, come vedremo più avanti (forse tra il 687 e il 695, sotto Giustiniano II). Gli Imperatori presero a chiamarsi semplicemente "*Basileus*", cioè "Re", come gli antichi sovrani ellenistici. Le progressive fratture teologiche tra Occidente latino e Oriente greco nel tempo avrebbero portato a un vero e proprio scisma (1054) tra Cattolici e Ortodossi, mai più ricomposto, ma già da due secoli circa, se non di più, la convivenza tra le due branche del Cristianesimo era sempre più sofferta. La "*Renovatio Imperii*" di Carlo Magno in Occidente (800) avrebbe segnato la definitiva alienazione dell'Occidente latino e germanico (e cattolico)

dall'Oriente "romano", greco ed ortodosso, o quanto meno l'avvio di un processo di definitiva alienazione tra i due mondi.
Ma all'inizio questo processo di frattura non era neanche percepibile per i contemporanei.
Per i Siciliani del VI secolo il generale Belisario – come abbiamo detto – aveva semplicemente riportato la legalità dell'Impero in Sicilia. I legami con il patriarca di Roma ne risultarono addirittura rafforzati. La Sicilia divenne di nuovo il granaio di Roma. Anche le diocesi di Milano e di Ravenna avevano proprietà terriere in Sicilia. A Palermo e Siracusa due rettori amministravano le vaste rendite papali e sovraintendevano ai commerci con la Santa Sede. Papa Gregorio Magno, sul finire dello stesso secolo, avrebbe accumulato tanto potere e possedimenti in Sicilia da poter entrare direttamente all'interno delle vicende amministrative, sociali ed economiche della Sicilia stessa. Dalle sue lettere apprendiamo che alla fine del VI secolo, nonostante tutte le proibizioni imperiali, nelle campagne il paganesimo non era stato ancora sradicato del tutto. E così pure apprendiamo della presenza di numerosi ebrei e manichei. Le diocesi siciliane uscite dalle catacombe, che avevano riconosciuto un primato d'onore e un legame di fraternità al patriarca d'Occidente durante le persecuzioni, si trovavano ora in una condizione naturale di reverenza, che poi divenne vera e propria soggezione, quando l'ordine ecclesiastico si conformò a quello giuridico dell'Impero. Le diocesi siciliane erano tutte suffraganee del papa, il quale impose, in maniera più energica dalla fine del VI secolo, il rito romano su quello consuetudinario che vi trovò, ripulendolo da ogni influsso greco. In via di fatto concedeva al Vescovo di Siracusa un primato per delega, sulle cause ecclesiastiche minori e sul coordinamento della Chiesa siciliana, ma senza alcuna specifica autonomia riconosciuta. In questo fu particolarmente attento papa Gregorio Magno, grande uomo di

Chiesa, ma anche molto sensibile agli interessi economici relativi alla Sicilia. Propugnatore dell'affrancamento degli schiavi, non poté liberare, per come funzionava l'economia dei tempi, la massa di schiavi e soprattutto di coloni (una sorta di servi della gleba per contratto, forse ex piccoli proprietari impoveriti) dei suoi stessi possedimenti siciliani. Non mancava però una piccola schiera di contadini liberi che prendevano in affitto appezzamenti dei latifondi, chiamati "conduttori", ma erano appunto soltanto una minoranza. Ad ogni modo, delle ricche rendite ecclesiastiche su queste terre, solo un quarto andava a Roma, gli altri tre andando rispettivamente al vescovo locale, ai chierici e ai poveri. Ciò dimostra, tra l'altro, che la Chiesa ormai aveva assunto stabilmente quello che oggi chiameremmo un ruolo di previdenza e assistenza sociale che altrimenti, in quei tempi difficili, non avrebbe svolto nessuno.

Con tutto ciò le diocesi siciliane erano relativamente libere da Roma. I monaci quasi tutti basiliani o eremiti, salva l'introduzione, voluta sempre da Roma, di qualche convento benedettino. I vescovi eletti dal sinodo diocesano, costituito dai prelati e da uomini probi anche laici, e poi soltanto consacrati da Roma. Il clero in parte anche sposato, all'usanza greca.

Ad ogni modo, il legame politico con Costantinopoli rafforzò progressivamente l'elemento greco, da molto tempo recessivo, e questo in breve divenne di nuovo dominante.

Oltre al nuovo legame politico con Costantinopoli, l'invasione longobarda di gran parte dell'Italia, di poco posteriore, portò a recidere nettamente i legami tra Italia longobarda e Sicilia e a indebolire quelli con la restante parte sottoposta ai bizantini, gravitante sulla lontana Ravenna, con la sola eccezione dei rapporti con la Roma papale (già dal 584, con la riorganizzazione dell'Imperatore Maurizio, la Sicilia è sciolta da ogni legame con

l'Esarcato d'Italia). Secondo taluni fu proprio la Sicilia che consentì al "Ducato Romano", teoricamente sotto l'Impero, ma già praticamente sotto l'influenza dei pontefici, di sopravvivere agli attacchi longobardi da tutte le parti. Mentre l'Italia rimasta in mano ai bizantini sarà organizzata in ducati, molti dei quali sarebbero diventati politicamente indipendenti, anche solo di fatto (Amalfi, Venezia, Napoli,… lo stesso Ducato Romano, sotto la crescente influenza papale), la Sicilia resta provincia a sé, addirittura poi incorporando la stessa vicina Calabria greca, legata direttamente a Costantinopoli, senza alcuna dipendenza dall'esarca italiano di Ravenna.
La Sicilia bizantina era naturalmente bilingue, e questo la rendeva relativamente potente nell'intermediazione tra Roma e Costantinopoli. Ciò avrebbe portato, proprio quando i rapporti tra Roma e Costantinopoli iniziarono ad incrinarsi, ad un vero momento di gloria per la Chiesa siciliana, sul finire del VII secolo, in quanto l'unica in grado di tenere ancora insieme Oriente e Occidente. Nel 678 viene eletto papa il siciliano S. Agatone, poi sarebbe toccato al colto Leone II (682), e anche Conone (papa nel 686) se non siciliano di nascita lo era per formazione, e infine il più grande di tutti, Sergio I, nel 687. E non solo a Roma: Teofane (681) e Costantino (683) saranno eletti Patriarchi ad Antiochia, nella lontana Siria. La separazione della Chiesa siciliana e il suo successivo assoggettamento a Costantinopoli, ne determineranno invece la grecizzazione, e questo farà perdere di potere e centralità ai Siciliani, che però riusciranno, ancora nel 768, ad avere un papa, Stefano IV, l'ultimo papa siciliano sino ad oggi. In compenso, ancora nell'843, Metodio I (siracusano) sarà eletto patriarca di Costantinopoli.
La codificazione di Giustiniano nel *Corpus Juris* trovò ovviamente attuazione pure in Sicilia. Questo fatto è giuridicamente molto

importante per la nostra storia. Sebbene nei secoli bui successivi (ad esempio sotto invasione saracena) il diritto romano non sarebbe stato più studiato e copiato, esso rimase, sia pure nelle forme consuetudinarie, lungo i secoli, per tornare in vigore nella sua pienezza ai tempi del Regno di Sicilia, e giungere vigente, come base del diritto privato siciliano, fino all'alba del XIX secolo. La Sicilia sarebbe restata quindi provincia di un ideale "*Imperium*" universale che non esisteva più da molti secoli, almeno nelle concezioni dei giuristi dei secoli a venire, scrigno della classicità, più latina dell'Italia, più ellenica della Grecia, segnate queste invece dalle invasioni, rispettivamente, germaniche e slave.

L'amministrazione centrale della Provincia non si discosta da quella del Basso Impero. A capo troviamo un "pretore", che poi diventa "stratega", alla greca, e infine, di nuovo alla romana, "patrizio", ma le funzioni sono sempre le medesime. Al di sotto, ciò che restava delle antiche pòleis greche e municipi romani, si amministrava come poteva da sé. L'amministrazione dei municipi, ancora come nel Basso Impero, era affidata a una élite urbana, chiamata "*curia*", da cui erano tratti i "decurioni", il cui compito principale, piuttosto ingrato, era quello di riscuotere le imposte per l'insaziabile amministrazione imperiale.

L'epoca bizantina è stata dipinta come un'epoca di decadenza, di fiscalità oppressiva e di scomparsa della cultura. Questa visione, vera solo in parte, ci appare assai relativa. Sappiamo poco dell'epoca imperiale precedente (romana) per fare accurate comparazioni, e se declino ci fu non dovette essere poi così sensibile, mentre non avrebbe alcun senso confrontare quest'epoca con quella ormai lontanissima dei Sicelioti. In termini relativi, invece, la Sicilia non conobbe affatto l'Oscurantismo contemporaneo dell'Europa occidentale. Mentre in Europa l'analfabetismo dilagava, in Sicilia la produzione letteraria, non solo sacra, continuava con regolarità. Mentre in Europa scomparivano le città, in Sicilia quanto meno resistevano, e in particolare Palermo andava crescendo di importanza e popolazione, pur restando Siracusa la capitale politica di sempre. Le magistrature urbane erano ben vive, anche se l'Amari le descrive, forse un po' ingiustamente, come il residuo atrofizzato di quelle greco-romane dell'Antichità. La circolazione aurea non fu mai interrotta, anzi il latifondo tende a spezzarsi (con l'eccezione di quello ecclesiastico) e il lavoro schiavistico diminuisce drasticamente a favore di forme sempre più vicine a quella che sarebbe diventata la servitù della gleba. È probabile che la "sopravvivenza" della Sicilia, in relativo molto più fortunata dell'Italia (non conobbe mai la barbarie longobarda, ad esempio), non abbia per contro escluso un certo declino demografico ed economico. È vero, infatti, che l'Impero di Costantinopoli trattava la Sicilia come una sorta di Siberia, dove confinare gli oppositori, fu esosa come non mai nello spremere di tributi i Siciliani e la coinvolse in sterili battaglie religiose o cristologiche, come ad esempio nell'eresia monotelita o in quella dell'iconoclastia. La Sicilia, già a malapena cristianizzata nel profondo, ignorò ogni richiamo ad abbattere le icone, e anzi – caso unico nell'Oriente ortodosso – non rinunciò mai alle statue sacre. Ancora in pieno VII secolo S.Filippo nelle campagne ennesi era impegnato a sradicare i culti pagani, e – più tardi ancora – il racconto del mago Eliodoro di Catania e del vescovo Leone testimonia delle ultimissime sacche di "resistenza" pagana, in epoca tardissima, e nella necessità, da parte della Chiesa ortodossa, di dover accettare simboli e riti pagani cristianizzati: dall'elefante di Eliodoro, entrato nella simbologia municipale di Catania, alla Chiesa madre di Palermo (sul sito dell'odierna cattedrale), costruita sul tempio di Esculapio dove, anche in età cristiana, si diceva fosse custodita nientemeno che la tomba di Aristotele, alla cattedrale di

Siracusa, vero tempio pagano trasformato in Chiesa, ai riti di Demetra e Persefone, trasfusi ancora oggi nei riti di passaggio primaverile in cui la Madonna cerca e poi trova il Figlio. Il culto mariano (la Vergine Odigitria o Madonna di Costantinopoli) avrebbe trovato terreno fecondissimo in una Sicilia abituata da millenni a chiedere aiuto a una figura femminile materna.
La Sicilia conosce un momento di "gloria" (se così può dirsi) quando nel 663 l'Imperatore Costante II decide di fare di Siracusa la Capitale dell'Impero al posto di Costantinopoli, forse per difendersi meglio dalle invasioni arabe (per la prima volta un'incursione araba dall'Egitto, nel 652, aveva toccato la Sicilia). La Sicilia non tollera però il peso insopportabile, fiscale e militare, dell'essere sede dell'Impero. Una congiura di palazzo, sostenuta dai Siciliani, uccide Costante II mentre fa il bagno (668). La capitale torna a Costantinopoli, e un primo tentativo "separatista" dei Siciliani di dotarsi di un proprio Basileus (con Mezenzio maestro armeno della milizia esaltato *basileus* da Giustiniano, Pretore dell'Isola) è facilmente sedato dall'Impero (669). Mezenzio fu obbedito per qualche tempo anche in Napoli e in Calabria, ma non poteva resistere alla manovra militare che gli arrivò dai quattro punti cardinali: dal nord l'Esarcato di Ravenna, da ovest le truppe bizantine di stanza in Sardegna e Corsica, da sud quelle di stanza in Africa, ancora sotto l'Impero, e da est, naturalmente, quelle provenienti da Costantinopoli. Questo evento, al di là dei fatti contingenti, è però un primo segno di malessere dei Siciliani, che vogliono trovare ancora confusamente una propria via dopo secoli di acquiescenza nei confronti dei "Romani".
La perdita dell'Africa, sul finire del VII secolo, espone la Sicilia ad essere l'ultima frontiera, e quindi la mette in prima linea contro i Saraceni. Intorno al 700 l'isola di Pantelleria, dove si erano rifugiati molti cristiani africani, è conquistata dagli Arabi. Per molto tempo,

però, si pensava che da quel lato potessero venire solo scorrerie piratesche.
Ormai l'Impero, per sopravvivere, aveva trasformato le province in "themi", dove l'amministrazione civile e militare, per semplicità, era fusa, e con l'affiancamento all'esercito e alla flotta imperiale, delle milizie provinciali, di terra e di mare. Mentre le prime erano in gran parte costituite da mercenari, le flotte erano locali. La Sicilia ebbe il suo tumarca, il comandante della flotta, riscoprendo quanto meno un po' di autonomia e di orgoglio civico. Si riaprono le zecche di Siracusa e di Catania, segno di una vitalità propria della provincia o tema bizantino.
Durante il secondo assedio arabo di Costantinopoli (717-718) lo stratega di Sicilia, Sergio, tentò di staccare la Sicilia dall'Impero, facendo acclamare imperatore a Siracusa Tiberio, maestro della milizia provinciale. Leone III Isaurico non ebbe difficoltà a riportare all'ordine la Sicilia, facendo decapitare Tiberio, mentre Sergio dovette rifugiarsi dai Longobardi.
Le fratture tra Roma e Costantinopoli, dovute alla scelta iconoclasta di Leone III nel 726, portarono l'imperatore a togliere la Sicilia dalla sudditanza religiosa al Papa, per sottometterla a Costantinopoli (733). Ma, nel farlo, dota la Sicilia di "autocefalia". La suffraganeità rispetto a Costantinopoli comporta l'adozione generalizzata del rito orientale e una rapida grecizzazione dell'Isola, mentre i legami con Roma rapidamente si indeboliscono. Ma il S. Sinodo siciliano, con a capo l'arcivescovo di Siracusa, è assai autonomo e determina la nascita di una sorta di piccola chiesa nazionale. La confisca dei beni pontifici e la loro attribuzione all'erario non fu, ancora, un fatto del tutto negativo. L'Impero, infatti, le distribuì in affitto o in enfiteusi ai veterani, determinando un consistente frazionamento del latifondo. Ma la Sicilia, in ogni caso, era sempre più politicamente inquieta.

(PD-US)
La Vergine Odigitria, Patrona cristiana della Sicilia

In un momento di crisi, quando l'Impero era stato usurpato da Irene, un dissidente viene allontanato da Costantinopoli e posto al comando della Sicilia: Elpidio. Questi, temendo di essere richiamato per essere giustiziato, si ribella apertamente e proclama di nuovo indipendente l'Impero "di Sicilia" (781). Sconfitto più volte dall'armata venuta da Costantinopoli, si rifugia col tesoro pubblico nell'Africa ormai islamica, dove viene accolto come un principe, diventando poi un generale musulmano che lotterà per il califfo e contro l'Impero in Asia Minore.
L'VIII secolo è quindi segnato da incursioni crescenti dei Saraceni, nonché da queste rivolte, ormai endemiche, dei separatisti siciliani. Ai primi del IX secolo ormai l'Africa è saldamente nelle mani degli Emiri Aghlabiti di Kairuan (Qayrawân in arabo). Le incursioni si alternavano alle tregue: una prima già nel 728, poi ne troviamo una tra il patrizio Costantino e l'emiro Ibrahim ibn-Aghlab nell'805, infine nell'813 tra il patrizio Gregorio e l'emiro Abu 'l Abbas.

Le incursioni esterne e il malcontento per il governo bizantino rafforzano il partito separatista. Nell'821 una rivolta sembra finalmente coronata dal successo: i Siciliani riconoscono all'ammiraglio (tumarca) Eufemio il titolo di Basileus.
La Sicilia tiene in scacco l'Impero d'Oriente per ben 6 anni. Alla fine i Greci, con molta fatica, riescono ad isolare ed a sconfiggere Eufemio nell'827. Questi, con una piccola armata di fedelissimi, fugge in Africa ponendosi sotto la protezione dell'Emiro Ziyâdat-Allah, al quale propone un'alleanza. Se gli Arabi lo avessero aiutato a liberare la Sicilia dai Greco-Romani, l'Imperatore dei Siciliani si sarebbe riconosciuto tributario dell'Emiro e avrebbe consentito l'insediamento di islamici in Sicilia.

Cronologia politica:

241 a.C. – 27 a.C. La Sicilia provincia della Repubblica Romana
27 a.C. – 14 d.C. La Sicilia provincia nel Principato augusteo
14 – 395 La Sicilia provincia dell'Impero Romano
395 – 468 La Sicilia provincia dell'Impero Romano d'Occidente
468 – 476 Occupazione vandala
476 – 493 La Sicilia provincia del Regno romano-barbarico degli Eruli
493 – 535 (e 549 – 551) La Sicilia provincia del Regno degli Ostrogoti
535 – 902 La Sicilia provincia (thema) dell'Impero Romano d'Oriente

Ma Ziyâdat-Allah non dà molto peso a Eufemio. Per lui è solo una nuova occasione di *jihâd*, una guerra santa per ampliare i confini dell'islam. In realtà quelli erano già anni di declino per il califfato. Dopo la travolgente avanzata all'epoca dei califfi elettivi e della dinastia degli Omayyadi, il califfato stava andando in frantumi. La nuova dinastia degli Abbasìdi sposta la capitale da Damasco a Baghdad, muovendo così il centro dell'Impero verso l'area iranica, peraltro incapace di accrescerne i confini. All'estremo occidente un ramo fuggitivo degli Omayyadi si impadronisce della Spagna, non riconoscendo la signorìa di Baghdad (l'Emirato, poi Califfato, di Cordova).

In questo contesto il Nordafrica è affidato ad emiri che, teoricamente, dipendono tutti dal Califfo Abbasìde di Baghdad, ma che in realtà danno luogo a regni indipendenti. Tra questi gli Aghlabiti di Kairuan, nella cd. Ifrîqiya (Africa), cioè l'odierna Tunisia.

La Sicilia quindi sarebbe stata l'ultima conquista degli Arabi, l'unica di fase abbasìde, quando ormai lo slancio dell'espansione si era progressivamente spento.

Fu dato il comando della spedizione ad Asad ibn al-Furât, settantenne giurista islamico, già cadì (qâdî in arabo) di Kairuan. Il vecchio commentatore del Corano dà alla spedizione il carattere ideologico di guerra santa. Pare sia stato investito come primo "emiro" della Sicilia; ma a nostro avviso può essere ancora definito solo come capitano della spedizione o capo provvisorio.

A Eufemio sarebbe spettato un ruolo di "imperatore tributario" in caso di successo? Non è dato saperlo. La spedizione araba da subito lo emargina, i suoi progressivamente lo abbandonano, mentre i Siciliani non lo vedono più come un eroe ma come un traditore. Allo sbarco a Mazara (827) è una carneficina, Asad chiede ai sostenitori di Eufemio di stare a guardare, gli Arabi vincono e vi stabiliscono una prima "testa di ponte". Mazara diventa la città che, più di altre, avrebbe tenuto i rapporti con la madrepatria. Dal nome dei primi governatori (wâlî), sarebbe appunto derivato il nome di "Vallo di Mazara", con cui sarebbe stata designata tutta la Sicilia al di qua dei due Imera, sovrapponendosi grosso modo alla vecchia "sub-provincia" lilibetana che in contemporanea si dissolve. Abbandonata Lilibeo dai governatori bizantini l'amministrazione collassa. Gli Arabi l'avrebbero ribattezzata di lì a poco "porto di Dio" (Marsâ Allah) o più probabilmente "porto di Alì" (Marsâ 'Ali), cioè l'attuale Marsala.

Gli inizi sono molto incerti. Nell'828 gli Arabi tentano invano di assediare Siracusa, poi ripiegano nell'interno, guidati da Eufemio che si aggira come un fantasma nei suoi grotteschi abiti imperiali. Morto Asad, i primi Saraceni, che al loro interno avevano un'organizzazione quasi democratica, eleggono un altro capitano, che chiamano genericamente Sâhib, cioè "Signore". Da Kairuan intanto non arrivano rinforzi. Dopo alcuni scontri presso Mineo e Girgenti e la presa di alcuni castelli, tentano velleitariamente un assedio a Castrogiovanni. Qui i Siciliani, attirato con un inganno Eufemio, fingono sottomissione; tra gli ennesi che si prostrano all'imperatore posticcio due fratelli che lo conoscono o fingono di conoscerlo escono dal gruppo, uno dei due fa segno di abbracciarlo, lo stringe forte a sé in un finto afflato da vecchio amico, mentre l'altro fratello gli pianta un coltello nella nuca. È la fine dell'allucinazione di potere liberare la Sicilia con l'aiuto di nuovi invasori. Da ora in poi gli Arabi non devono neanche tentare una finzione di alleanza con i cristiani di Sicilia, la loro è una semplice guerra di conquista. Le truppe sono in gran parte nordafricane,

alcune di stirpe araba, altre di stirpe berbera (queste si sarebbero stabilite per lungo tempo a Girgenti, l'antica Agrigentum). Dopo aver subito alcune sconfitte dal patrizio Teodoto, agli Arabi resta solo l'avamposto di Mazara e un manipolo a Mineo, proprio vicino ai laghetti di Naftìa che erano stati santuario sacro degli dei Palici ai tempi di Ducezio (829).
A questo punto (830) arrivano poderosi rinforzi dall'Africa, ma affluiscono anche molti volontari dalla Spagna islamica. Gli Arabi abbandonano Mineo e dilagano nel Val di Mazara dove occupano castelli e casali, ma soprattutto diffondono il terrore. La svolta decisiva è l'assedio e la conquista di Palermo (831). Poche migliaia di superstiti all'assedio assistono alla valanga saracena. A Palermo si stabilisce una folta colonia islamica che prende a governare la provincia in fase di conquista in modo assai autonomo da Kairuan, anzi quasi da paese indipendente. Alla conquista di Palermo nasce quindi lo stato arabo-siculo. Kairuan invia un emiro di stirpe regale (832): Abû Fihr, cugino di Ziyâdat Allah, poi sostituito tre anni dopo dal fratello Ibrahim (più correttamente "Ibrâhîm" in arabo), dopo essere stato ucciso il primo per una congiura di palazzo. Ibrahim si dimostra buon governatore. Diede buoni ordinamenti al nuovo Stato, diresse le operazioni di terra e di mare, entrambe militari e di saccheggio, senza mai aver bisogno di uscire dal Castello di Palermo, da loro chiamato Qasr, da cui il nuovo nome per la cittadella romano-punica da loro occupata (oggi Cassaro). Palermo cresceva, al di là dei due fiumi che la circondavano, diventando una vera capitale. Non era nato quindi solo lo Stato arabo di Sicilia, ma anche Palermo capitale, la quale, se lo è ancora oggi, lo deve a questa scelta dei nuovi conquistatori, mentre Siracusa andava declinando, man mano che la Sicilia greca si contraeva.

Teoricamente l'Emirato di Sicilia era un emirato "vassallo" (se questo termine può essere usato in ambito islamico), la cui investitura spettava ai principali emiri di Kairuan. In realtà però né l'amministrazione fiscale, né quella militare furono quasi mai integrate tra Sicilia e Africa. La sudditanza feudale si traduceva soltanto nell'investitura, in alcuni doni mandati a Kairuan e nella promessa all'occorrenza di aiuti militari. Molto spesso, ancora, l'assemblea dei coloni (o dei maggiorenti tra questi), la potente *gemaa* di Palermo ("jamâa" più correttamente in arabo), eleggeva l'Emiro, poi soltanto ratificato dagli Aghlabiti senza alcun'altra intromissione.

In soli 10 anni tutto il territorio che va da Mazara ai fiumi Imera e Salso è strappato ai Greci (831-841). Durante questo periodo muore l'emiro di Kairuan che aveva voluto la spedizione (Ziyâdat Allah, nell'838); i suoi successori si disinteressano della colonia siciliana. I metodi di conquista consistono nel partire con i saccheggi del territorio, incendio dei campi e dei raccolti e distruzione di tutte quelle che oggi chiameremmo le "infrastrutture" (mulini, frantoi), mentre i Greco-siculi si rinserravano nelle città. Seguivano assedi e, dopo la vittoria, uccisioni sommarie, stupri, riduzioni in schiavitù. In una parola il terrore. I cristiani arresi più fortunati diventavano "dhimmi", al pari degli ebrei, cioè "umiliati", cittadini di serie B che a stento mantenevano la libertà personale e un diritto di culto semiclandestino.
Lo Stato siculo-arabo prende a battere moneta nel nome degli emiri di Kairuan, ma anche di quelli locali.
Altro elemento importante di questo Stato è la flotta. A Palermo i Saraceni costruiscono una flotta con la quale infestano il Tirreno, lo Ionio, l'Adriatico, dando manforte agli avamposti di pirati saraceni stabiliti in Italia, soprattutto al Sud. In questo quadro

stipulano un'alleanza con Andrea, console di Napoli, aiutandolo a liberarsi del tributo dovuto al Ducato di Benevento (836). L'alleanza tra Siculo-arabi e Napoletani durerà, con fasi alterne, circa mezzo secolo. Già due anni dopo troviamo la flotta siciliana solcare l'Adriatico, fino quasi a Venezia, ancora non assurta alla grande potenza dei secoli successivi. I pirati Saraceni occupano Taranto (839), più altri presidi sulla costa calabrese.
Il Governo di Siracusa non riesce in Sicilia ad opporre una valida resistenza se non quella di resistere sull'asse Castrogiovanni-Madonie, con la fortificazione di vari centri, sotto il controllo della città di Castrogiovanni, dove ha sede un comandante che guarda la frontiera, ma non può impedire i saccheggi e il terrore islamico.

Negli anni '40 l'avanzata degli arabi si fa più lenta. Le immigrazioni dai quattro angoli dell'Islam (Spagna, Afghanistan, Africa, Arabia) rallentano sino a spegnersi. Ora sono gli stessi musulmani di Sicilia (sia di origine esterna, sia i primi convertiti autoctoni) a pressare contro la parte greca dell'Isola. Trovando inespugnabile il nord, spingono a sud verso il Val Di Noto.
Dopo una serie di spedizioni navali vittoriose sulla costa settentrionale e sulle Eolie, gli Arabi prendono però Messina (843). La città, tuttavia, saldamente in terra greca, non è mantenuta a lungo. Gli abitanti si rifugiano all'interno, dove costruiscono una rocca più facilmente difendibile, chiamata "Rometta" (cioè città dei "Romaioi" o "Romei", ovvero Romani, come i bizantini, anche siciliani, chiamavano sé stessi). Messina resta disabitata, o appena con funzioni di porto-emporio per gli abitanti più sicuramente asserragliati a Rometta.
Più duratura sarebbe stata la conquista di Alimena, nello stesso anno, segno che sulle Madonie si era ora attestata la difesa bizantina. Ma è verso sud, dove non ci sono difese naturali, che gli

Arabi sfondano più facilmente, incontrando tuttavia una resistenza imperiale formidabile. Le città devono essere espugnate una ad una: nell'845 tocca a Modica, nell'847 a Lentini, nell'848 a Ragusa. Nel frattempo la flotta siculo-araba assalta l'Italia meridionale. Nell'846 occupa Ponza, in spregio agli accordi con Napoli, ma poi ne sono scacciati. Sbarcano a Ostia e saccheggiano Roma, persino la Chiesa di San Pietro, allora fuori dalle mura. I "Siciliani" sono ora visti nel mondo cattolico come un vero flagello di Dio. I ducati campani, compresa la stessa Napoli, comprendono il pericolo e, in uno sforzo congiunto, arrestano una seconda spedizione, in una battaglia navale ad Ostia (849), in cui i Siculo-arabi sono sconfitti.
Dopo la morte di Ibrahim, gli emiri sono eletti dalla colonia e appena investiti dai distratti Aghlabiti. Non cambiano i metodi: distruzione di colture, prigionieri, uccisioni, con una campagna ogni anno nella metà Sicilia controllata ancora dall'Impero Romano d'Oriente. Cade Camarina (852), poi Butera (853), dove più di 5.000 abitanti sono ridotti in schiavitù; nell'857 tocca a Gagliano e Cefalù.
Nell'859 riescono, secondo i racconti tramandati, risalendo le fognature, a entrare nell'inespugnabile Castrogiovanni (Enna), e quindi a rimuovere il più importante ostacolo alla loro conquista dell'Isola. Dopo, è praticamente subito assedio della vecchia capitale Siracusa, ormai priva di quel prezioso avamposto.
I Siciliani cominciano a reagire, si ribellano e prendono come possono le armi, ma non sono aiutati dall'Impero in modo efficace. Le sollevazioni furono piegate dagli Arabi nell'860, fra episodi di vero eroismo, guidati dalla propaganda di un frate assai poco contemplativo: Elia di Castrogiovanni, apostolo della resistenza siciliana contro gli invasori. Molti fuggono dalla Sicilia, chi nella Calabria, chi nel Salento, allora ancora saldamente in mani bizantine, chi nel Val Demone, ancora ben difeso. La penetrazione

araba in Val di Noto è però già meno impetuosa che quella del primo assalto nel Val di Mazara, sia per velocità di conquista, sia per numero di colonizzatori.
Nell'862 Kairuan si fa sentire di nuovo: non approva l'elezione di 'Abd Allah, figlio del primo emiro elettivo e nipote del fratello, appena deposto. Teme forse che gli emiri elettivi costituiscano una vera dinastia parallela, e invia Khafaja nella turbolenta colonia. Mentre gli Arabi litigavano tra di loro, i bizantini, riorganizzati da Basilio il Macedone, avevano riguadagnato posizioni. Toccherà a Khafaja riprendere l'offensiva. Prendono Noto (864), poco dopo Scicli. Ma il Val di Noto non si presenta una conquista facile: Noto si ribella, ed è necessaria una seconda spedizione (866) per domare loro e la stessa Ragusa, che nel frattempo aveva pure scosso il giogo. Alla morte di Khafaja la colonia elegge Muhammad, suo figlio, cui si deve un colpo di mano che strappa Malta ai Greci. Ma poco dopo, nell'ennesima congiura di palazzo, questi perde la vita, aprendosi quindi un periodo convulso di emiri nominati da Kairuan, morti presto in condizioni misteriose, sostituiti da altri emiri, anche loro dalla vita breve. La litigiosità tra bande si rivela già il limite principale dei nuovi arrivati.
In Italia intanto finiva il periodo d'oro per i Saraceni, che per qualche tempo avevano addirittura tenuto a Bari un sultano. Le armi congiunte dei Longobardi del Sud e dell'Imperatore carolingio (uno degli ultimi) Lodovico, ne ridimensionano di molto gli insediamenti, siciliani e non, con conseguente riparo in Sicilia dei fuggitivi.
Dopo questo periodo convulso, la svolta arriva nell'877. Un emiro di polso, anzi un vero tiranno, Ibrahim, prende il potere a Kairuan, e nomina per la Sicilia un emiro Ja'far (in omaggio alla tradizione storiografica, soprattutto per i più celebri successivi re arabo-siculi, useremo la traslitterazione italiana di "Giafar"), il quale si scaglia

subito, con nuove forze fresche, all'assedio di Siracusa, comprendendo che, finché i bizantini avevano un patrizio a Siracusa, a nulla sarebbe valso prendere questa o quella fortezza.
Siracusa resiste come può e finché può. Alla fine, nell'878, dopo episodi strazianti di fame all'interno delle mura, deve arrendersi. Una flotta bizantina è mandata in aiuto, ma quando arriva già la città è in mano araba. Sulle prime gli Arabi distruggono tutto, e per ricostruire un'amministrazione nella parte orientale fanno base su Noto (da qui il nome del secondo "Vallo", dopo quello di Mazara). I Bizantini si rifugiano a nord-est nel Val Demone, facendo ora Taormina capitale provinciale, migliore della poco difendibile Catania. Con loro è fuga di massa della popolazione cristiana che non vuole essere presa prigioniera o diventare "dhimmi". Il Val di Noto a lungo resta poco popolato, tanto di cristiani quanto di musulmani.

Non doveva essere tranquilla la vita a corte a Palermo se, lo stesso anno della presa di Siracusa, Giafar è ucciso in una congiura e sostituito da un emiro elettivo (un certo Rabâh, che era stato emiro qualche anno prima). Non manca la reazione dei Greco-siculi, tanto dalla flotta bizantina per mare, con la ripresa delle Madonie e il loro afforzamento, quanto della popolazione, sempre aizzata dall'ottuagenario Elia di Castrogiovanni. Ibn Rabâh, a torto o ragione considerato responsabile dei rovesci, fa la brutta fine del predecessore. Anche il suo successore Hasan è sconfitto, a Caltavuturo, e viene deposto. E così pure Muhammad ibn Fadhl, dopo di lui, anche se era riuscito ad espugnare Polizzi.
I bizantini si ritirano però nella cuspide tra Messina e Catania, lasciando in pratica che i municipi cristiani del Valdemone si difendano da soli.

Di fronte all'ingovernabilità dell'emirato di Sicilia, Ibrahim pensa che una soluzione sia quella di mandare come emiro Sawâda (885), figlio di quel Muhammed che era stato ucciso e nipote di quel Khafaja che aveva pacificato la Sicilia più di vent'anni prima. Per qualche tempo funzionò. Ma poi scoppiò una seria contesa, anzi una vera propria guerra civile tra le due stirpi che avevano condotto la campagna di Sicilia: gli Arabi, che avevano a Palermo la loro sede principale, e i Berberi, che invece si erano concentrati su Girgenti. Gli Arabi lo depongono e lo rispediscono in Africa, ma Ibrahim lo impone nuovamente aiutando Palermo a domare la rivolta berbera. Seguono altri disordini. I *Siqîlliyyun* (gli Arabi di Sicilia) per la prima volta non riconoscono il governo di Ibrahim e il suo governatore, tranne forse a Mazara, e la Sicilia piomba nell'anarchia, guidata in qualche modo dalla gemaa di Palermo. Con i cristiani è obbligatoria una tregua (895).

In pratica, con la conquista di Siracusa, lo slancio della conquista si era arrestato quasi del tutto. Il Val Demone è ora difeso non solo dalle armi imperiali ma anche dai Siciliani stessi che hanno imparato a difendersi da soli.

L'Emiro Ibrahim aveva trascorso i primi anni del suo regno a rinsaldare il suo dominio in Africa. Una volta assicurato lì il potere, si volge spietatamente verso la Sicilia riconducendola all'obbedienza, e riprendendo la guerra santa contro il Valdemone (898). L'emiro nominato da Ibrahim, forse per la prima volta, più che un sovrano vassallo è ora un semplice governatore.

Ma ormai i Siciliani (o Siculo-Arabi) mal soffrivano le ingerenze africane e, allontanato l'emiro, eleggono un emiro indipendente, il persiano Rakamuweih (899). Ibrahim deve mandare il figlio 'Abd Allah per piegare Palermo, mentre nel Val Demone i Cristiani provano a rialzare la testa.

‘Abd Allah piega a forza la resistenza cristiana, varca lo Stretto, espugna Reggio (902) ma poi torna indietro, preso per pusillanime dal padre che lo richiama in Africa.
Qui Ibrahim abdica, gli lascia l’emirato, e questi a sua volta affida l’emirato vassallo di Sicilia al figlio Ziyâdat Allah II. Ibrahim parte quindi per la guerra santa in Sicilia. Rovista il Val Demone, costringendo le principali città siciliane al tributo. Assedia infine Taormina, che cade nel 902, ultima fortezza bizantina. Le altre città, da Catania a Messina, aprono le porte agli Arabi, ormai indifese. Varca lo Stretto, ma muore alle porte di Cosenza.
Nel 902 con la caduta di Taormina le armi imperiali abbandonano la Sicilia; la stessa Calabria greca paga un tributo per non essere assaltata. Le città greco-sicule dell’interno del Val Demone accettano parimenti di pagare un tributo agli Arabi per mantenere un minimo di autogoverno e non essere invase. Teoricamente tutta la Sicilia è finalmente conquistata. Ed è quanto meno una curiosità della storia il fatto che i Greci siano usciti di scena praticamente nello stesso punto in cui erano entrati nel 734 a.C. con la fondazione della prima colonia.

Gli inizi del X secolo vedranno nel frattempo una trasformazione politica, nel mondo arabo, che avrebbe avuto una pesante influenza sulla storia siciliana.
Da un lato l’emirato di Kairuan era dilaniato da guerre interne. Lo stesso Ziyâdat Allah II si era macchiato di parricidio, per succedere al padre ‘Abd Allah. Ma la rovina degli Aghlabiti sarebbe stata dovuta ad un motivo confessionale.
In Nordafrica, infatti, una rivoluzione religiosa avrebbe portato una setta sciita (da cui derivano gli attuali Drusi) guidata da un predicatore-guerriero, “Ubayd Allâh al-Mahdî” (brevemente, il “Mahdi”), a soppiantare la confessione sunnita fedele agli Abbasìdi

di Baghdad. I nuovi sovrani, i Fatimìdi, presunti discendenti di Fatima, figlia del Profeta, conquistano tutto il Nordafrica, proclamano sé stessi califfi (in concorrenza con Baghdad, quindi, e con i califfi di Cordova, non semplici emiri) e fondano sulla costa tunisina una nuova capitale, Mahdiyya (di cui manterremo l'esonimo italiano "Mahdìa").
Questa rivoluzione religiosa, naturalmente, approderà in Sicilia, dove nel 909 si assiste quindi a un cambio di dinastia dai sunniti Aghlabiti agli sciiti Fatimidi.
Nella realtà sulle prime non cambia molto. La Sicilia resta un emirato elettivo feudatario dell'Africa, e anche l'Islam siciliano è considerato dagli arabi stessi poco "ortodosso", intriso com'è da persistenze cristiane, e addirittura pagane.
I cristiani approfittano della confusione per riprendersi le rocche del Val Demone, o per non pagare più tributo, ma senza più alcun aiuto dall'Impero d'Oriente, che ora non osa andare al di là della Calabria, pure nominalmente chiamata "Sicilia".
Sulle prime il Mahdi (909) fa finta di accettare la sudditanza di Abu Fawâris, che aveva deposto l'ultimo emiro di Sicilia fedele agli Aghlabiti, nella speranza di essere lasciato semiindipendente. Ma l'anno dopo lo invita in Africa, dove è messo in carcere e sostituito da emiri nominati dal Mahdi, strettamente controllati dallo stesso.
Non tutti i Siqilli gradiscono questa sudditanza, e ancora una volta tentano la strada dell'indipendenza. I maggiorenti siciliani pregano Ibn Qurhub di accettare la carica di Emiro (912). Ibn Qurhub rifiuta, si rifugia in una grotta, ma i Siciliani lo vanno a prendere, lo esaltano emiro, e questa volta l'emiro di Sicilia si proclama fedele teoricamente al lontano Califfo sunnita di Baghdad, anziché a quello vicino di Mahdìa.
I cristiani di Sicilia nel frattempo riprendono Taormina. Ibn Qurhub sconfigge (914) con la flotta siciliana la flotta africana.

Ma dopo un naufragio gran parte della flotta siciliana è persa. Per difendere la Sicilia a quel punto sarebbero serviti sacrifici, nuovi arruolamenti, e soprattutto nuove tasse per mettere in piedi nuovamente la flotta. E qui i Siciliani, gli stessi che lo avevano pregato, quasi costretto, ad accettare la carica, voltarono le spalle all'emiro separatista. Quando (916) questi capì che non c'era possibilità di resistere e tentò la fuga, la sua nave fu bloccata a Mondello, vicino Palermo (allora "porto fangoso") e, per sommo dell'ingiuria, i ribelli lo spediscono in Africa dove è orrendamente torturato, mutilato e ucciso.
I Siciliani che avevano spedito Ibn Qurhub in Africa avevano mandato nell'ambasceria proposte al Mahdi, pensando di averne una sorta di quasi indipendenza, o comunque una fedeltà nominale, prospettando una desiderata anarchia di fatto.
Il Mahdi manda invece il generale Abu Said, per far comprendere che con i Fatimidi la musica era cambiata. I Berberi sono sconfitti ad Agrigento, poi è assediata e presa Palermo. L'emirato ora diventa un governatorato strettamente dipendente dall'Africa, con il compito di occuparsi solo dell'ordine pubblico, mentre l'azienda pubblica e la guerra sono accentrate a Mahdìa.
Uno di questi governatori, Abu 'Abbâs Khalîl, nominato da Qaim (al-Qâhim), successore del Mahdi, fonda una vera e propria capitale nuova vicino all'arsenale, chiamandola *Al Khâlisa*, l'odierno quartiere palermitano della Kalsa. Quando, nel 940, ogni agitazione fu domata, fu persino soppressa la carica di emiro e i Fatimidi tentarono di governare la Sicilia direttamente da Mahdìa, per spegnere ogni tentazione indipendentista dei Siqilli.
Il tentativo, però, fallì clamorosamente. La Sicilia piombò nel caos amministrativo e militare.
Sarà il successore di Qaim, Mansur (al-Mansûr), il terzo califfo fatimida, ad infeudare pertanto la Sicilia ad un esponente di una

famiglia molto fidata, tale Hasan, figlio di un certo Alì ('Ali) della tribù dei Banu Kalb, una delle più antiche tribù sudarabiche (discendenti da Kalb ibn Wabara) che si era distinto ed era morto ad Agrigento per domare i Berberi, sotto il califfato di Qaim.

Con Hasan I (948-965) si considera quindi iniziata la dinastia dei Kalbiti, cioè dell'emirato indipendente di Sicilia. Questa "visione" però non è del tutto corretta. All'inizio Hasan era soltanto un governatore della Sicilia come i predecessori, senza alcuna delega di poteri particolari che non fosse una delega di fatto, né c'era alcuna concessione "ereditaria" dell'emirato. Sarà la sua bravura che, in meno di vent'anni, trasformerà un fragile governo estero, guardato con sospetto dai locali, in una radicata signoria familiare, che nemmeno più i califfi fatimidi potevano scalfire. Ad esempio, nel 950, Mansur manda una flotta in aiuto ad Hasan, poiché i Bizantini erano sbarcati ad Otranto e minacciavano una "reconquista", segno che Hasan era ancora tutt'al più un vassallo di Mansur.

Dopo un'altra spedizione si arrivò a una tregua (952), con la quale i Bizantini accettavano di pagare il tributo per la Calabria, ed accordavano libertà di culto a una piccola comunità musulmana che Hasan fece insediare a Reggio Calabria, con una loro moschea. Un passo avanti fa Hasan nel 953 quando, morto Mansur, si presenta in Africa, dove è investito dal nuovo califfo Moezz (al-Mu'izz), il quale gli accorda la successione per il figlio Ahmad, in caso di morte. Non era l'ereditarietà per diritto, ma nel fatto il processo era avviato. Moezz aveva bisogno di aiuto dalla Sicilia per sfondare a est nella conquista dell'Egitto. Intanto la flotta siciliana aiuta i suoi signori, sconfiggendo una flotta omayyade (arabo-spagnola).

Nel 956 i Bizantini rompono la tregua, distruggono la moschea di Reggio e invadono la Sicilia, occupando per qualche tempo Termini, a pochi passi da Palermo. Una controffensiva arabo-sicula riporta nel 958 il confine sullo Stretto.
Questa volta è Hasan che chiede aiuto all'Africa (961) per piegare il Val Demone, sul quale il dominio arabo era ancora puramente teorico. Nel 962 cade la nuova Taormina, ribatezzata ora Moezzia. Tutti i municipi cristiani si piegano al tributo, tranne Rometta. Siracusa, debolmente popolata da cristiani che si erano insediati tra le rovine lasciate tra Ortigia e Acradina dopo il disastro dell'878, viene ripopolata dagli Arabi, dopo essere ripresa ai Greci, che, più forti nel mare, avevano preso negli anni alcuni avamposti (Termini, Lentini, Taormina, Messina, e appunto Siracusa).
Cacciati i Greci, Hasan si volse a piegare l'indomita Rometta.
Questa chiede aiuto all'imperatore Niceforo Foca che invia un esercito. Dopo una battaglia vittoriosa, la notizia della sconfitta degli imperiali fa letteralmente "morire" di gioia Hasan, che perde la vita per un infarto (965). I Greci si ritirano di nuovo a Reggio, accettando di pagare il tributo per la Calabria.

Il figlio Ahmad I, ormai emiro, continua l'assedio di Rometta, fino alla sua inevitabile resa (965).
Moezz ha paura della troppa potenza e indipendenza degli emiri siciliani, e per sottolineare la loro dipendenza ordina la distruzione delle fortezze di Taormina e Rometta, richiamando Ahmad I in Africa. Questi obbedisce da vero vassallo, e viene fatto ammiraglio. Tenta quindi di nominare un emiro qualunque, come ai bei tempi in cui la Sicilia era un'appendice della Tunisia. Ma i Siciliani prendono le armi. Moezz non ha altra scelta che accettare il fatto compiuto e nominare emiro il fratello di Ahmad, Abu 'l-Qâsim, che parte per la Sicilia e si impossessa del nuovo Stato.

Non ci sono quindi grandi contese con l'Impero, perché Costantinopoli e Mahdìa ora sono alleate. Moezz entra in Egitto, che diventa la base del suo dominio. Nel 972 trasferisce la capitale da Mahdìa al Cairo, la nuova metropoli fondata dal siciliano Jawhar al Siqilli. L'Africa è affidata agli Ziriti; la presa sulla Sicilia fatalmente si allenta.
Con Abu 'l-Qâsim (970-982) ogni influenza dal Nordafrica, ancora presente con i primi due emiri Kalbiti, cessa quindi del tutto e la Sicilia si ritrova stabilmente, per la prima volta da millenni, ad avere di fatto uno stato indipendente. Il viaggiatore Ibn Hawkal, passato dalla Sicilia in questi anni, chiama l'emiro "Sultano", cioè non più principe subalterno come gli "Emiri" ma vero sovrano assoluto, ancorché solo di fatto.
Ma l'Emirato di Sicilia, a differenza delle monarchie orientali, non è assoluto. Il principe deve fare i conti con l'aristocrazia palermitana, discendente dai primi coloni, in grado di contrastarne seriamente il potere.
Nel 976 sventa un attacco congiunto bizantino e pisano e insegue i nemici fino a Cosenza, poi ricostruisce il castello di Rometta. Abu 'l-Qâsim si trovò a lottare anche contro Ottone II sceso in Calabria, al fianco dei Greci, pur senza formale alleanza con questi. A Stilo però i tedeschi uccisero l'emiro (982). Il potere passa quindi al figlio Jâbir (traslitteriamo "Giaber").

Nel 983 l'Emiro Giaber è deposto, e i Siciliani chiedono al Cairo di inviare un altro emiro, della stessa famiglia dei Kalbiti, ma di un altro ramo, cugino alla larga di Giaber (il nonno del nuovo emiro era fratello o cugino del capostipite Hasan I).
A Giafar I (983-85), pacifico e amante degli studi, già cortigiano al Cairo, e ad 'Abd Allah (985-89), suo fratello, di cui poco si sa se

non che anche il suo fu un governo relativamente pacifico, segue Yusuf (989-997), figlio di quest'ultimo.
In verità al 986 erano già riprese le ostilità navali coi Greci e coi Veneziani, ma ora anche contro l'emergente potenza dei Pisani.

Con Yusuf l'Emirato di Sicilia raggiunge forse la massima potenza. La flotta siciliana è ora una delle più potenti del Mediterraneo. Yusuf si dota persino di un Visir (Ministro) e di un Hâjib (Ciambellano), come un vero sovrano e non più governatore provinciale.
Una tetraplegia, però, costringe Yusuf ad abdicare a favore del figlio Giafar II.
Con la monarchia kalbita, nel complesso, la Sicilia stava cambiando pelle. Finita l'epoca delle razzie e delle stragi, ormai le comunità cristiana e musulmana in qualche modo convivevano tra loro, naturalmene sotto il dominio della sharia e quindi con il predominio della seconda sulla prima. Ma le persone ormai erano rispettate, e anche le proprietà. I tre valli, conquistati in epoche differenti, avevano strutture demografiche e socio-economiche diverse. Il Vallo di Mazara vedeva una piccola comunità cristiana silente, appena più numerosa di quella sparuta del Nordafrica, circondata da un mare di musulmani, fossero questi immigrati o "Siqilli" convertiti. Il Val di Noto oggetto di colonizzazioni islamiche dal Val di Mazara, per ripopolarlo, ma con una popolazione mista, cristiana e musulmana. Il Val Demone con piccoli presidi saraceni a vigilanza di una società rimasta cristiana di religione e greca di lingua, con alcune città che si limitavano a pagare il tributo ai musulmani.
A proposito di lingue, naturalmente l'arabo era la lingua franca con la quale s'intendevano i musulmani tra loro, venissero dalla Spagna o dall'Afganistan, dall'Arabia, dalla Siria, dall'Egitto o dal Maghreb,

senza farsi mancare persino popolazione nera africana. Forse solo la comunità berbera, più compatta su Girgenti, riuscì a mantenere una lingua propria. La presenza di siciliani convertiti, molti certamente di dialetto siculo-romanzo, ma anche siculo-ellenico, determinò una inevitabile storpiatura dell'arabo classico. Dovette esistere, in un paio di secoli di stanziamento, un vero e proprio arabo-siculo, che poi oggi sarebbe sopravvissuto solo nel moderno maltese, oltre che in forti tracce del dialetto pantesco (e in un 15/20 % del patrimonio lessicale del siciliano, ma nell'ambito di una lingua restata neolatina). L'altra Sicilia restò greca, di lingua e religione. A parte stavano gli ebrei, che dovettero molto rinforzarsi in quest'epoca, e che – se dobbiamo stare alla famosa stele quadrilingue di qualche secolo dopo, oggi esposta alla Zisa di Palermo – parlavano un dialetto arabo-ebraico. La linguistica moderna attesta che non può essere scomparso del tutto l'idioma post-latino dalla Sicilia, sebbene di esso non ci sia pervenuta alcuna traccia. Immaginiamo che quello sopravvissuto in Val di Mazara a secoli di grecizzazione, era ora sottoposto all'arabizzazione, ma non ci fu il tempo di farlo scomparire del tutto prima che arrivassero i Normanni a rivitalizzarlo. I latini furono in gran parte costretti a convertirsi o ebbero convenienza a farlo, ma qualcuno perseverò nella fede cristiana di rito greco. Sul finire della signoria islamica in Sicilia c'era solo un vescovo, riparato a Palermo sotto la protezione dell'Emiro, al posto delle 16 diocesi di epoca bizantina.

A proposito di parole arabe transitate nella lingua siciliana, molte di queste riguardano l'agricoltura. Non è errato dire che questa ricevette molte attenzioni in questo periodo e che fu fiorente, specialmente nell'ultimo periodo. La Sicilia fu inondata di genti che venivano da tre continenti, e queste portavano con sé colture e culture che attecchirono felicemente, assumendo però in Sicilia un

carattere particolare. Il rimescolamento delle proprietà accelerò la frammentazione del latifondo già in atto dal precedente periodo. Se gli insediamenti "greci" favorivano (come tutt'oggi nella vicina Calabria e nel Messinese) i piccoli e piccolissimi borghi, castelli, rocche, gli arabi favorirono una colonizzazione delle campagne con popolazione rurale diffusa (quelli che poi, in età successiva, sarebbero stati i "villani") con la diffusione di varie forme di sostanziale servitù agraria, mentre la schiavitù continuava a prosperare solo nelle città, ma in declino dopo le guerre di conquista e gli atti di pirateria. Abbondavano i liberti, molti di origine cristiana.
Attenuatesi le guerre, infine, l'emirato ereditario portò la cultura e la letteratura. Dopo un secolo e mezzo di guerre, in cui l'islam produsse solo giurisprudenza religiosa, o quasi, e dove la parte greca continuò la propria letteratura, ormai anch'essa quasi esclusivamente religiosa, sotto i Kalbiti la letteratura greca praticamente si spegne, mentre quella araba sta per decollare. A Palermo fiorisce una poesia cortese, sul modello orientale, anche se i migliori frutti arriveranno solo quando ormai la Sicilia araba era in rovina per l'avanzata dei Normanni.

Giafar II (997-1019), non contento del titolo di Emiro, rispolvera il titolo antico di Re (Malik in arabo), a suo dire più appropriato per la Sicilia, forse memore del fatto che la Sicilia era stata un regno nell'Antichità. Da questo momento il legame con Il Cairo, anche formalmente, è solo di tipo religioso. Giafar II non amava tanto i combattimenti quanto godersi pacificamente la reggia di Palermo. Fece costruire il castello di Maredolce, come residenza di villeggiatura regale. Punì però una ribellione berbera (1015) con la cacciata di tutti i berberi dall'Isola. A questo punto, però, la componente siciliana convertita, cominciò a essere prevalente e minacciosa contro l'élite araba di cui faceva parte lo stesso emiro. Il suo visir Hasan ibn Muhammad inasprì la tassazione fuori dalla tradizione e senza tener conto del volere degli aristocratici (qaid e sceicchi locali), e questo rese molto impopolare Giafar. Nel 1019 una rivolta di nobili e plebei a Palermo assalta il Palazzo. Comparso in lettiga il vecchio emiro Yusuf, il popolo ne ha pietà, e accetta di salvare la vita a Giafar in cambio della sostituzione con il fratello Ahmad. Visir e ciambellano invece furono uccisi senza pietà. Yusuf e Giafar II, ad ogni buon conto, riparano in Egitto.

Bandiera del Regno Siculo-Arabo nella assai dubbia ricostruzione del Marchese di Villabianca

Ahmad II al-Akhal si fece dare dal califfo del Cairo il titolo di "Sostegno dell'Impero", ma ormai più aumentavano i titoli più aumentava la debolezza della dinastia. Nel 1026 furono cacciati dai Greci gli avamposti sulla costa calabrese utili per prendere il tributo da quella regione. Ahmad chiese l'aiuto degli Ziriti d'Africa che già avevano preso di mira la Sicilia, e si consideravano anche loro indipendenti dai califfi fatimidi, e insieme si diedero alla pirateria. Le iniquità svolte in sua assenza, durante queste campagne, dal figlio Giafar e i tentativi di mettere contro "africani" e "siciliani" tra loro gettarono il Regno siculo-arabo nello scompiglio.

Questo Stato era stato fondato all'origine su un'economia di guerra e di rapina. Poteva fiorire sinché c'erano continui afflussi di guerrieri disposti a spendersi in una guerra santa. Con la maturità del dominio questi divennero un'aristocrazia africana su una popolazione siciliana malamente convertita in Val di Mazara e su una popolazione cristiana soggetta a est. L'assottigliamento dell'aristocrazia e il ricorso ai mercenari determinava il progressivo esaurirsi della spinta espansiva. Hasan I aveva dato il primo colpo facendosi acclamare dal popolo di Palermo ed esautorando i potenti aristocratici. Poi Ahmad I li aveva imbrigliati legandoli alla corte emirale. Dopo Abu 'l-Qâsim li aveva decimati nelle campagne di Calabria. Sotto gli ultimi emiri molti di loro si erano infine trasformati in letterati e cortigiani gaudenti, incapaci di rischiare la vita per qualsiasi ragione.

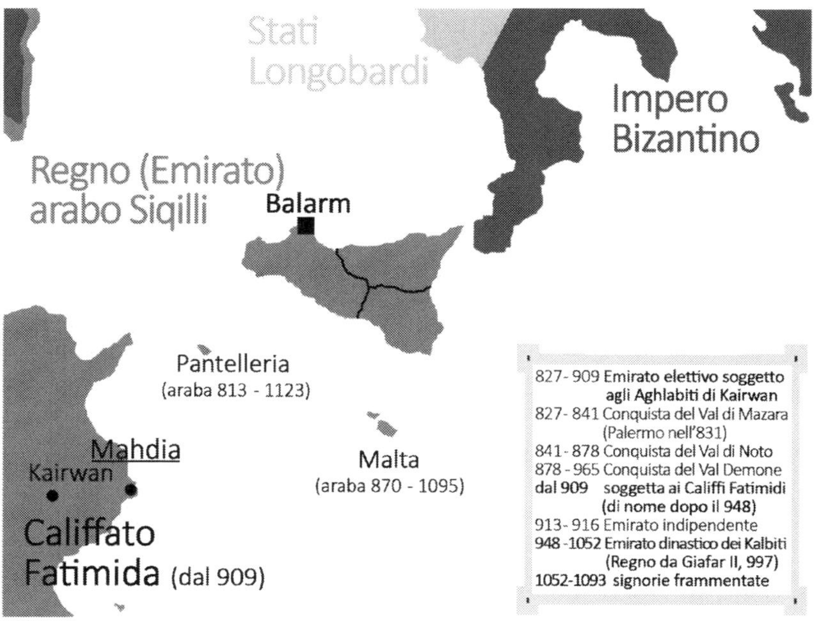

A un certo punto Ahmad II tra questi due partiti, sceglie di allearsi con gli "africani", assottigliata, ma ancora potente fazione, contro i "siciliani", poveri ma numerosi, e raddoppia le tasse in un colpo solo, nel 1031. Nel 1034 la tensione conduce a una guerra civile in cui il fratello Abu Hafs si appoggia ai "siciliani". Al-Akhal si butta tra le braccia dell'Impero Romano d'Oriente che lo nomina "Maestro" e gli promette l'esercito del grande Maniace. Per i musulmani questa sudditanza a un re cristiano è una vergogna. Gli Ziriti invadono la Sicilia ma sono respinti da al-Akhal con l'aiuto dei bizantini. Ma poi questi si ritirano a Reggio e al-Akhal, rimasto indifeso, viene ucciso (1037). Mentre 'Abd Allah, figlio dell'emiro Zirita di Mahdìa, era restato in pratica padrone dell'Isola, gli piomba addosso l'esercito greco di Giorgio Maniace che quasi riconquista in un colpo solo la Sicilia.

Giorgio Maniace fu uno dei più grandi generali che ebbe l'Impero bizantino. Con una serie di fortunate campagne, in soli due anni (1038-40), riconquista più di mezza Sicilia. I cristiani esultano al vedere le bandiere con l'acronimo ICXCNA (*Iesùs Christòs Nikâ*, cioè "Gesù Cristo vince"), pensavano fosse finita l'era della tirannia musulmana, ma si ingannavano, almeno di poco. Tra i soldati di Maniace, per la prima volta, alcuni valenti mercenari normanni, guidati da Guglielmo Altavilla, detto "Braccio di Ferro". Le invidie di corte fanno richiamare a Costantinopoli e mettere in carcere il Maniace, che poco prima per troppa avarizia si era fatto scappare i determinanti mercenari normanni. Naturale che ci fosse una riscossa araba. Cacciati gli Ziriti (1040), la colonia acclama emiro-re un fratello di Ahmad II al-Akhal, tale Hasan II al-Samsan, messo però sotto tutela dalla potente gemaa palermitana. Nonostante il caos in atto in ambito arabo-siculo, l'imperizia dei successori di Maniace è tale che in soli due anni, alla fine del 1042,

i Greci sono ridotti a Messina, che si arrende solo qualche anno o qualche mese dopo.
È questo un periodo di crisi del mondo islamico a tutti i livelli. Come altrove, anche il regno siciliano si sfalda tra piccoli signori locali, talvolta chiamati "emiri", tal altra solo "qâ'id" (signore). Un certo Ibn Mankût diventa signore di Trapani, Marsala, Mazara e Sciacca. Un certo Ibn al-Hawwâs, di origini berbere, si impadronisce di Castrogiovanni e della Sicilia centrale. Tale Ibn al-Maklatî, a Catania, è nominalmente fedele a Palermo, come i presidi del Val Demone, ma solo di nome.

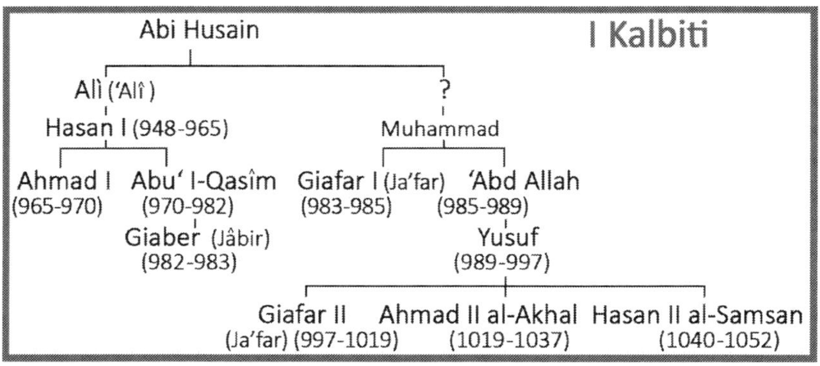

Nel 1052 il debole Hasan II al-Samsan, ultimo kalbita, è deposto, e i palermitani tentano la strada della "Repubblica islamica" dando alla potente cricca degli aristocratici della gemaa il potere senza più altre mediazioni. Riescono ad avere ragione su ibn Mankût di Trapani, dividendone i possedimenti con Ibn al-Hawwâs, ma il caos regna ormai sovrano in tutta la Sicilia araba.
Intorno al 1053, un qa'id, di nome Ibn Thumna, si impossessa di Siracusa. Questi assalta Catania, uccide Ibn al-Maklatî, si impossessa del suo stato e della moglie Maymûna, sorella del tirannello di Enna Ibn al-Hawwâs. La Repubblica di Palermo lo

riconosce e gli fornisce la flotta. Una sera, in preda all'ubriachezza, Ibn Thumna ordina di tagliare le vene alla moglie. Il figlio, inorridito, la salva tamponandole le ferite. L'indomani il marito si scusa per l'intemperanza e Maymûna fa finta di perdonarlo. Dopo qualche mese chiede di andare a trovare il fratello a Castrogiovanni, dove racconta l'episodio. Ibn al-Hawwâs le impedisce quindi di tornare in un posto così pericoloso e attacca il cognato, in senso strettamente militare. Palermo questa volta si schiera contro Ibn Thumna, e le truppe alleate entrano a Catania. Il tiranno si rifugia a Siracusa. Ha disperato bisogno di aiuto, e qui si ricorda che dall'altra parte dello Stretto non sventolano più le insegne dell'Impero Romano d'Oriente, ma ormai quelle dei Normanni. Si imbarca per Mileto, chiede aiuto al Conte Ruggero Altavilla. E qui per i Saraceni di Sicilia è l'inizio della fine, ma per la Sicilia l'inizio di una vera nuova era.

Cronologia politica:

827-909 Dinastia Aghlabita:

Primo assalto (capitani):

827 Asad ibn Furât

827-829 Muhammad ibn Jawâri

829-831 Zuhair ibn Ghaut

Conquista del Val di Mazara (emiri):

831-832 'Authman ibn Kuhrib (capitano)

832-835 Abû Fihr Muhammad ibn 'Abd Allah ibn Aghlab (primo emiro nominato, poi ucciso)

835-851 Abû 'l-Aghlab Ibrahîm ibn 'Abd Allah ibn Aghlab (nominato)

Conquista del Val di Noto (emiri):

851-861 Abû 'l-Aghlab Abbâs ibn Fadhl ibn Yakûb (eletto)

861-862 Ahmad ibn Yakûb (zio del precedente, eletto, poi deposto)

862-869 Khafaja ibn Sufian ibn Sawada (nominato)

869-871 Muhammad ibn Khafaja ibn Sufian (figlio del precedente, eletto, poi ucciso)

871 Rabâh ibn Yakûb ibn Fazâra (nominato e morto poco dopo)

871-872 Abû Abbâs ibn Yakûb ibn 'Abd Allah (eletto, e morto poco dopo)

872 Ahmad ibn Yakûb ibn 'Abd Allah (fratello del precedente, eletto e morto poco dopo)

872-873 Husain ibn Rabâh (nominato e poi rimosso)

873-877 Abû Malik Ahmad ibn Yakûb ibn 'Aumar detto l'Abissino (eletto)

877-878 Ja'far ibn Muhammad (nominato)

Conquista del Val Demone (emiri):

878-880 Husain ibn Rabâh (eletto, di nuovo, poi ucciso)

880-881 Hasan ibn Abbâs (eletto e poi deposto)

881-883 Muhammad ibn Fadhl (eletto e poi deposto)

883-885 Husain ibn Ahmad (eletto)

885-892 Sawâda ibn Muhammad ibn Khafaja (nominato, padre e nonno erano stati emiri)

892-894 Muhammad ibn Fadhl (eletto, di nuovo)

894 Hasan ibn Nakid (nominato, governatore dell'Emiro Ibrahîm di Kairuan, ma non governa effettivamente fuori da Mazara)

894-898 Ribellione dei Siqilli

898-899 Abû Malik Ahmad ibn 'Aumar ibn 'Abd Allah (governatore di Ibrahîm)

899-900 Rakamuweih (emiro dissidente)

900-902 Abû Abbâs 'Abd Allah (figlio dell'emiro di Kairuan, governo diretto)

902-903 Ziyâdat Allah (figlio di 'Abd Allah, sara dopo il II emiro di Kairuan con questo nome)

903 Muhammad ibn Siracusî (nominato)

903-904 'Ali ibn Muhammad ibn Abi Fawares (eletto)

904-909 Ahmad ibn Abi Husain ibn Rabâh (nominato, poi deposto)

909-948 Dinastia Fatimida (emiri):

909-910 'Ali ibn Muhammad ibn Abi Fawares (eletto, di nuovo, questa volta in nome dei Fatimidi, poi imprigionato dal Mahdi)

910-912 Hasan ibn Ahmad ibn 'Ali, detto Iban abi Khinzîr (nominato)

912-913 Ali ibn ‘Aumar Ballawi (nominato)

913-916 Ahmad ibn Ziyadat Allah ibn Qurhub (emiro separatista)

916-917 Abû Said Musa ibn Ahmad detto l’Ospite (generale occupante)

917-937 Salim ibn Asad ibn Rashid (nominato)

937-940 Abû Abbâs Khalil ibn Ishak Ibn Werd (nominato)

940-948 Governo diretto da Mahdìa

1048-1052 Emiri (Re) Kalbiti:

948-965 Hasan I

965-970 Ahmad I

970-982 Abu ‘l-Qasîm

982-983 Giaber (Jâbir)

983-985 Giafar (Ja‘far) I

985-989 ‘Abd Allah

989-997 Yusuf

997-1019 Giafar (Ja‘far) II

1019-1037 Ahmad II al-Akhal

1037-1040 ‘Abd Allah ibn Mu‘izz (occupazione zirita)

1040-1052 Hasan II al-Samsan

1052-1072 Repubblica islamica

PARTE II:

IL REGNO DI SICILIA

Contrariamente a quello che comunemente si pensa, la Sicilia, per gran parte dell'Evo medio e moderno, ha avuto una formazione politica sovrana a rappresentarla, un vero e proprio stato, dotato di una propria storia istituzionale e politica: il "Regno di Sicilia".
Il Regno di Sicilia nasce sulle ceneri dell'Emirato in rovina (che – come abbiamo visto – era nato con la stessa invasione araba, per diventare poco a poco uno stato indipendente), ma ideologicamente si richiamava al Regno Siceliota dell'Antichità. Essendo stata, infatti, la Sicilia, una Provincia ai tempi dell'Impero Romano (compresa la fase bizantina), e non una semplice parte d'Italia, lo scioglimento di ogni vincolo con l'Impero avrebbe restituito la Sicilia al suo naturale destino di regno a sé, una volta cacciati i musulmani, considerati semplicemente infedeli, e quindi usurpatori da un punto di vista giuridico romano-cristiano. Queste le motivazioni istituzionali che furono poste alla base della ricostituzione del Regno. Naturalmente nei fatti si trattò di uno stato del tutto nuovo, costruito per diritto di conquista da parte dei cavalieri normanni, ma poi resistito per secoli con istituzioni proprie. All'inizio – com'era ovvio – il dominio è relativamente confuso. A partire dalla conquista (1061) si stabilisce un dominio di fatto, che poi assume il titolo di Gran Contea o Consolato, e si organizza l'amministrazione sulle stesse basi feudali alle quali i Normanni erano abituati nella loro terra d'origine. Poi, con Ruggero II, figlio del conquistatore Ruggero I, si crea il Regno vero e proprio (1130), un felice fusione tra diverse tradizioni politiche e culturali, un faro di luce in un'epoca buia. La Sicilia nasce subito

come grande potenza mediterranea, e con il germe di un'istituzione parlamentare. Ruggero II crea un impero che va dall'Africa a mezza Italia, compresi avamposti nei Balcani. Da allora in poi la Sicilia avrebbe conosciuto diversi cambi di dinastia regnante, erroneamente registrati dalla storiografia italiana come "dominazioni", fino all'alba del XIX secolo.

Dapprima fu la volta della dinastia normanna originaria, gli Altavilla, o Hauteville, essenzialmente con i due Guglielmi e Tancredi, dopo Ruggero II. Meno potente che con il fondatore, la Sicilia è comunque una potenza mondiale di tutto rispetto.

Alla fine del XII secolo una crisi dinastica porta all'avvicendamento della famiglia al trono. Questa volta è il turno dei tedeschi Hohenstaufen o Svevi. Con il più importante di questi, Federico Imperatore (II come sacro romano imperatore, I come re di Sicilia) la Sicilia raggiunge l'apogeo della sua potenza. È la Germania (con l'Italia e la Borgogna annesse) ad essere in unione personale con la Sicilia e non viceversa, così come, in Terra Santa, il Regno di Gerusalemme pacificamente conquistato. Per un attimo Palermo sembra diventare la capitale del mondo. Nasce la letteratura siciliana e il Parlamento siciliano vota un corpo di leggi di diritto pubblico all'avanguardia per i tempi (le Costituzioni Melfitane). Pure, negli ultimi anni, Federico trascura la Sicilia e risiede sempre più stabilmente nel Sud Italia, che cerca di integrare con la Sicilia in un unico grande regno e non più trattandolo come "possedimento siciliano", come era stato al tempo dei re normanni.

La dinastia sveva termina con re Manfredi, sconfitto a Benevento nel 1266 dall'usurpatore francese Carlo d'Angiò, illegittimamente coronato dal papa a Roma "Re di Sicilia", al di fuori di quella che era ormai la costituzione materiale del Regno.

L'usurpazione angioina dura poco però. Dopo solo 16 anni i Siciliani scoprono la propria autocoscienza nazionale e, nella

Rivoluzione del Vespro, li cacciano e si ricostituiscono in Regno indipendente, sotto un ramo della dinastia aragonese.
Alla Rivoluzione, virtualmente terminata nel 1282 stesso, segue la lunghissima Guerra del Vespro, durata ben novant'anni (fino al 1372), con fasi alterne. La parte continentale del Regno è perduta, e resta sotto gli Angioini, ma il Regno insulare di Sicilia è ancora uno stato-nazione di tutto rispetto, che riesce anche a costituire possedimenti in Grecia e in Africa, e che fa sentire la propria influenza in Italia. Da sola, contro il papato, il Regno angioino di Napoli, la Francia e, per qualche tempo, anche contro l'Aragona, la Sicilia si conquista il diritto alla propria indipendenza. Ed è in questo frangente che la sua Costituzione (con i Capitoli di Catania del 1296) diventa quella della prima monarchia costituzionale parlamentare d'Europa, quando Federico III, acclamato re dalla *Voluntas Siculorum*, condivide con il Parlamento le funzioni legislative, la potestà tributaria e le più importanti decisioni di politica estera.
Lunghe guerre civili indeboliscono il potere centrale nella seconda metà del XIV secolo, ma questo è ricostituito tra la fine del secolo e i primi del successivo, seppure con una pressione crescente da parte dell'Aragona che la fa entrare nella sua orbita.
Sarà soltanto una crisi dinastica, agli inizi del XV secolo, che farà perdere alla Sicilia il proprio re, e con esso la piena indipendenza esterna, e la unirà in unione personale con la corona aragonese.
Questa unione nel tempo si rafforza e diventa istituzionale: l'Aragona, e poi la Spagna, invia un "Vicerè proprietario", con funzioni di *alter ego* rispetto al re, l'Unione è dichiarata "perpetua" (1460), con la conseguente perdita della propria politica estera, ma lo Stato di Sicilia resta pienamente indipendente al proprio interno, con tutte le cariche pubbliche affidate ai "regnicoli", con finanze, esercito e moneta propria, senza pagare tributo alcuno ai re stranieri, i quali anzi dovevano giurare, all'ascesa al trono,

fedeltà alle Costituzioni e Capitoli del Regno, mantenendo fede quindi all'ordinamento parlamentare che la Sicilia si era dato durante la Guerra del Vespro.
Da allora è solo un lento cambio di dinastie regnanti e di schieramenti internazionali, mentre al suo interno permane quello che, retrospettivamente, sarebbe stato chiamato poi l'"Antico Regime": dai Trastàmara di Aragona, agli Asburgo di Spagna, poi ai Savoia del Piemonte (con i quali di fatto si recide il legame con la Penisola Iberica), poi ancora agli Asburgo d'Austria, e infine ai Borbone di Napoli. Il Regno di Sicilia arriva indenne, con minimi cambiamenti costituzionali, all'epoca napoleonica.
Nel 1798, con la fuga da Napoli del re Ferdinando III, cessa il Governo viceregio, e il Regno di Sicilia si ritrova di nuovo pienamente indipendente, sia pure sotto la protezione militare e politica britannica. La Sicilia partecipa, a fianco del Regno Unito, alle Guerre Napoleoniche e ne esce vincitrice. Durante le stesse la vecchia Costituzione del Vespro è riformata in senso moderno e liberale (1812), scrivendo un altro monumento di civiltà giuridica nella lunga storia della Sicilia.
Ma, da vincitrice, grazie a un re traditore e spergiuro, la fine delle Guerre Napoleoniche si traduce in una vera e propria catastrofe nazionale. Come "premio" per la vittoria, re Ferdinando Borbone regala all'Inghilterra le Isole Maltesi, da allora perse per sempre, e annette il Regno di Sicilia, vincitore, al Regno di Napoli, sconfitto, sotto l'ambiguo nome di "Regno delle Due Sicilie".
Nel 1816, così, cessa – in maniera del tutto fraudolenta ed illegittima – la storia plurisecolare dello Stato sovrano di Sicilia iniziata circa mille anni prima e da allora sempre riconosciuta a livello internazionale.
L'abbraccio con Napoli si sarebbe rivelato l'anticamera di quello con l'Italia, costituente l'ultima e più recente fase della storia siciliana.

Regno di Sicilia (1061 - 1860)

- 1061-1093 Edificazione della Gran contea di Sicilia 1091 prima metà e poi (1122) tutta Palermo unita alla G. Contea
- C. di Mileto (a Ruggero I nel 1058) Calabria meridionale (dal 1062), settentrionale (dal 1122) 1130-1266 Fusione con la Sicilia 1282-1302 Reggio con la Sicilia
- Ducato di Puglia: 1127 in unione con la Sicilia, 1130-1266 incorp. nel Regno, territori abruzzesi conquistati dopo il 1140
- Principato di Capua: 1130 sotto l'Alta Sovranità di Sicilia, 1138-1266 incorporato nel Regno, territori abruzzesi conquistati dopo il 1140
- Regno d'Africa 1148-1160 (tribut./fondaco tra il 1170 ca. e il 1309)
- Possedimenti balcanici, occupati tra il 1140 e il 1156 ca.
- Ducato d'Atene 1312-1381 (in società con l'Aragona sino al 1388). Ducato di Neopatria 1319-1381 (in società con l'Aragona sino al 1390)
- Regno di Gerusalemme: 1225-1254 (Gerusalemme città solo nel 1229-1244)
- 1215-1254 Unione personale con il Sacro Romano Impero (incoronazione nel 1220) con le tre corone di Germania, Italia e Borgogna
- Boemia: parte del S.R.I. con re proprio

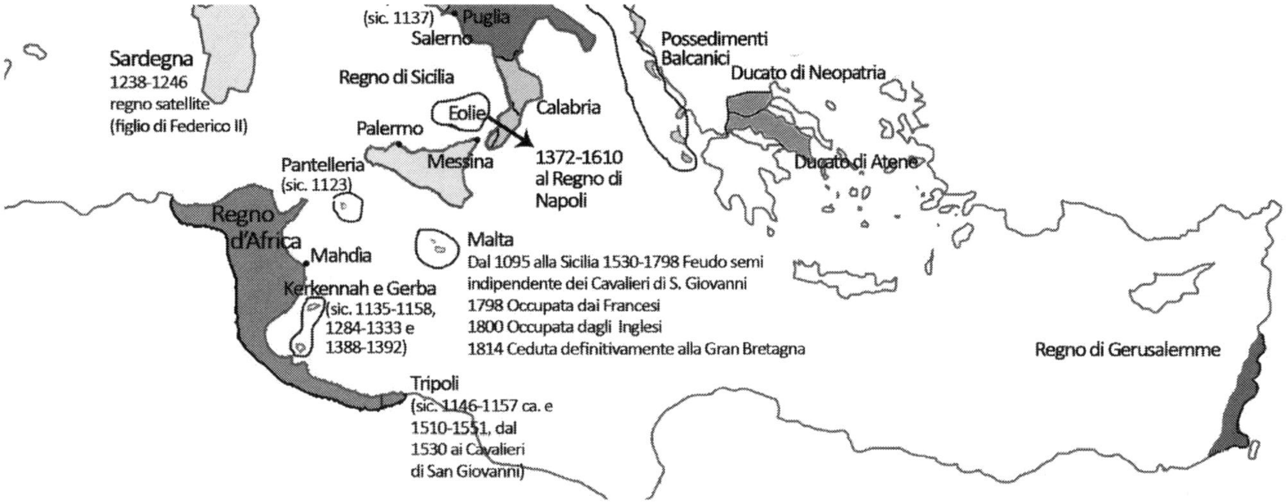

1061 - 1130 Gran Contea o Consolato
1130 - 1266 Regno di Sicilia Indipendente
1266 - 1282 Occupazione angioina
1282 - 1412 Regno di Sicilia Indipendente
1412 - 1460 Unione personale con l'Aragona
1460 - 1713 Unione "perpetua" con l'Aragona
e attraverso questa dal 1516 con la Spagna

1713 - 1718 Unione personale con la Savoia-Piemonte
1718 - 1720 Unione personale con la Spagna
1720 - 1734 Unione personale con l'Austria
1734 - 1798 Unione personale con Napoli
1798 - 1816 Regno di Sicilia Indipendente
1848 - 1849 Regno di Sicilia Indipendente
mag 1860 - dic 1860 Stato di Sicilia "teoricamente" indip.

Capitolo 1: La Dinastia Altavilla o Normanna

La prima dinastia a regnare sulla Sicilia è quella che fondò lo stesso Regno di Sicilia: gli Altavilla dalla Normandia.
I Normanni erano un popolo già insediato stabilmente nel nord della Francia, nell'omonima regione (la Normandia), ai primi del X secolo, discendente dai Vichinghi che per un secolo circa avevano infestato le coste della Francia provenendo a sua volta dalla Danimarca e dalla Norvegia, ma ormai cristianizzati e definitivamente integrati nella monarchia francese da generazioni. Erano ora approdati nell'Italia meridionale, nei primi anni soltanto come cavalieri di ventura. Da lì a signori feudali il passo fu abbastanza breve, approfittando del caos politico plurisecolare che vi regnava: terreno di scontro tra Imperatori bizantini da un lato, Sacri Romani Imperatori e Pontefici dall'altro, e in mezzo piccole signorie derivate dal Ducato Longobardo di Benevento, ovvero repubbliche marinare campane derivate dalla frammentazione dell'Impero d'Oriente.
Due furono le famiglie che riuscirono a crearsi uno spazio politico nel Sud Italia.
Una fu quella dei Drengot (la prima), che ottenne dapprima la piccola Contea di Aversa (1029), e poi il più grande Principato di Capua (cui annessero il Ducato di Gaeta) nel 1062.
Ma la più fortunata fu quella degli Altavilla, costituita dai figli cadetti di un piccolissimo barone del Cotentin, nella lontana Normandia, venuti con al seguito alcune centinaia di cavalieri normanni e, forse, anche brettoni. Gli Altavilla, in particolare Guglielmo Braccio di Ferro, che già si era distinto in Sicilia come mercenario al seguito di Giorgio Maniace, ottennero dapprima la piccola Contea di Melfi (1043), poi eretta a Ducato di Puglia (o di

Puglia e Calabria), annettendo il Ducato di Benevento (comprendente Sannio e Molise, ma lasciando la città di Benevento al papa), e strappando, terra dopo terra, Basilicata, Puglia e Calabria ai Bizantini, infine inglobando il Principato longobardo di Salerno (1077). Entrambi gli stati normanni si posero sotto l'alta sovranità feudale del papa, ciò che i loro eredi politici (i re di Napoli) avrebbero mantenuto sino alle guerre napoleoniche, ancorché si trattasse di una sudditanza puramente simbolica. Il primo dei fratelli Altavilla che elevò il titolo da semplice conte a duca di Puglia e Calabria fu Roberto il Guiscardo, colui che governava su gran parte dell'Italia meridionale all'epoca dello sfaldamento dell'emirato in Sicilia. Quand'ancora questi non aveva cacciato del tutto i Greci dalla Puglia, infeuda la punta estrema della Calabria (quale Conte di Mileto) all'ultimo arrivato, il più giovane dei fratelli Altavilla, Ruggero, detto Bosso (1059), insieme al quale espugna Reggio e Squillace (1060) completando così la conquista di questa regione.

Ruggero, dopo alcuni contatti non decisivi con notabili messinesi cristiani, è chiamato in aiuto dall'emiro di Siracusa, Ibn Thumna, nella sua lotta contro l'emiro di Castrogiovanni Ibn al Hawwâs, suo cognato. Da qui prendono inizio le spedizioni normanne in Sicilia. La prima, nel 1060, non si traduce in una conquista stabile, mentre la seconda, iniziata alla fine di febbraio del 1061, termina con la conquista di Messina, con cui si dà inizio in Sicilia ad una signoria nuova. L'anno precedente il fratello Roberto il Guiscardo era stato investito dal papa, oltre che duca di Puglia e Calabria, anche "duca di Sicilia" per una terra ancora tutta da conquistare. Tale investitura, ad avviso nostro e di tutta la migliore storiografia siciliana, era del tutto illegittima. I papi, in forza di possedimenti di diritto privato avuti in Sicilia prima dell'esproprio dei beni da parte dell'Imperatore Leone III Isaurico, si dichiararono – non si sa bene su quali basi giuridiche – signori dell'Isola e, erigendola in Ducato, quasi ne stavano facendo una proiezione insulare dell'Italia. Tutta l'Italia, infatti, sia quella franco-longobarda (la "Lombardia"), sia quella bizantina (la "Romània") era stata sempre politicamente divisa in "Ducati", sin dalla fine del VI secolo almeno. Ma, nel far questo, dimenticavano che la Sicilia non aveva mai fatto parte giuridicamente dell'Italia, nemmeno sotto i Romani.

Di fatto sulle prime la base giuridica del nuovo Stato di Sicilia, come il diritto pubblico dell'epoca, è piuttosto confusa. Le conquiste sono all'inizio divise tra Ruggero e Roberto, poi, poco a poco, per diritto di conquista, Ruggero diventa il Signore dell'Isola, riconoscendo appena un'alta autorità feudale al fratello Roberto, e più nulla dopo la morte di questo. Ma è bene andare con ordine, seguendo le fasi principali di quella guerra, durata circa un trentennio, da cui sarebbe nato lo Stato siciliano moderno.

Dopo la conquista di Messina (1061) i due fratelli, Roberto e Ruggero, si lanciano in una felice campagna nel Val Demone, a stragrande maggioranza abitato da popolazione cristiano-ortodossa, accolti dappertutto come liberatori. I due fratelli attaccano la signoria di Ibn al Hawwâs da nord, mentre questa combatte a sud contro le truppe di Ibn Thumna, alleate dei Normanni, e attaccano anche da est la repubblica islamica di Palermo, alleata di Enna. Finita la campagna del primo anno, Roberto lascia Ruggero governare per suo conto le nuove incerte conquiste e ritorna nel Ducato di Puglia. Ruggero chiama dalla Normandia e sposa un suo amore giovanile, Giuditta d'Evreux, che diventa la prima sovrana consorte della moderna Sicilia.

Senza l'aiuto del fratello Ruggero riesce a rinsaldare i confini della nuova conquista, afforzando Troina verso sud e Petralia verso ovest (1062). In una spedizione al fianco dei Normanni nella Sicilia

occidentale, ad Entella, Ibn Thumna è attirato in un agguato e ucciso, considerato come traditore dagli Arabi di Sicilia. A questo emiro siciliano, alla fin fine, stava toccando esattamente la stessa sorte che qualche secolo prima era toccata ad Eufemio, anche lui "colpevole" di aver richiesto aiuto all'esterno, chiamando i nuovi invasori. I suoi successori in Val di Noto, tuttavia, restano per qualche anno in buoni rapporti con i Normanni. Nel frattempo i due fratelli in un frangente arrivano addirittura a scontrarsi militarmente fra di loro, giacché Ruggero non poteva trarre sufficienti forze e risorse dalle poche e incerte conquiste siciliane, né poteva bastargli la piccola Contea di Mileto. Ruggero stava sopportando il grosso dell'opera e in più trovava il tempo di aiutare il fratello nella campagna di Puglia. Alla fine i due fratelli si riabbracciarono e si accordarono. La Calabria restava parte del Ducato di Puglia, con Ruggero vassallo di Roberto, ma tutti i castelli e le città di Calabria erano divisi a metà tra i due fratelli, dal Pollino a Reggio, diventando così Ruggero signore di "mezza" Calabria, e potendosi in qualche modo considerare soddisfatto.
Gli Arabi di Sicilia (ma non gli alleati dei Normanni del Val di Noto) chiamano in aiuto gli Ziriti d'Africa che intervengono con un poderoso esercito. Ma questi sono sconfitti nella decisiva battaglia di Cerami (1063) , mentre – approfittando del caos e del declino della Sicilia musulmana – i Pisani forzano il porto di Palermo, saccheggiando la capitale e dimostrando che ormai la flotta arabo-sicula era soltanto l'ombra della potenza che era stata fino a poco tempo prima.
Dopo di che, nonostante un breve ritorno di Roberto in Sicilia (1064), la guerra entra in una fase di stallo per alcuni anni, durante i quali tra l'altro muore anche l'emiro Ibn Hawwâs di Castrogiovanni (Enna).

Sarà Ruggero a sbloccare la situazione ancora una volta, sconfiggendo gli Arabi a Misilmeri (1068), mentre il fratello Roberto era impegnato in Puglia a scacciare gli ultimi bizantini, ciò che gli sarebbe riuscito solo nel 1071, con la caduta di Bari.
Contemporaneamente alla conquista di Bari, Ruggero entra a Catania, dopo di che volge le sue forze contro la capitale. Dopo un lungo assedio, terrestre e navale, in cui i cavalieri normanni mostrano tutto il loro valore, e in cui interviene nel frattempo anche Roberto il Guiscardo, i Normanni entrano a Palermo nei primi giorni del 1072, poco dopo prendendo anche Mazara che da sempre era strettamente legata politicamente alla capitale. Con l'aiuto della città di Messina, a Palermo per la prima volta i Normanni si cimentano in una battaglia navale. La presa di Palermo accresce la potenza della flotta normanna, con ciò che restava della flotta arabo-sicula. A Palermo, ancora, è trovato l'unico vescovo cristiano (di rito greco) semiclandestino, Nicodemo che, liberato, è riconosciuto arcivescovo di Palermo e celebra solennemente messa nella cattedrale, riconvertita immediatamente da moschea al culto cristiano. Ruggero, con grande intelligenza, è cosciente di aver preso una metropoli in gran parte musulmana, e usa grande tolleranza con i vinti, lasciando loro libertà di culto, come pure agli ebrei, facendo dei primi uno strumento di controllo dello Stato alternativo ai feudatari, e fonte di centralità del potere statuale.
La presa di Palermo è occasione per dare ordine ad una dominazione che sino ad allora era stata solo di fatto, in pratica nient'altro che un'occupazione. Roberto, Duca di Puglia, non prende il promesso titolo di Duca di Sicilia, per il quale era stato investito, ma si accontenta di essere signore delle maggiori e più grandi conquiste: il Val Demone (almeno la parte settentrionale al di là dei Nebrodi, in pratica l'attuale provincia di Messina

all'incirca), e la città di Palermo, lasciando invece Ruggero altrettanto "signore" delle terre di confine conquistate al di là di queste terre, da Catania a Mazara, sotto un'alta autorità feudale del fratello (in pratica con l'obbligo di soccorrerlo in caso di guerra e nient'altro). La città di Palermo è affidata, secondo tradizione araba, a un "emiro", che è ora soltanto il governatore della città e della sua flotta cittadina, ma questi non è più scelto tra i musulmani, bensì tra i greco-siculi.
Ruggero si trova quindi signore praticamente assoluto di un dominio alquanto strano, un po' frastagliato, insicuro, parte in Sicilia e parte in Calabria, senza un titolo preciso, che non fosse il suo diritto di conquista.
Le terre conquistate sono affidate ai conti, e sotto di questi i baroni, e infine i militi, gettando le basi della feudalità siciliana. Ruggero, un po' per distinguersi da questi, non potendo essere "duca" come il fratello, si fa chiamare "Gran Conte" di Sicilia e di Calabria, con un profilo istituzionale ancora assai incerto.
Nei primi anni i suoi progressi sono lenti ma continui. Fissa la sua sede siciliana a Troina, in un luogo baricentrico rispetto ai suoi possedimenti (mentre Mileto resta la capitale dei possedimenti calabresi). Si sveglia contro i Normanni il Val di Noto, ora guidato da un valente condottiero arabo-siculo, di cui si ignora il vero nome arabo, passato alla storia nelle cronache cristiane con il nome di Benavert.
Nel 1076 muore Giuditta, la moglie della gioventù, che lo aveva accompagnato a Troina e nel difficile cammino dei primi anni. Se ne andava senza dare a Ruggero l'erede maschio che questi desiderava.
L'anno dopo Ruggero sposa Eremburga di Mortain, dalla quale non avrebbe avuto neanche discendenza maschile, allora indispensabile per consolidare la dinastia. Al momento l'unico

figlio, compagno di tante avventure militari, è solo il figlio naturale Giordano, carattere ribelle, talvolta anche nei confronti del padre, come nel 1082, quando fu però perdonato. Nel frattempo sono prese Trapani e Castronovo. L'anno dopo (1078) è la volta di Taormina.

Il nuovo stato dà risorse finanziarie fresche a Ruggero che può comprare (1081) dal fratello così il Val Demone settentrionale e Messina, lasciandogli solo la città di Palermo. Roberto, da parte sua, aveva bisogno di risorse per finanziare la campagna in oriente contro l'Impero bizantino. Per qualche tempo il fiero Benavert riprende Catania ai Normanni. Ruggero fissa ora stabilmente la propria capitale a Messina, la più grande città del suo dominio.

Durante la campagna nei Balcani (1085), muore Roberto il Guiscardo, lasciando come erede il debole figlio Ruggero Borsa, il quale chiede aiuto allo zio per insediarsi nel trono. L'aiuto di Ruggero I di Sicilia è decisivo, ma in cambio chiede la restante parte della Calabria che aveva lasciato al fratello. Ora in Calabria, per la sola Calabria, Ruggero è nominalmente vassallo del nipote, ma in pratica è un sovrano accentratore molto più potente di lui. Proprio in questo frangente la flotta di Benavert assalta la Calabria, a Nicotera e Reggio.

Ruggero si volge quindi verso Siracusa, dove si ha una epica battaglia tra la flotta siculo-normanna e quella siculo-araba, con la vittoria della prima. Dopo un assedio, Siracusa apre ai cristiani. Benavert si rifugia a Noto.

Quando cade Girgenti (1087), a una a una tutte le città del Val di Mazara si arrendono rapidamente. Anche Castrogiovanni pacificamente si consegna ai vincitori. Ruggero, nuovamente vedovo, si sposa con la giovanissima Adelasia del Vasto. Con la caduta di Butera (1089) e la resa di Noto (1091), già morto Benavert, tutta la Sicilia è finalmente riconquistata al cristianesimo.

Ruggero I, con la sua flotta, completa quindi l'opera, occupando Malta, ormai completamente islamizzata, lasciandola però con un governo semi-autonomo. Sarebbe stato soltanto Ruggero II a integrarla più strettamente con la Sicilia, cristianizzandola e trasformandola in Contea. Dopo di che non va oltre, mantenendo una tregua con gli Ziriti di Tunisia, peraltro nel reciproco interesse, visti gli intensi rapporti economici tra l'Africa e la Sicilia, anche per consolidare il confine meridionale del suo dominio.

Gli ultimi anni di Ruggero servono ora per dare sistemazione al nuovo Stato che deve a lui la propria esistenza. Approfittando di un'altra debolezza e richiesta di aiuto del Duca di Puglia, si fa consegnare la metà della città di Palermo (1093). Per governarla nomina emiro il greco-siculo Eugenio, già suo segretario. Negli atti pubblici già la parola emiro è storpiata in "amiratus", da cui poi sarebbe nato il moderno termine di ammiraglio, giacché Eugenio, oltre a governare la piazza di Palermo, ne continuò a gestire la flotta e a fare il segretario di Ruggero. In questo stesso anno muore il figlio Giordano, compagno delle migliori avventure militari del padre, quasi segno tangibile e drammatico che l'era "eroica" era terminata e cominciava quella prosaica della costruzione del nuovo regno.

Dovendo regolare una questione amministrativa, Ruggero convoca a Mazara, nel 1097, il primo Colloquio generale, o Assise, antenato di quello che sarebbe diventato nel tempo il Parlamento di Sicilia. In realtà era solo un'assemblea generale di conti e prelati di tutta la Sicilia, una sorta di curia comitale allargata, per gestire meglio il consenso sulle più ampie decisioni. I Normanni, e prima di loro i Vichinghi e i Germani, avevano sempre condiviso in assemblee con i loro capi o re le decisioni più importanti. Quell'assemblea, per ora soltanto di natura feudale, sarebbe stata però il primo barlume di quella "rappresentanza della Nazione" che avrebbe

giustamente reso celebre nei secoli la Sicilia come la nazione cui si deve la nascita dell'istituzione parlamentare.
A coronamento dell'opera di conquista il papa Urbano II riconosce a Ruggero I l'apostolica legazìa (1098): tranne che per le verità di fede, tutto il resto in Sicilia, per quanto riguardava l'organizzazione ecclesiastica e la giustizia canonica, sarebbe stato di competenza del gran conte di Sicilia e, dopo di lui, dei re di Sicilia.
Ruggero (I) costruisce così dal nulla uno Stato, di cui per ora è incerto anche il titolo. Come abbiamo accennato, non poteva assumere il titolo di duca (per non scavalcare il fratello, ma anche perché la Sicilia non poteva essere un vero ducato) e non volendosi confondere con i conti con i quali divideva le conquiste, assume dapprima il titolo di "gran conte" di Sicilia, poi sostituito con quello di "console", quasi da magitrato repubblicano, comportandosi però come sovrano assoluto. Trova una popolazione indigena in gran parte cristiana ortodossa, romanza o greca di lingua, che integra felicemente con quella cattolica di nuova immissione (con lui migliaia di italiani, anche del Nord Italia, vengono a colonizzare la Sicilia).
Ruggero I non caccia i musulmani e gli ebrei trovati in Sicilia e non fuggiti al primo impeto della conquista normanna, ma li integra in uno stato cosmopolita. L'elemento latino, rafforzato dai nuovi innesti italiani e francesi, si rafforza, e con il tempo sarebbe stato destinato a soppiantare tutti gli altri, ma si tratta di un processo molto lento, che impiega diverse generazioni e dal quale sarebbe nata la lingua siciliana moderna come la conosciamo oggi. Ai tempi le etnie "lombarda", "greca", "araba", "franca", restavano ancora quasi accostate l'un l'altra.

(Effems CC BY-SA 4.0, from Wikimedia Commons)
Palazzo Reale di Palermo

I Normanni introducono in Sicilia un sistema di governo feudale, quando mai la Sicilia aveva conosciuto tale "diritto", arrivato quindi qua bello e fatto, nella sua maturità, quando altrove era già entrato in crisi. Ma, proprio perché di nuova istituzione, la feudalità siciliana (e calabrese) non costituiva alcuna minaccia per il potere centrale, saldamente nelle mani del Gran Conte. Per il resto la macchina del nuovo stato combinava empiricamente le tradizioni antiche greco-romane trovate in loco, l'esperienza amministrativa araba dell'emirato (il *diwan*, ufficio amministrativo diventato *dohana*), l'ossatura ideologica e burocratica del monachesimo benedettino, di diretta importazione francese. Le comunità "indigene", del resto, come quelle immigrate dall'Italia, continuarono a seguire i loro usi, tutti più o meno di derivazione romanistica.

Nel tempo, accanto all'amministrazione feudale, sarebbe lentamente nata quella municipale, tanto nelle città del sovrano, quanto in quelle infeudate, le cd. "università", costituite in genere da un consiglio civico di "borgesi" e dai delegati dell'amministrazione centrale, i "vice-comiti", poi chiamati "bajuli" da Ruggero II, col tempo affiancati da un esecutivo di "giurati".

Il regime di Ruggero I, però, era più un regime di fatto che di diritto. Si deve al figlio Ruggero II la vera Costituzione del Regno. Morto Ruggero I, nel 1101, segue la reggenza di Adelasia, per conto dapprima del figlio Simone, poi – morto questo prematuramente (1105) – dello stesso Ruggero II. Merito di Adelasia è quello di non aver fatto prevalere la feudalità durante una reggenza femminile, e quindi di aver retto con mano ferma il nuovo Stato negli anni in cui ce n'era più bisogno, impedendo anche infiltrazioni dalla Puglia a danno dei domini calabresi. Dopo le oscillazioni di Ruggero I, con Adelaide la corte fissa stabilmente a Palermo la propria sede, ma forse già Ruggero aveva preso a risiedere a Palermo dall'acquisto della prima metà della città nel 1093. Entrambe le città, Palermo e Messina, comunque, mantennero la zecca, il palazzo regio, e quindi restò una po' di incertezza su quale fosse veramente la capitale dell'Isola. Ad Adelasia (1109) si deve tra l'altro il primo documento pubblico su carta dell'intera Europa. Sul finire della sua reggenza troviamo già definita la principale carica dello Stato, l'ammiraglio, allora il greco-siculo Cristoforo, già succeduto a Eugenio. Cristoforo non è più quindi soltanto un magistrato municipale, ma una sorta di "primo ministro". Seguirà a questo, forse già dal 1119, un certo Cristodulo e, infine, il grande Giorgio d'Antiochia, dal 1132, con il titolo pomposo di "ammiraglio degli ammiragli e arconte degli arconti". A questi sarebbe seguito, sul finire della monarchia di Ruggero II, Majone di Bari, che sotto Guglielmo I sarebbe stato potente quasi quanto il re. Dopo di lui la funzione di "Grande Ammiraglio" decadde al significato odierno di semplice comandante della flotta, e con questo significato passò poi in tutte le lingue europee moderne.

Ruggero II, uscito di tutela (1113), dedica i primi anni del suo governo ad una puntigliosa revisione amministrativa e contabile

dei diritti della Corona, con il risultato di ottenere una delle più forti e accentrate monarchie del suo tempo. Trascrisse nei registri feudali tutti i privilegi concessi da Ruggero I, ad evitare che i baroni se ne usurpassero altri: elenchi dei feudi con i loro confini, pesi e servizi legati al feudo, elenchi nominativi dei villani annessi al feudo.
Stipula un'alleanza commerciale coi Genovesi, destinata a durare almeno per tutta l'epoca della dinastia normanna, concedendo loro una casa commerciale a Messina (1117). Sposa Elvira di Castiglia.
Riporta ordine nella Calabria settentrionale, disturbata dal contagio dei disordini del vicino ducato di Puglia (1121) in preda a un eterno caos feudale.

Un assalto navale degli Almoravidi in Calabria determina la reazione di Ruggero, che già da alcuni anni esercitava pressione politica ed economica sulla costa africana, intervenendo nei fatti politici locali. Nel 1123 è stabilmente presa Pantelleria, fino ad allora lasciata agli Arabi.

Dopo di che, una spedizione in Calabria e Puglia frutta a Ruggero la rinuncia da parte del cugino duca di Puglia all'altra metà di Palermo e all'alta sovranità feudale sulla Calabria. Quella sulla Sicilia era letteralmente svanita già alla morte del Guiscardo. Ruggero II ottiene anche il diritto di successione alla Puglia in caso di estinzione della linea degli eredi del Guiscardo. Ciò che puntualmente avviene nel 1127.

Dopo un primo riconoscimento a Salerno, in cui sembra un sovrano debole come i suoi predecessori, vince le resistenze del papa e dei feudatari e, nel giro di un paio d'anni, rende effettivo questo nuovo dominio. Palermo è ora di fatto la capitale di una delle principali potenze dell'epoca.

Ma Ruggero non si ferma e, da vero gigante politico, convoca a Salerno i maggiorenti del Ducato di Puglia, ai quali fa votare l'approvazione della trasformazione della Sicilia da Gran Contea a

Regno e l'assoggettamento del Ducato di Puglia, come stato dipendente, alla Sicilia.

Fatto questo passaggio, convoca infine a Palermo un Parlamento straordinario per le Gran Contee di Sicilia e Calabria, al quale non invita solo conti e prelati, come aveva già fatto suo padre, o anche sua madre nella reggenza, ma anche "uomini notabili" delle città. Vuole un'investitura la più ampia possibile. Il Parlamento di Sicilia ora non è più solo un "consiglio del principe", una "curia allargata" come era stata sempre in passato, da tradizione normanna, e prima vichinga o germanica, ma diventa una vera "rappresentanza della Nazione". Da allora in poi l'investitura dei Re di Sicilia, in mancanza di eredi diretti, sarebbe stata sempre considerata competenza del Parlamento, a sua volta unico legittimo rappresentante del Popolo di Sicilia.

Nel 1130, quindi, non nasce solo il Regno di Sicilia, per elevazione a tale corona della precedente Gran Contea e assorbimento di quella calabrese (il Ducato di Puglia ne viene dichiarato parte integrante come abbiamo visto, mantenendo il titolo, e, con pari formula, viene rivendicato anche il Principato di Capua dei Drengot, costretti a riconoscere almeno la signoria feudale di Ruggero per poter sopravvivere); nel 1130 nasce anche, pur nella sua forma primordiale, il Parlamento in senso moderno, primato unico in Europa, laddove qualcosa del genere era presente ancora solo in formazioni politiche non del tutto sovrane, come l'Alting dell'Islanda.

Per avere una maggiore legittimazione Ruggero II si fa investire dall'antipapa Anacleto II, essendo impossibile avere in quel momento un'investitura papale e le motivazioni addotte in Parlamento, e riportate dagli storici, fanno riferimento inequivoco al Regno di Sicilia dell'Antichità, inglobato nell'Impero Romano e ora finalmente risorto a nuova vita, e che già aveva giustificato l'elevazione da emirato a regno durante la signoria dei Kalbiti. Ruggero II, nel tempo, da Capo della Chiesa Cattolica, avrebbe definito le diocesi della Sicilia, aggiungendo a quelle create dal padre quella di Cefalù, dove eresse il celeberrimo duomo, e quella di Lipari, oltre all'Archimandridato per la Chiesa greco-cattolica. La mappa ecclesiastica della Sicilia di Ruggero, se si eccettuano piccoli emendamenti (l'arcidiocesi di Monreale creata da Guglielmo il Buono, e alcune aggiunte in età contemporanea, specie se capoluoghi di provincia o di distretto, o il caso a parte dell'eparchia albanese), è sostanzialmente quella arrivata ancora all'epoca odierna.

Il resto della monarchia di Ruggero II è solo una serie di successi interni ed esterni.

1131: Sottomissione di Amalfi.

1132-39: Guerre contro i baroni del Sud e contro il papa Innocenzo II, che chiama in aiuto anche l'Imperatore contro i Siciliani. Nel 1135 muore Elvira, prima regina consorte di Sicilia.

1134: Presa di Gerba, e delle isole Kerkennah, il Regno di Mahdìa diventa un protettorato siciliano.

Nel 1139 è vittoria in Italia meridionale: si impossessa realmente del Principato di Capua, di cui sino ad allora era stato sovrano nominale, conquista Napoli, ultimo stato meridionale ancora indipendente, e ottiene il riconoscimento papale (re per la sola Sicilia, restando duca di Puglia e Calabria e principe di Capua, quindi feudatario papale, per la parte continentale) da Innocenzo II. Il riconoscimento papale allora valeva praticamente quale riconoscimento internazionale. Da allora affida ai suoi figli i due stati meridionali (Ruggero e Anfuso, rispettivamente per la "Puglia" e "Capua"), i quali sfondano a Nord in Abruzzo (dividendolo tra i

loro stati), approfittando del collasso definitivo del Ducato longobardo di Spoleto (1140-41).
Nel regno ormai pacificato Ruggero II convoca ad Ariano un Parlamento, il primo della storia in sede ufficialmente legislativa (1140). Questa volta si fa un passo indietro: non sono presenti che conti e prelati, senza i rappresentanti "borghesi" che forse nel 1130 erano stati convocati per la straordinarietà del Parlamento che doveva dare origine e fondamento al Regno di Sicilia. Ma ad Ariano sono stabiliti principi di grande valore politico, quali l'impossibilità dei feudatari di farsi guerra tra di loro, furono posti limiti alla successione e allo sfruttamento dei feudi, quasi riportati alla loro funzione pubblica originaria di concessione sovrana.

Sul piano politico continua la pressione verso l'Africa. Dopo una spedizione navale, con un nuovo trattato la Tunisia si mette sotto la protezione della Sicilia (1141) che controlla persino le dogane di Mahdìa.
Non mancano però i dispiaceri a Ruggero, che vede morire il figlio Anfuso, Principe di Capua vicario, sostituito dal più piccolo Guglielmo (nel 1144, il futuro Guglielmo "il Malo"), e poco dopo il figlio Tancredi, Principe di Taranto. Il potente feudo pugliese è quindi accorpato all'amministrazione centrale della Puglia (Salerno) sotto la guida del maggiore figlio Ruggero, il Duca di Puglia vicario.
Non mancano continui tentativi dei papi di destabilizzare il regno, ma l'intervento decisivo di Ruggero nello sconfiggere Arnaldo da Brescia, che aveva tentato di istituire il Comune a Roma, e il reinsediamento del papa nei suoi domini, gli valsero il definitivo riconoscimento e la sicurezza dei confini settentrionali.
Assicurato quel confine, Ruggero II riprende l'espansione siciliana verso sud e verso est.

A sud è più fortunato: nel 1146 è presa Tripoli, con la Tripolitania, si assalta quindi il Regno di Mahdìa, la capitale è presa nel 1148. Ruggero è ora anche "Re d'Africa".
A est la resistenza greca è invece formidabile. Nel 1147 è presa Corfù, persa tre anni dopo. Nel 1150 una spedizione dell'abilissimo ammiraglio Giorgio d'Antiochia arriva fino a lanciare le frecce nel giardino imperiale di Costantinopoli. Ma non si sconfiggono mai del tutto i bizantini, da secoli padroni dei mari, e la Sicilia deve accontentarsi di alcuni avamposti al di là dell'Adriatico e dello Ionio. Le campagne navali vanno avanti, senza grandi risultati, fino al 1152.
Nel 1148 Ruggero perde anche il figlio omonimo Duca di Puglia. Tutta l'Italia meridionale è affidata quindi all'unico figlio legittimo superstite, Guglielmo.
Ruggero, rimasto vedovo per tanti anni, dopo una dura depressione successiva alla morte della prima moglie Elvira, si risposa con Sibilla di Borgogna, ma questa muore di parto nel 1150, senza lasciare eredi vivi al re. Nello stesso anno muore anche Giorgio d'Antiochia, il suo validissimo Ammiraglio. Il suo posto viene preso dall'abile, ma forse troppo ambizioso, Majone di Bari.
Preoccupato per la successione, o forse consapevole di un male che lo rodeva poco a poco, Ruggero II nel 1151 richiama a Palermo il figlio Guglielmo e lo associa al trono, potendosi ormai fidare ciecamente dei suoi funzionari per il governo del Sud Italia pacificato. Al contempo si risposa nuovamente con Beatrice di Rethel, ma questa non gli darà altri figli che Costanza, la quale vedrà la luce solo qualche mese dopo la sua morte, nel 1154.
Nel frattempo la campagna d'Africa va avanti senza troppi problemi: Tunisi è presa nel 1152, nel 1153 si raggiunge la massima espansione con la presa di Bona, nell'attuale Algeria. Accusato però l'eunuco convertito che aveva guidato la spedizione, Filippo di

Mahdìa, di aver aiutato i maggiorenti della città di Bona a mettersi in salvo con i loro averi, questo è condannato per tradimento dalla Magna Curia e messo a morte.
Pago dei suoi successi africani, Ruggero II stipula un trattato con i Fatimidi d'Egitto, il Trattato della Sirte, con il quale si impegna a non varcare l'omonimo golfo e a non invadere la Cirenaica. Poco dopo, non ancora cinquantanovenne, si spegne, nel 1154.
Ruggero II aveva ereditato un piccolo stato feudale tra Sicilia e Calabria, e ne aveva fatto la più grande potenza politica del suo tempo, aveva restaurato il diritto e la pace in un'epoca buia, aveva inventato un Regno e lo stesso Parlamento. Con la sua diplomazia e intelligenza politica aveva collezionato un successo dopo l'altro, sia pure in mezzo a continue sventure e lutti domestici.
L'unica cosa che non riuscì mai a Ruggero II fu di farsi riconoscere dai due Imperatori romani, che consideravano entrambi ancora la Sicilia nient'altro che una provincia ribelle. Sarà solo il figlio Guglielmo I a farsi riconoscere dagli imperatori romani d'oriente, rinunciando però ai possedimenti balcanici, e il nipote Guglielmo II, con la pace di Venezia, a farsi riconoscere dai sacri romani imperatori d'occidente.

Sul piano interno Ruggero II fu il primo dei grandi legislatori siciliani. Costituì una moderna amministrazione giudiziaria e fiscale, e sottopose la feudalità ad un rigido controllo da parte del governo centrale. I bajuli svolgevano nel regno l'amministrazione della giustizia civile, insieme a funzioni fiscali e amministrative di base (col tempo sarebbero diventati una sorta di sindaci), mentre i giustizieri esercitavano la giustizia penale a livello locale (tranne a Messina, dove lo Stratigoto aveva un'amministrazione speciale). A un livello superiore stabilì i giustizieri provinciali e i camerari, a capo dell'amministrazione giudiziaria e finanziaria provinciale. Al di sopra di tutto la Magna Curia, consiglio del re, dove trovavano luogo i più importanti uffici. Tutte le più importanti istituzioni del Regno, che pure avrebbero sfidato i secoli, avrebbero trovato nella legislazione di Ruggero II la propria origine. Tra queste, per riduzione progressiva della Curia in sede giudiziaria, si sarebbe nel tempo scorporata la Magna curia civile e criminale o Alta Corte Civile e Criminale, come tribunale di terzo livello nel Regno. La Regia Gran Corte avrebbe operato sino al 1819, travolta infine dalle riforme borboniche delle Due Sicilie. Solo i nobili potevano essere giudicati dal Parlamento in seduta giudiziaria, chiamato "Alta Corte dei Pari". Tra i provvedimenti di grande civilità giuridica, ricordiamo l'istituzione del giudizio di appello, in tre gradi, e la proibizione della "falsazione del giudizio", con cui prima gli imputati o i contendenti in giudizio, non soddisfatti da una sentenza, potevano sfidare a duello il giudice. Da ora in poi il giudice, in quanto amministrava la giustizia in nome del re, diventava sacro e inviolabile La sua corte era ritrovo politico e culturale di primissimo ordine. Mai più, forse, la Sicilia avrebbe avuto uno statista tanto grande.

(immagine: Catalano Silvio)

Ruggero II

I suoi successori, il figlio Guglielmo I (1154-1166) e il nipote Guglielmo II (1166-1189) non dispersero del tutto questo patrimonio, ma non ne furono certo all'altezza. Guglielmo I perse i possedimenti africani e tentò inutilmente di spostare verso nord quelli italiani. Il suo regno fu caratterizzato da continue congiure, rivolte e ribellioni baronali. Durante una di queste, nel 1156, Bari viene rasa al suolo e poco mancò che non toccasse la stessa sorte a Salerno, mentre con il papa è riconfermata tanto l'Apostolica Legazìa, quanto l'investitura dei feudi continentali di Puglia e Capua.

Nel 1158 i bizantini sono sconfitti e si arriva ad una tregua triennale. Di fatto l'Impero d'Oriente riconosce finalmente il Regno di Sicilia, rinunciando alla sua riconquista. Ma la Sicilia rinuncia agli avamposti nei Balcani.

Al 1159 il Regno siciliano di Africa però non esiste più, anche per gli errori e il disinteresse di Majone di Bari, Grande Ammiraglio sin dall'inizio del regno di Guglielmo.

Tra le rivolte e congiure, la più famosa (1160) è quella che vide l'uccisione proprio del Grande Ammiraglio Majone, braccio destro del re, ad opera di Matteo Bonello, poi (1162) arrestato, accecato, orrendamente mutilato, e gettato a marcire in prigione, nella quale morì poco dopo. A torto o a ragione Matteo Bonello fu tramandato alla storia come un eroe popolare contro la tirannide regia, al punto che, secondo la tradizione, l'elsa della spada con cui trafisse il corrotto Majone di Bari, ancora resta inchiodata sul portone dell'Arcivescovado di Palermo, nella via che tutt'oggi porta il suo nome. Dopo l'uccisione di Majone (1160) la carica più importante del Regno divenne quella di Gran Cancelliere (già esistente dai tempi di Ruggero II), il cui primo esponente fu il gaito (dall'arabo *kaid*, signore) Pietro, un eunuco convertito.

Nel 1161 una nuova congiura di baroni a Palermo portò alla morte dell'erede al trono, il piccolo Ruggero. Il popolo di Palermo, venuto in soccorso di Guglielmo, fa però fallire la congiura. Seguirono altre rivolte, anche nel Continente.
Guglielmo I, detto *il Malo*, domò tutte queste sedizioni, ma molto spesso prevalse sugli oppositori non rispettando le sagge leggi del padre, e reprimendo, accecando e torturando gli avversari, spesso sulla base di semplici sospetti. Mentre era intento a far costruire la villa residenziale della Zisa, in un regno ormai pacificato, muore nel 1166.

Tra i due Guglielmi, durante la minore età del secondo, registriamo la debole reggenza della regina Margherita di Navarra, la quale non trovò di meglio che affidare il Governo al cugino Stefano di Perche, fatto arcivescovo di Palermo e Cancelliere del Regno. Seguono ancora diverse congiure e disordini, che costringono per qualche tempo la corte a trasferirsi a Messina. In questi torbidi ha un ruolo importante tale Enrico (o Rodrigo) di Navarra, fratellastro della regina; Stefano è costretto a lasciare la Sicilia nel 1168, sostituito dall'arcivescovo di Palermo, Gualtiero Offamilio, mentre viene fatto cancelliere, ma in posizione subalterna, il notaio Matteo d'Aiello, già funzionario della corte dai tempi dell'ammiraglio Majone. Poco dopo Stefano di Perche muore.

Guglielmo II uscì di tutela nel 1171 e restaurò saggiamente l'autorità centrale, ma dovette rilassare un po' i diritti della Corona rispetto a quanto avevano potuto disporre suo padre e suo nonno. Affidò il governo al potente cardinale di Palermo, Gualtiero Offamilio, e al cancelliere Matteo d'Aiello, ma lo esercitò anche personalmente. Ebbe straordinaria popolarità, passando alla storia con il soprannome di *il Buono*. Di fatto il Regno all'interno fu contraddistinto da uno straordinario periodo di concordia sociale: la giustizia e il fisco funzionavano regolarmente, non ci furono sollevazioni baronali, l'autorità regia era rispettata ovunque. Religiosissimo, a lui si deve tra l'altro la costruzione della Cattedrale di Monreale. Mantenne e rispettò nei fatti gli ordinamenti disposti dal nonno Ruggero II, soltanto – per eccessiva debolezza nei confronti della Chiesa – sottrasse gli ecclesiastici alla giustizia comune e ammise per loro il privilegio di un foro speciale. I suoi tempi sarebbero in ogni caso rimasti leggendari, come un tempo di legalità, pace e prosperità per i secoli a venire.

In politica estera scelse un pacifismo del tutto neutrale con le potenze e gli stati di area cattolica, non ingerendosi nei fatti d'Italia, papato e Impero. Forse eccessivo, secondo alcuni storici, in quanto non avrebbe saputo tutelare adeguatamente gli interessi siciliani.

Diversamente invece si regolò con l'oriente, dove credette veramente nella missione delle Crociate, e dove organizzò, senza una precisa strategia, tutta una serie di spedizioni navali, tanto costose per il Regno, quanto in ultimo povere di risultati. Tra queste ricordiamo almeno la spedizione su Alessandria d'Egitto (1174).

Nel 1177, dopo varie trattative, sposò Giovanna d'Inghilterra, dalla quale non ebbe però figli, determinando così una crisi dinastica cui sarebbe seguita inevitabile una guerra di successione. Nello stesso anno partecipò alla Pace di Venezia tra la Lega Lombarda e l'Impero, come uno dei grandi stati dell'epoca. I Siciliani nella pace furono essenzialmente spettatori, ma questa valse a Guglielmo II il definitivo riconoscimento da parte dell'Impero d'Occidente del Regno di Sicilia (ciò che sin dall'inizio non avevano mai accettato), compresi i possedimenti italiani del Ducato di Puglia e del Principato di Capua come feudi papali.

Sul fronte meridionale, comprendendo la presenza di reciproci interessi commerciali tra Maghrebini e Siciliani, dopo alcune azioni dimostrative, stipulò una tregua decennale (1180) con il governo di Mahdìa, a condizioni molto favorevoli per la Sicilia.
Approfittando di una usurpazione a Bisanzio, Guglielmo volle intervenire nei Balcani, affidando un'armata al cugino Tancredi di Lecce. Questi occupa Durazzo, poi Tessalonica, ma in prossimità di Costantinopoli i Siciliani sono sconfitti e devono ritirarsi al di qua dello Ionio (1185).
Nel 1186 l'alleanza con l'Impero d'Occidente, fortemente voluta da Gualtiero Offamilio, si conclude con il matrimonio tra Enrico Hohenstaufen, figlio di Federico I Barbarossa, Sacro Romano Imperatore, e Costanza d'Altavilla, figlia postuma di Ruggero II, per l'occasione tratta fuori dal convento cui era stata destinata. Di fronte alla mancanza di figli nella coppia regnante, l'Offamilio pensava così di assicurare una discendenza alla casa reale, mentre il D'Aiello propendeva di più per una soluzione nazionale, affidando la corona all'illegittimo Tancredi di Lecce.
Nel frattempo Guglielmo intensifica le spedizioni contro il Levante musulmano, affidandole all'ammiraglio Margarito di Brindisi, che diventerà noto come l'"arcipirata" per il terrore seminato nei mari. Ma queste spedizioni non fruttano nulla di concreto alla Sicilia (1186-88). Nel 1189, quando si stava apprestando per una nuova grande spedizione verso l'Oriente, Guglielmo II il Buono muore, senza eredi, a soli 36 anni.

Il Parlamento di Sicilia affidò quindi la Corona a Tancredi di Lecce (1189), anche lui Altavilla, e nipote di Ruggero II, ma da un ramo illegittimo, mentre il Sacro Romano Imperatore Enrico VI, che aveva sposato Costanza, figlia diretta (e legittima) di Ruggero II, rivendicava parimenti la corona. Per Enrico questo significa continuare la politica di restaurazione di un "vero" Impero Romano, dopo quanto fatto dal Barbarossa, che aveva "riscoperto" il diritto romano e aveva tentato di porsi in posizione sovraordinata rispetto a tutti i sovrani d'occidente. Enrico mirava ora a preparare una spedizione verso Bisanzio, che doveva essere sconfitta per riunire i due tronconi dell'Impero, e in questo il possesso materiale della Sicilia era essenziale.

Si apre un periodo di disordini; i musulmani, per reagire a veri e propri *pogrom* contro di loro da parte della popolazione cristiana, abbandonano le città e si rifugiano nell'interno del Val di Mazara. A complicare la vicenda, il re d'Inghilterra, di passaggio per la III Crociata, Riccardo Cuor di Leone, con il pretesto di riprendere la dote della sorella Giovanna, occupa Messina. Tancredi si rivela buono statista, pacificando i musulmani, e facendoli ritornare, almeno in parte, nelle città, assecondando il re d'Inghilterra, al quale assicura un forte sostegno finanziario e logistico per la spedizione, finché questi non lascia Messina (1191), e dedicandosi infine alla difesa militare del regno, contro le pretese degli Svevi di Enrico VI.

Tancredi difese con onore i confini del Regno dalle aggressioni tedesche, almeno finché fu vivo (1189-1194). Un figlio gli premorì (Ruggero III, nel 1193, poco dopo essere stato associato al trono) e forse fu fortunato per questo, giacché il secondo figlio, anche lui associato al trono (Guglielmo III), dovette assistere impotente alla morte del padre, alla rovina del Regno e alla sua personale. Pur avendo lui e la madre, la regina Sibilla, acconsentito all'incoronazione di Enrico di Hohenstaufen (figlio del Barbarossa) e della moglie Costanza, con la promessa di avere restituita in cambio la Contea di Lecce che era stata del padre, fu tradito dal nuovo barbaro re di Sicilia, accecato, evirato, spedito in un lontano monastero, separato dalla madre, dove presto trovò la morte.

La dinastia normanna si estingueva, per lo meno nella linea diretta maschile. Il Regno di Sicilia, nonostante la brutale conquista tedesca, sarebbe sopravvissuto ed avrebbe conosciuto ancora pagine gloriose.

Cronologia politica:

1061-1101 Ruggero I (fino al 1081 in società con Roberto il Guiscardo)
1101-1105 Simone (sotto la reggenza di Adelasia del Vasto)
1101-1154 Ruggero II (sotto reggenza di Adelasia del Vasto fino al 1113, re dal 1130)
1154-1166 Guglielmo I (associato al trono dal 1151)
1166-1189 Guglielmo II (sotto la reggenza fino al 1171 di Margherita di Navarra)
1189-1194 Tancredi (con Ruggero III associato nel 1193 e Guglielmo III associato nel 1194)
1194 Guglielmo III

La regina Costanza, siciliana di nascita, nulla poté sul suo brutale consorte. Molti tedeschi ricevettero feudi in Sicilia, e la Sicilia fu trattata durante il breve regno di Enrico (1194-1197) come un regno straniero conquistato. Il tesoro di Ruggero, il suo mantello regale, furono trafugati e portati in Germania. Da allora e fino alla fine del Sacro Romano Impero quel mantello sarebbe stato usato all'atto delle incoronazioni, e tutt'oggi si trova a Vienna, dove risiedettero gli ultimi sacri romani imperatori. Furono compiuti atti di incredibile crudeltà e barbarie.
Una malattia misteriosa si portò via presto il successore di Federico Barbarossa a pochi anni dai suoi misfatti, tra tormenti terribili, a soli 32 anni.
Costanza d'Altavilla, forse già conscia del suo cattivo stato di salute, fece incoronare Re di Sicilia il piccolo Federico, di soli 3 anni, lo pose sotto la tutela di papa Innocenzo III, e poco dopo morì.

La Sicilia teoricamente doveva essere amministrata dal papa, come tutore di Federico II (lo chiamiamo così per tradizione storiografica, in realtà era soltanto primo di Sicilia, mentre sarebbe stato secondo solo come S.R.I.). Per quanto Innocenzo III avesse un'alta concezione del suo ruolo teocratico non poté realmente occuparsene. La tutela di fatto fu affidata a Gualtiero di Palearia, cancelliere del Regno.
Soltanto l'anno successivo, però, il capo del partito "tedesco", Marcovaldo di Anweiler, sponsorizzato da Filippo duca di Svevia, zio del piccolo Federico, invade il Regno, si allea con i musulmani di Sicilia, assedia Palermo, ma viene sconfitto. Non si arrende, però, e continua la sua guerra civile contro il collegio di reggenza lasciato da Costanza. La situazione si complica quando Gualtiero di

Brienne, genero di re Tancredi, si fa investire dal papa, che era alto signore feudale degli stati meridionali, per la Contea di Lecce che era appartenuta al suocero. Il Cancelliere, Gualtiero di Palearia, considerò violate le prerogative del Regno e reagì alleandosi con Marcovaldo, il quale però poco dopo morì. Il Regno cadde nel caos. Per un certo periodo si impadronì di Palermo tale Guglielmo Capparone, il piccolo re passò di mano in mano, mentre i musulmani si ribellarono e si impadronirono di alcuni castelli all'interno del Val di Mazara, rendendosi in pratica indipendenti, le repubbliche marinare occupavano città portuali, i feudatari e le città erano praticamente in balia di sé stessi.
Nel 1206, riconciliatosi con il papa, il cancelliere Gualtiero di Palearia riesce a rientrare in possesso di Palermo e della tutela del piccolo Federico, al quale nel frattempo non era mancata un'ottima formazione, nonostante i torbidi politici in atto. I tentativi di Innocenzo III di riportare un po' d'ordine nel Regno ai confini meridionali dello Stato della Chiesa fallirono miseramente, nonostante qualche successo nei territori di confine e un'assemblea quasi parlamentare da lui presieduta a San Germano, per pacificare almeno il Principato di Capua. Approfittando dell'assassinio in Germania di Filippo di Svevia (1208), egli pensa di dividere stabilmente le corone, attribuendo quella tedesca e imperiale al capo del partito guelfo, Ottone IV di Brunswick, che venne incoronato a Roma nel 1209, e lasciando la Sicilia (ancora tutta da domare) al suo pupillo, al quale consigliò, giovanissimo, di sposare Costanza, figlia del re d'Aragona. Ottone, però, non rispetta i confini con il Regno di Sicilia, strappa allo stesso gran parte dell'Italia meridionale, cercando di costruire un grande regno italiano, all'interno dei confini dell'Impero. Ma i disordini che si creano in Germania lo costringono ad abbandonare il campo e quindi le sue conquiste non restano durature.

Federico, nel frattempo (1210), usciva di tutela, sopravvissuto a malapena all'anarchia, protetto forse più dall'affetto dei palermitani che dai tutori che rapidamente si erano avvicendati sopra di lui. Soltanto due anni dopo fece coronare il piccolo figlio Enrico (II) come correggente di Sicilia, a dimostrare la continuità della nuova dinastia sveva.
Federico ebbe la fortuna di studiare molto da piccolo e da giovane, molto più che i suoi coetanei, e fu un uomo al di fuori del comune, di rara intelligenza e cultura. Cresciuto a Palermo, fu un vero re siciliano a tutti gli effetti, siciliana fu la sua lingua madre, anche se conosceva e parlava bene il latino, il greco, l'arabo e, un po' meno bene forse, il volgare tedesco.

Federico II

Uscito così, miracolosamente illeso, dall'anarchia della sua minore età a soli 15 anni entra nel pieno delle proprie funzioni quale re di Sicilia. Sposa una donna molto più grande di lui, la regina Costanza (da non confondere con l'omonima madre), che si rivelerà di grande aiuto nei primi anni di regno. I primi anni gli serviranno per ristabilire

con mano ferma la sua autorità in Sicilia, mentre sui possedimenti continentali resta alquanto debole.
Ma il suo "colpo da maestro" è il ricongiugimento delle corone, a lungo avversato dai pontefici che temevano di essere presi "a tenaglia" da Nord e da Sud.
Approfittando delle divisioni interne all'Impero, lascia alla moglie il governo della Sicilia e, passando da Roma, con un viaggio avventuroso tra le città d'Italia a lui fedeli, giunge in Germania dove prende possesso del Ducato di Svevia. Qui con un capolavoro di diplomazia, concedendo ulteriori diritti ai feudatari, l'ereditarietà piena al Regno di Boemia, alcune concessioni di confine alla Danimarca, si allea stabilmente con il re di Francia, e insieme a questi a Bouvines (1212) sconfigge Ottone di Brunswick. Federico è incoronato "Re dei Romani" ad Aquisgrana (cioè titolare delle tre corone di Germania, Italia e Borgogna, ma non ha ancora l'investitura imperiale). Papa Innocenzo, per dargliela, ha un conto in sospeso da saldare con la Sicilia, che aveva interrotto per la prematura morte della madre Costanza. Oltre che di Puglia e Capua, voleva essere riconosciuto signore feudale anche per la Sicilia e voleva ritirare l'apostolica legazìa a suo tempo concessa a Ruggero I. Federico II non ebbe tempo di accontentare le pretese del papa, anche se avesse voluto, perché nel frattempo questi sarebbe morto (1216). A questo punto ritiene giunto il momento di rafforzare il suo potere. Fa riconoscere il piccolo Enrico anche Re dei Romani (oltre che di Sicilia), scende a Roma, dove aiuta il papa a rientrare per una sommossa che lì si era scatenata, e così ottiene senza pagare alcun prezzo di potere finalmente essere incoronato Sacro Romano Imperatore (1220).

L'Impero allora includeva le tre corone di Germania, Borgogna e Italia (la Boemia era invece un regno vassallo), ma solo sulla prima l'autorità dell'Imperatore era abbastanza salda. Federico però non era molto interessato alla Germania. Provvide infatti a rafforzare la gestione "collegiale" dell'Impero, con una debole autorità centrale, per potersi meglio concentrare sul Regno di Sicilia, che restava il centro dei suoi interessi.

Si volse poi a restaurare, con successo, l'autorità regia sull'Italia meridionale, giacché la moglie fino ad allora si era limitata a governare in qualche modo sulla Sicilia, lasciando il Continente nella totale anarchia feudale. Federico tolse tutte le usurpazioni, ristabilì l'autorità regia, e convocò un Parlamento a Capua per ristabilire l'ordine nei due stati continentali. Da questo momento in poi, pur restando sempre un'amministrazione assai decentrata, il Ducato di Puglia - Principato di Capua (le due amministrazioni sarebbero state ormai congiunte) venne organizzato con una burocrazia parallela, anzi gemella, rispetto a quella della "Sicilia" propriamente detta (Sicilia e Calabria), la cui amministrazione è ora centrata forse più su Messina che su Palermo. Federico, in altre parole, tentò seriamente di costituire uno stato siciliano unitario che andasse dalla Sicilia all'Abbruzzo, e non più uno stato siciliano con possedimenti nell'Italia meridionale, come era stato con i Normanni. Altro Parlamento tenne a Messina, riavvicinandosi sempre più al cuore dei suoi domini. Ormai la sua autorità nel Regno di Sicilia era ben salda, disturbata soltanto dalle continue pressioni pontificie per l'organizzazione di una crociata.

In quegli anni Federico, però, dilazionò quanto poté questa richiesta, impegnato com'era a sedare le ultime rivolte dei Saraceni in Sicilia, sconfitti i quali ne deportò i superstiti in Puglia, a Lucera, sotto la sua protezione, dove divennero suoi fedelissimi sostenitori.

Per qualche tempo Palermo rimase la capitale amministrativa di questa costruzione, ma poi, fatalmente preso da un baricentro spostato verso il Nord, le assenze dalla capitale nominale si andarono intensificando. Alla morte della regina Costanza (1222), che presidiava l'amministrazione a Palermo, il testimone fu passato all'Arcivescovo

Berardo, stabilissimo braccio destro dell'Imperatore-Re, ma ormai le funzioni più importanti seguivano la corte itinerante, e Palermo, pur restando la metropoli più importante del Regno, dove Federico teneva reggia nelle grandi occasioni, cominciò ad essere trascurata. A Palermo rimase l'ufficio prestigioso della Cancelleria del Regno, ma dal 1221 Federico non avrebbe nominato più alcun Cancelliere, preferendo un'amministrazione decentrata e itinerante, e – per le funzioni restate in capo alla cancelleria – ormai più burocratiche che politiche, queste furono affidate ai cappellani della Cappella Palatina. Egli, invece, cominciò a risiedere sempre più stabilmente in Puglia, e in particolare a Foggia, baricentro geografico dei suoi svariati domini. Il declassamento della Cancelleria rese autonomo un antico ufficio, prima posto alle sue dipendenze, quello del Maestro Notaro, o Protonotaro del Regno, che poi assorbì quello analogo del Logoteta del Regno, di origine bizantino-siceliota: Pier delle Vigne (1247) fu il primo "Protonotaro e Logoteta del Regno", una sorta di segretario ufficiale, nonché custode degli atti ufficiali dello Stato. Questo ufficio sarebbe continuato ininterrotto sino al 1819. Altro importante ufficio, all'avanguardia per i tempi, fu l'istituzione di una vera e propria magistratura contabile: la Magna Curia dei Maestri Razionali, nel 1240. La Sicilia era quindi il centro politico di una monarchia universale, e se per un momento Palermo era potuta sembrare la "capitale del mondo", la Sicilia era anche proiettata su ambizioni politiche più ampie di quelle strettamente nazionali siciliane, finendo quasi per essere trascurata.

La figura di Federico II destò per i tempi scalpore e scandalo. Interessato alla scienza, poliglotta, cristiano ma laico, anzi anticlericale, e tuttavia persecutore degli eretici, impersonava lo spirito ghibellino e anticipava i tempi moderni in un'epoca ancora oscura. Per questa ragione fu detto, in positivo "stupor mundi", ma anche, in negativo, fu dipinto come un vero Anticristo. Non riteniamo ben fondate queste ultime accuse, che furono lanciate esclusivamente dalla propaganda papale e guelfa, per motivi essenzialmente politici, piuttosto che religiosi. L'unico intervento in campo strettamente religioso di Federico fu una costituzione del 1231 con cui condannava l'eresia paterina e stabiliva il culto cattolico come unica confessione cristiana ammessa nel suo regno. Altra cosa fu la tolleranza con ebrei e musulmani, ma questo va solo a vantaggio dell'intelligenza politica del grande sovrano. A lui si deve l'adozione dell'Aquila (nera in campo argenteo, almeno nella versione adottata dal figlio Manfredi e poi rimasta classica), come simbolo del Regno di Sicilia, che andò a sostituire lo scudo blu, inframmezzato dalle strisce bianche e rosse, degli Altavilla. Con alcune aggiunte e modifiche grafiche quelle aquile sarebbero rimaste il simbolo politico della Sicilia sino al 1848, per tornare nel Gonfalone dell'attuale Regione, nel recente 1990, oggi usato di fatto come stemma della Presidenza della Regione.

Nel 1225 sposa Jolanda, detta anche Isabella (II) di Brienne, regina di Gerusalemme.

A quei tempi il Regno crociato di Gerusalemme si era ridotto a una striscia di terra sulla costa palestinese, centrata su San Giovanni d'Acri; il regno era governato dal padre, Giovanni di Brienne, come reggente per la figlia, la quale aveva ereditato il regno dalla madre. Con questo matrimonio la Sicilia prendeva sotto tutela il piccolo regno orientale, che ne diventava come un'appendice (da cui dipendeva feudalmente la Contea di Tripoli, e, in maniera più contestata, anche il Principato di Antiochia). Nel 1228, alla morte di Jolanda, fu coronato re di Gerusalemme il piccolo Corrado (il futuro Corrado IV imperatore).

La crociata, però, da lungo tempo promessa al pontefice, non poteva rinviarsi, anche perché a causa del suo ritardo Federico era stato colpito da ripetute scomuniche papali, ma questa si sarebbe rivelata un grande successo diplomatico: con il Trattato di Giaffa (1229) la Sicilia otteneva pacificamente da Al Kamil, sultano egiziano in ottimi rapporti con Federico, e in preda a problemi suoi interni, i luoghi santi per un certo periodo in modo pacifico, ciò che consentì a Federico di coronarsi anche Re di Gerusalemme, rilevando la corona dal figlio e unendola a quella di Sicilia.

La città di Gerusalemme rimase in mani siciliane fino al 1244, quando fu ripresa dai musulmani e il regno crociato, ormai agonizzante, si ridusse di nuovo alle fortezze costiere. Alla morte di Federico sarebbe passato al secondo figlio legittimo ancora vivo, Enrico e, alla morte prematura di questo (1254), nuovamente a Corrado, ma questi ormai poteva dirsi più re tedesco che siciliano. L'invasione angioina della Sicilia avrebbe reciso ogni legame di questa con l'oriente (del resto di lì a poco, dopo la morte di Corradino di Svevia, ciò che restava del Regno andò ai re di Cipro, e infine fu definitivamente sopraffatto dai musulmani).

Al ritorno dalla Terra Santa trovò disordini causati dal papato che non riconosceva la crociata portata a termine da uno scomunicato e per di più senza spargimento di sangue. Federico passò diversi mesi a riportare l'ordine con le armi. Alla fine costrinse il papa alla pace, a San Germano, ai confini del Regno, nel 1230.

Sul piano interno la monarchia fridericiana è segnata da una ampia rivalutazione del diritto romano, sul piano civile, e su una imponente opera di codificazione del diritto pubblico dei tempi (fiscale, penale, processuale, e vario) che Federico volle per importanza pari a quella del *Corpus Juris* di Giustiniano. Nel Parlamento di Melfi (1231) furono approvate le "Costituzioni melfitane", che per secoli avrebbero costituito l'ossatura di base tanto della legislazione napoletana quanto di quella siciliana. Le Costituzioni furono redatte in latino e in greco, allora ancora le due lingue ufficiali del Regno, sia pure con un regresso progressivo della seconda rispetto alla prima. La macchina fiscale fu rafforzata, le gabelle, rispetto a quelle statuite da Guglielmo il Buono, praticamente raddoppiate, al fine di mantenere l'amministrazione di uno stato moderno. Federico fece riprendere anche lo studio del diritto romano oltre a riportarlo pienamente in vigore. Tra le riforme piace ricordare quella che consentiva anche alle donne di ereditare i beni allodiali. Fu riordinata la Magna Curia, o Gran Corte civile e criminale. Furono ridotti drasticamente i diritti dei baroni ad esercitare la giustizia e furono aboliti i barbari "giudizi di Dio", sostituiti con le prove testimoniali. Furono introdotti gli atti scritti nei processi giudiziari. Federico fondò l'Università di Napoli (1224), perché il Regno trovasse al proprio interno dove formare i propri giuristi, e le famiglie non dovessero più mantenere i figli agli studi nella lontana Bologna. A lui è attribuita la fondazione di Augusta e la rifondazione di Gela, sotto il nome di Terranova.

(Di Classical Numismatic Group, Inc. http://www.cngcoins.com, CC BY-SA 3.0)

L'Augustale d'oro di Federico

Siciliani furono ancora i primi autori di una poesia in lingua volgare, esplicitamente favorita da Federico. Con Federico, quindi, nasce la letteratura siciliana propriamente detta. I codici dei "siciliani", saranno poi traslitterati da autori toscani e lombardi in volgari italiani, e quasi tutti in questa forma sarebbero poi giunti fino a noi, dando così origine, per questa via, anche alla letteratura italiana propriamente detta. Si tenga conto, tuttavia, che il confine tra dialetti napoletani e lingua siciliana era ai tempi molto più "alto" di quello attuale. Il siciliano, con ogni probabilità, era allora parlato nell'intera Basilicata, nel Cilento, nella Terra di Bari, oltre che ovviamente anche nel Salento e in Calabria come oggi. E quindi poteva legittimamente assumere il ruolo di "lingua nazionale" cui forse pensava il monarca siciliano.

Dopo un breve periodo relativamente pacifico, in cui fu domata qualche piccola ribellione interna, e furono tenuti due parlamenti a Siracusa (1233) e a Messina (1234), un'altra disgrazia cadde sul capo del grande sovrano: il figlio maggiore Enrico, che da anni aveva nominato in sua vece vicario in Germania per i possedimenti imperiali (allora la Germania e l'Italia settentrionale, oltre alla più piccola Borgogna, erano corone satelliti della Sicilia, e non viceversa), si ribellò al padre e si alleò con i Comuni italiani guelfi ribelli della Lega Lombarda, sconfessando invece le città fedeli all'Impero, le ghibelline. Enrico fu deposto, condannato a morte, ma poi la pena fu commutata in ergastolo dal padre. Trasportato di prigione in prigione, in uno di questi trasferimenti (1242) Enrico morì suicida buttandosi da un dirupo in Calabria.
Dopo la sconfitta del figlio, Federico si sposa per la terza volta, questa volta con Isabella d'Inghilterra. Federico avrebbe tenuto quasi segregata questa giovane moglie, da cui avrebbe avuto un altro figlio, Enrico, e che restò spesso lontana dal marito, fissando infine la sua residenza a Napoli fino alla morte, avvenuta nel 1241. Il venir meno del figlio in Germania lo costringe a uscire dalla Sicilia e a spostare verso nord il baricentro della propria azione. Intende costituire il Regno d'Italia in modo accentrato come il Regno di Sicilia. Il papato, temendo in tal modo la propria fine politica, aizza ribellioni in Germania, che costringono Federico a varcare di nuovo le Alpi e a riportare l'ordine fin lassù. Sistema le

cose facendo riconoscere il figlio Corrado "Re dei Romani" (in sostanza lasciandogli il posto di vicario lasciato libero dal fratello Enrico), potendo così ritornare all'assedio di Milano, che guidava le città ribelli. Da notare che, durante queste spedizioni, Federico progettò un viaggio nel Regno di Arelat (Borgogna) che non aveva mai potuto visitare ma gestire solo per mezzo della cancelleria imperiale, e in cui il potere centrale si stava sfaldando definitivamente. Nel tempo la Confederazione elvetica, il Ducato di Savoia, la Contea di Borgogna o Franca Contea e la Contea di Provenza lo avrebbero di fatto smembrato; quando più tardi l'Impero avrebbe concesso temporaneamente, poi di fatto definitivamente, la parte centrale del Regno, detta Delfinato, alla Francia, sarebbe cessato di esistere del tutto. Ma, a partire dal 1243, quindi ancora vivo Federico, il più grande feudo di quel regno, la Contea di Provenza, già era andato in mano a Carlo d'Angiò, fratello del re di Francia Luigi IX il Santo, colui che più tardi avrebbe conquistato la Sicilia. Furono alcune cattive condizioni del tempo, arrivato a Torino, che sconsigliarono Federico di mettere ordine anche in quel regno e di rinviare la spedizione, ciò che poi non sarebbe mai più avvenuto.
Nel 1237 i Siciliani sbaragliano i Lombardi nella battaglia di Cortenuova, togliendo loro pure il Carroccio. Federico non seppe però approfittare da questa vittoria, perché pretendeva una resa a discrezione, non dando neanche condizioni onorevoli agli sconfitti. Nel frattempo estendeva il suo potere anche sulla Sardegna, facendo eleggere re dell'Isola il figlio naturale Enzio, ed eccitando ancora di più la resistenza italiana dei Guelfi e del papa. Federico è nuovamente scomunicato, addirittura si bandisce contro di lui una crociata.
La guerra che ne seguì contro il papato, spalleggiato dai Guelfi di Italia e di Germania, non ebbe praticamente più fine, a parte

qualche breve tentativo di conciliazione, e non è praticamente possibile seguirla in tutte le sue fasi. Seguirono epurazioni interne e repressioni dei traditori, tra i quali venne ascritto, a torto o ragione, il segretario Pier Delle Vigne, fino ad allora fedelmente al fianco dell'imperatore (1249), e a cui si doveva la raccolta delle Costituzioni siciliane.

Alla morte di Federico II (1250) la Germania si rende "indipendente" dalla Sicilia, sotto il figlio Corrado IV che vi risiedeva stabilmente, lasciando il fratellastro Manfredi, figlio illegittimo, ma prediletto, di Federico e dell'amante Bianca Lancia, forse sposata sul letto di morte, come vicario.
Manfredi fu pure un gran re di Sicilia. Limitando il suo dominio alla sola Sicilia (compresi i possedimenti continentali) poté per certi versi curarne gli interessi meglio ancora del padre, con il quale condivideva spirito e interessi letterari. Manfredi rafforzò l'istituto del Parlamento. Se Federico aveva invitato nello stesso i rappresentanti delle città (pur avendo ridotto al minimo l'autonomia municipale), in chiave antifeudale, Manfredi trasforma questa partecipazione da episodica a strutturale, dando quindi una larvale base democratica ai parlamenti siciliani.
Alla morte di Corrado IV (che non aveva mai regnato stabilmente in Sicilia, essendo venuto nella parte settentrionale dello stato nel 1252 per riportare ordine ma morto pochi anni dopo) succede nominalmente il figlio Corradino (1254); dopo quattro anni lo zio Manfredi si fa investire dal Parlamento della corona di Sicilia (1258), sfidando apertamente il papato che mai aveva tollerato la presenza della potente monarchia siciliana e che continuamente aizzava contro ribellioni di feudatari e comuni. Nel 1260 Manfredi conclude una alleanza con l'Aragona, facendo sposare la figlia Costanza con Pietro, figlio del re di quel paese, avuta dal suo primo

matrimonio con Beatrice di Savoia. In seconde nozze (1259) Manfredi aveva sposato Elena Ducas, figlia del re dell'Epiro, da cui ebbe altri figli. Questo matrimonio consentì un'espansione della Sicilia nei Balcani. Già Manfredi aveva occupato Durazzo (1256), ora Elena, nel contratto nuziale, portava come dote la stessa Durazzo, Valona, Corfù, Berati ed altre piazzafori in Albania o in Epiro. In cambio l'Epiro (staterello nato dalla frammentazione dell'Impero bizantino) si metteva sotto la protezione militare della Sicilia.

Il papato chiamò in aiuto i Francesi contro i Siciliani, e incoronò, in maniera del tutto illegittima, Carlo d'Angiò, fratello del re di Francia, re di Sicilia.
L'incoronazione di Carlo come "Re di Sicilia", già conte d'Angiò e, fuori dal Regno di Francia, già conte dell'importante feudo di Provenza (teoricamente parte del Regno di Borgogna, in realtà stato a sé), a Roma nel 1266 è quanto di più nullo si possa immaginare. Tutti i re di Sicilia erano stati sempre incoronati a Palermo, non a Roma. Il Regno di Sicilia non si era mai riconosciuto feudatario del papa, se non per il Ducato di Puglia e il Principato di Capua, cioè le corone aggregate alla Sicilia sin dal 1130, e quindi il papa non aveva alcun diritto di investire alcunché. Il Regno di Sicilia era stato sin dalla sua origine parlamentare, e l'ultima parola sulla corona era sempre spettata al Parlamento, ciò che mai fece Carlo d'Angiò, il quale sin dall'inizio inaugurò un governo assoluto sul modello francese.
La masnada di predoni che accompagnava Carlo era fatta da avventurieri raccolti da tutta la Francia e dalle Fiandre. Passarono alla storia come gli "Angioini", dal nome della piccola contea di origine di Carlo, l'Anjou, in Francia. Ma molti storici tradizionali

siciliani li chiamano forse più correttamente "Provenzali", dal nome del maggiore stato su cui regnava Carlo.
Carlo d'Angiò, in altri termini, anche se assunse (abusivamente) il titolo di "Re di Sicilia", può a ben diritto essere considerato il fondatore di un altro stato, il Regno di Napoli, siciliano soltanto nel nome.
Nel 1266 Manfredi è sconfitto e ucciso a Benevento, la sua progenie dispersa, tranne la figlia maggiore, Costanza, già andata in sposa al re d'Aragona Pietro III, e la figlia Beatrice, che sarà liberata durante il Vespro e che sarebbe diventata poi marchesa di Saluzzo. Con lui quindi si estingue la dinastia sveva in Sicilia.

Carlo continua la sua totale eversione spostando finanche la capitale da Palermo a Napoli, e affidando alle cure di un "viceré" l'amministrazione (o dovrebbe dirsi la rapina?) della Sicilia, il quale non siede neanche nell'odiata Palermo, ma a Messina. Si susseguono in Sicilia ribellioni, prima e dopo la morte di Corradino di Svevia (1268). Ci fu, durante queste rivolte, un momento in cui Carlo controllava soltanto Palermo, Messina e Siracusa. Questo almeno fino a tutto il 1270, quando ogni resistenza siciliana è infine stroncata con orribili stragi, rapine, stupri e violenze di ogni genere. Sulle prime l'opinione pubblica è divisa; in alcune città si registrano anche partigiani dei provenzali, detti spregiativamente "Ferracani". Ma il malgoverno francese, e l'odio insanabile di Carlo contro i Siciliani tutti, colpevoli di restare nel complesso fedeli alla casa sveva, alienano del tutto ogni simpatia per il nuovo regime. Al termine dell'aver soggiogato la Sicilia, Carlo d'Angiò si aggrega all'ultima crociata (1270), indetta dal fratello Luigi IX il Santo, re di Francia, fatta dirottare su Tunisi. L'unico risultato della crociata è quello di rendere nuovamente il Regno di Tunisi tributario della

Sicilia (cioè ormai di Napoli, nel fatto) e di imporre un presidio "siciliano" a Tunisi.
Mentre il vecchio Ducato di Puglia – Principato di Capua, già soggetto malvolentieri alla Sicilia, si adatta abbastanza bene al nuovo ordine, la Sicilia resta invece in continuo fermento, subisce la violenza angioina-provenzale, ma da più parti si complotta o si prepara una ribellione, che non sarebbe tardata ad esplodere.

Cronologia politica:

1194-1197 Enrico (I di Sicilia, VI S.R.I) e Costanza I Altavilla
1197-1198 Costanza I Altavilla
1198-1250 Federico (I di Sicilia, II S.R.I.) (sotto reggenza di Innocenzo III fino al 1210, 1212-1235 nominalmente correggente il figlio Enrico II)
1250-1254 Corrado (I di Sicilia, IV S.R.I.), vicario Manfredi Hohenstaufen
1254-1258 Corradino (Corrado II), vicario Manfredi Hohenstaufen
1258-1266 Manfredi
1266-1282 "Mala Signorìa" angioina di Carlo d'Angio

L'esplosione del malcontento giunge quasi inaspettata la sera del 30 marzo 1282 (con il computo orario di allora, calcolata già come 31 marzo) alla Chiesa di S. Spirito, poco fuori Palermo, oggi sede del più grande cimitero cittadino, allora parco utilizzato per gite fuori porta dei palermitani.
Leggenda vuole che un soldato francese, di nome Droetto, avesse cercato di frugare nel seno di una giovane signora palermitana, con il pretesto di controllare se questa nascondesse armi. La reazione del marito fu subitanea, trafiggendo l'insolente con un colpo di pugnale. All'urlo "Morte ai francesi!" i presenti, come se non aspettassero altro, si gettarono sopra i soldati, sopraffacendoli e trucidandoli fino all'ultimo. Che fosse o no preparata da congiure, la rivolta infiamma subito tutta la città, e poi tutta la Sicilia. Cacciati i francesi da Palermo si organizza un'amministrazione municipale provvisoria. Altrettanto succede subito dopo a Corleone. Dal patto di unione tra le due città del 3 aprile 1282 sarebbe nata l'attuale bandiera siciliana (con il giallo attribuito al Comune di Palermo e il rosso a quello di Corleone). I Francesi non hanno scampo, sono uccisi con le loro mogli o concubine, figli e collaborazionisti. La rivoluzione assume da subito un contorno etnico, e – nella rivolta – senza distinzioni di classi, i Siciliani scoprono per la prima volta di appartenere a quella che oggi chiameremmo una nazione o patria. Le testimonianze in tal senso, ormai anche in lingua siciliana, sono univoche. La Nazione siciliana dà generosamente la vita, le risorse, il proprio amore per un desiderio insopprimibile di libertà. In breve i Francesi sono cacciati da tutta l'Isola; il vicario di Carlo d'Angiò, Erberto d'Orléans, è costretto a lasciare Messina già alla fine di aprile. Con l'adesione di Messina alla Confederazione Siciliana, la Rivoluzione era completa. Gli ultimi rimasti, di sede a Sperlinga

dove (caso unico) non erano odiati dai nativi, avrebbero resistito invece sino alla primavera del 1283. Anche le isole adiacenti, tra cui Malta, aderirono alla rivolta, che fu davvero corale e nazionale, ma a Malta gli Angioini riuscirono ad asserragliarsi provvisoriamente nel castello in attesa di rinforzi.

Re Carlo aveva sostanzialmente perso la Sicilia, e rischiava di perdere anche il Continente se questa fosse passata all'attacco, anche se – invero – nell'Italia meridionale non si registrò praticamente alcun conato di solidarietà nei confronti della rivoluzione insulare. Chiese così aiuto al nipote, re di Francia, e alle repubbliche marinare italiane, concentrando le proprie forze, insieme a quelle dei potenti alleati in Calabria, nell'attesa di poter passare lo Stretto. Forze soverchianti di numero, rispetto ai Siciliani, ma deboli nello spirito, giacché lottavano per una causa nella quale non credevano. Mentre per loro la guerra era una come un'altra, per i Siciliani era la guerra della vita, e per questo tiravano fuori energie che alla lunga fecero la differenza. Ad ogni modo, già a luglio Carlo inizia l'assedio di Messina, anche via terra, per cercare di limitare i rifornimenti alimentari e militari dal resto della Sicilia. I Siciliani riuscirono a mettere insieme un esercito di deterrenza alle spalle dei Francesi, a dare comunque sostegno ai Messinesi, ma furono questi ultimi da soli, sotto la guida dell'impareggiabile capitano Alaimo da Lentini, a respingere i Francesi con tutte le loro forze: tutti, comprese le donne, i vecchi e i bambini, furono mobilitati in questa eroica resistenza che i mercenari di Carlo non poterono in alcun modo vincere. Anche il tentativo di sfondare la catena del porto si rivelò un clamoroso fallimento.

La Sicilia si trovava però regredita a una somma di municipi e di signorie baronali mentre lo Stato era collassato. Si era tentato pertanto di dare una struttura confederale alla nuova formazione politica, sotto forma di una "*Communitas Siciliae*", che ricordava quasi le leghe delle antiche pòleis siciliane. I rappresentanti delle città si riunivano spesso in Parlamento, e il Parlamento, già tradizionale nella costituzione materiale del Regno di Sicilia, assume ora un'importanza politica di prim'ordine. Ma non esisteva un governo centrale e, nonostante l'indiscussa leadership della città di Palermo, poi le singole città decidevano se e come attuare le decisioni. Una struttura del genere non poteva reggersi a lungo, né avere alcun riconoscimento internazionale. All'inizio si tentò di mettere la "Comunità" sotto la protezione papale, ma i papi allora parteggiavano per gli Angioini e lanciarono l'interdetto contro l'Isola ribelle. A Messina, dove l'elemento greco non era ancora scomparso del tutto, si pensò anche di mettersi sotto la protezione di Costantinopoli, ma l'ipotesi fu generalmente scartata per il discredito e la debolezza che ormai caratterizzavano ciò che restava del vecchio Impero Romano d'Oriente.

Alla fine prevalse il partito legittimista e "catalano". In fondo la figlia superstite di re Manfredi, Costanza (da non confondere con la prima moglie di Federico II, né con la madre dello stesso) era andata in sposa proprio a re Pietro III d'Aragona, il quale accolse di buon grado l'invito dei Siciliani.

Re Pietro, dirottando da una spedizione contro il Nordafrica, venne in Sicilia dove fu acclamato re il 7 settembre, accettando la delibera del Parlamento che aveva condizionato tale corona al rispetto "degli ordinamenti di Guglielmo il Buono", il che significava essenzialmente abolire tutte le gabelle istituite da Federico II e inasprite dagli Angioini, e iniziò la guerra contro Carlo d'Angiò, sposando la causa siciliana.

Una grande mistificazione storiografica vorrebbe che la venuta di re Pietro (I di Sicilia) sarebbe coincisa con l'inizio di una fantomatica "dominazione aragonese". Ai tempi, in realtà, Sicilia e Aragona erano due realtà troppo lontane e autonome per poter anche lontanamente pensare di poterne fare un unico regno. Re Pietro pensava piuttosto ad un ampliamento dinastico per la sua famiglia, ma nel quadro di due regni separati. Del resto, ancora, non era ben chiaro dove la spedizione sarebbe finita. In teoria la Rivoluzione siciliana, anche se non supportata da analoghi moti nel Continente, avrebbe dovuto portare alla cacciata degli Angioini da tutto il Sud Italia, ripristinando il grande Regno di Sicilia (dei "bei tempi di Guglielmo il Buono", ancora invocato e ricordato dai Siciliani, più del recente ed esoso Federico di Hohenstaufen). Impensabile tenere la Confederazione Aragonese (che comprendeva Catalogna, Aragona, Valenza e Maiorca) e il Regno di Sicilia in un unico stato.

Il "pedaggio" che la Sicilia dovette pagare fu che una serie di signorie feudali, anche molto ampie, vennero concesse a famiglie catalane e aragonesi, le quali si fecero spazio tra la nobilità più antica, detta "latina", cioè semplicemente autoctona, e risalente ad epoca normanna o sveva. Di fatto, però, questi nuovi aristocratici si sarebbero rapidamente "sicilianizzati", ed avrebbero costituito per i secoli successivi una componente indistinguibile da quella originaria.

Naturalmente, come poté, Pietro tentò di restaurare l'autorità regia e un'amministrazione centrale, passato il primo turbine rivoluzionario. Ma il processo non poteva essere completo. Bisognava allentare un po' i cordoni della borsa, per non perdere la popolarità; Pietro era "di passaggio", e non poteva dedicarsi ad un'ampia attività legislativa ed amministrativa; e infine si era in guerra contro Napoli, e quindi non si poteva "programmare" come in tempo di pace. In questo quadro il Parlamento di Sicilia, nel quale trovano stabile rappresentanza le città, oltre che i feudatari e i prelati, acquisisce sempre maggiore importanza. Pietro abolì le collette (primo abbozzo di imposizione diretta, ancora con carattere di eccezionalità, ma che era stata abusata dagli Angioini-Provenzali) e i diritti di marineria introdotti da Ruggero II (obbligo di fornire uomini e mezzi per la costruzione della flotta del Regno). L'assedio di Messina è spezzato, il 2 ottobre Pietro entra trionfalmente nella città dello Stretto. L'eroico difensore della città, Alaimo da Lentini, è nominato a vita Gran Giustiziere del Regno. Ai primi del 1283 Pietro sbarca in Calabria e conquista la città di Reggio e alcuni centri vicini. Ma il re comprese subito di non avere i mezzi per scalzare i Francesi da tutta l'Italia meridionale, anche perché qui mancava il sostegno indispensabile della popolazione, tranne forse un po' a Reggio. Tornò quindi indietro e sistemò l'amministrazione del Regno: lasciò la moglie Costanza come reggente nominale, ma affidò come vicario il governo al secondogenito Giacomo (il primogenito Alfonso era rimasto a Barcellona come vicario), Giovanni da Procida, fuoriuscito dai tempi di re Manfredi, non siciliano, fu nominato cancelliere del Regno, Ruggero di Lauria, altro fuoriuscito, ammiraglio. Con la venuta della famiglia reale era venuto in Sicilia anche il più piccolo degli Aragona, Federico, allora dell'età di nove anni. Pietro faticò un po' a rimettere l'ordine nel Paese, perché per alcuni il Vespro era soltanto un mezzo per non rispettare più la legge. Tra questi, tale Gualtiero di Caltagirone, che ora congiurava con gli Angioini, ma che fu condannato a morte. Fatto questo, Pietro tenne Parlamento a Messina e tornò in Catalogna per affrontare un duello, a cui lo aveva sfidato Carlo d'Angiò, da tenersi a Bordeaux, allora in mano agli Inglesi, e quindi teoricamente in campo neutro. Il duello non si tenne mai, giacché Pietro, arrivato a Bordeaux, ebbe notizia che era piena di cavalieri francesi che lo avrebbero ucciso anche se avesse vinto; sicché, denunciando il tranello, fuggì di nascosto, accusato poi a sua volta di viltà da Carlo d'Angiò.

Nel frattempo papa Martino IV proclamava niente meno che una crociata contro l'Aragona e la Sicilia, dimenticando che gli ultimi crociati, veri, del Regno di Gerusalemme, avevano in quegli anni disperato bisogno di aiuto per non essere travolti, ciò che effettivamente accadde con la caduta di S. Giovanni d'Acri nel 1291. I Siciliani, superiori sul mare, non ne furono sconvolti. Grazie all'ammiraglio Ruggero Lauria si arrese la guarnigione del castello di Malta, furono occupate Ischia e Capri, mentre l'esercito lentamente risaliva la Calabria. Il 5 giugno del 1284, in una battaglia navale proprio nel Golfo di Napoli, Carlo lo Zoppo, principe di Salerno, l'erede al trono di Carlo d'Angiò, è sconfitto e catturato dai Siciliani. Come condizione per non ucciderlo questi ottengono la libertà dell'ultima figlia superstite di Manfredi, Beatrice, ancora ostaggio dei Francesi. Carlo lo Zoppo (II) è condotto prigioniero in Sicilia. Esaltato dalla sua forza navale, Ruggero Lauria punta verso la Tunisia e occupa Gerba e le Isole Kerkennah, che entrano a far parte del Regno di Sicilia come suo feudo.
Il vicario Giacomo, in questo frangente, geloso della popolarità del giustiziere Alaimo da Lentini, lo invita con un pretesto ad andare in Aragona a soccorrere il re dall'invasione francese ma, una volta allontanato, lo dichiara traditore, gli espropria i beni, e ne chiede la testa al padre. Pietro non crede al figlio e trattiene il giustiziere a Barcellona dandogli una pensione.
Mentre l'Aragona si apprestava a reggere l'urto della Francia, scatenata contro dalle ire del papa, la Sicilia, da sola, travolgeva i Napoletani, sfondando in Basilicata. Gallipoli, in Puglia, riconosce re Pietro, Taranto è conquistata (1285). Carlo, con i suoi Provenzali e i meridionali "collaborazionisti", sa di non poter resistere oltre: invoca l'aiuto papale e francese, che non tarda ad arrivare. Un fiume di denaro e di soldati arriveranno d'ora in poi da Roma, dall'Italia guelfa e delle repubbliche marinare, dalla Francia, solo

per arrestare l'impeto irresistibile dei Siciliani, riuscendo quanto meno a bloccarli.
Sono i momenti di maggior gloria politico-militare per la Sicilia. La flotta siciliana di Lauria salpa alla volta dell'Aragona per difendere re Pietro, affondando quasi tutta la flotta francese al grido che era stato anche delle altre battaglie navali: «Sicilia e Aragona!». La grande Aragona era stata salvata dall'impeto dei Siciliani. La crociata si era rivelata un fallimento totale.
Fatto sta che Pietro poté solo iniziare questa guerra, morendo solo tre anni dopo il suo inizio (1285), subito dopo essersi fatto consegnare da Giacomo, Carlo II, il figlio di Carlo d'Angiò, ancora ostaggio dei Siciliani. Poco dopo moriva anche il suo grande antagonista, Carlo I d'Angiò, lasciando erede un figlio ostaggio del nemico e un nipote assistito da un Consiglio di Reggenza. Papa Onorio IV, che era successo a Martino IV, per tentare di far recuperare popolarità agli odiati angioini, ricostruì nel Regno di Napoli (come già di fatto era chiamato il Regno di Sicilia angioino ridotto alla sola Italia meridionale), il blando sistema di tassazione dei tempi di Guglielmo il Buono, con delle Costituzioni che avrebbero portato il suo nome.
La Sicilia non poteva essere da meno. A Barcellona succedeva Alfonso III, che mai era stato in Sicilia e che non aveva alcun interesse alla stessa. A Palermo veniva incoronato Giacomo (I e unico di Sicilia, sarebbe poi diventato II di Aragona) nel 1286, anche se risiedette più stabilmente a Messina. Nell'incoronazione promulgò in Parlamento le Costituzioni con cui replicava in Sicilia la riforma di Onorio nel Continente. Se furono dimezzate le gabelle (imposte indirette) furono però ripristinate le collette (imposte dirette) sia pure limitate a quattro specifici casi, tra cui quello di grande attualità della difesa del Regno. Nelle stesse Costituzioni Giacomo rinunciò all'autorizzazione per i matrimoni

dei feudatari, introdotta da Ruggero II, e contro cui per generazioni i nobili avevano protestato. I due re fratelli (Alfonso e Giacomo) stipulano un'alleanza militare tra Aragona e Sicilia.
Con il papa invece le cose non vanno bene: Giacomo, la regina Costanza e tutti i Siciliani sono ufficialmente scomunicati da Onorio IV. Alfonso, in realtà, voleva negoziare la pace con la Francia e con il papa, non volendo restare invischiato in faccende di un paese a lui estraneo, ma – non avendo per il fratello Giacomo una corona alternativa – di fatto si limitò ad una quasi neutralità. La guerra procedeva incerta, i Siciliani erano rigettati in Calabria, perdendo Taranto e le punte avanzate delle loro conquiste. La superiorità sul mare continuava; i Siciliani avevano ereditato dagli Angiò il fondaco di Tunisi (una sorta di concessione commerciale-coloniale) insieme al tributo dalla Tunisia conquistato nell'ultima crociata.
Una spedizione napoletana ad Augusta si risolse in un disastro per gli invasori, che videro sconfitta di nuovo la loro flotta nel 1287. Nel frattempo re Giacomo si fa consegnare e assassina, senza processo, buttandolo in mare, l'eroe di Messina, Alaimo da Lentini, suscitando un'ondata di sdegno tra i Siciliani. Giacomo era un ambizioso, non aveva mai legato i propri destini a quelli della Sicilia e se, fino ad ora, la difendeva, lo stava facendo solo per l'interesse personale alla corona come dimostreranno a breve le vicende successive. Un tentativo di sbarco a Gaeta troverà la popolazione locale ostile ai Siciliani e costringerà Giacomo alla ritirata. Ormai si tentava una composizione diplomatica. Dal 1289 al 1291 si ottenne una tregua tra le parti. Giacomo era disposto a restituire la Calabria e tenersi la Sicilia con le appendici tunisine, spartendo in sostanza il Regno di Sicilia. La parte papale-francese non accettò.
Poco dopo la morte, a soli 27 anni, di Alfonso III di Aragona (1291), determinerà la prima di tutta una serie di crisi dinastiche

che alla lunga avrebbero fatto perdere la piena indipendenza alla Sicilia. Tradendo il testamento di Alfonso (e di Pietro prima ancora) Giacomo assume la corona di Aragona, ma non lascia il Regno al fratello minore Federico, nominandolo appena vicario. Però Federico d'Aragona non protesta e accetta la carica. Cessata la tregua, la guerra prosegue "a bassa intensità", mentre Giacomo sottobanco tesseva accordi con il papa per farla cessare. Alla fine del 1295 i patti sono scoperti: a Giacomo andavano i diritti di conquistare Sardegna e Corsica, a Federico il titolo di imperatore latino d'oriente (un titolo puramente nominale, giacché i latini avevano perso Costantinopoli da una trentina d'anni) con la promessa di aiutarlo a riconquistare i possedimenti perduti, la Sicilia data per un anno al papa che poi l'avrebbe restituita… a chi avesse voluto, cioè a Napoli e agli Angioini.
Re Giacomo fu preso dai suoi sudditi per quello che era, cioè un traditore. I Siciliani non volevano saperne di aver fatto una Rivoluzione e una guerra durata tanti anni per nulla. Il Parlamento di Catania così acclama re Federico (che chiameremo III, come si firmava nei diplomi, contando "all'aragonese", e anche per distinguerlo dal precedente, che abbiamo chiamato II, mentre in realtà è proprio questi il Federico II di Sicilia), che poco dopo è coronato con una solenne cerimonia a Palermo. La Sicilia è in questo momento traboccante di orgoglio nazionale, si stringe sul suo re contro tutti, Aragona compresa, che ora diventa un paese nemico.
Federico, infatti, si trova contro ormai non solo Napoli, il Papa, e i Comuni e Signorie guelfe dell'Italia del Nord (cioè in pratica tutta l'Italia), e non solo la Francia, con la Provenza angioina, che sempre spalleggiava lo stato napoletano, ma ora anche la stessa Aragona.

Il Parlamento di Catania del 1296 che lo fa re stipula quasi un patto tra Corona e Parlamento; patto da cui nasce la prima monarchia costituzionale moderna europea. Il re non può più decidere su guerra e pace senza il consenso del Parlamento, la funzione legislativa e le politiche finanziarie sono parimenti codecise.

Federico III

Si deve a questo grande re anche una prima liberalizzazione nella gestione dei feudi siciliani in termini di divisibilità dei titoli nell'asse ereditario, di loro più libera trasmissibilità, e soprattutto alienabilità (con le Costituzioni "*Si aliquem*" e "*Volentes*"). Fu mantenuta

tuttavia l'indivisibilità del feudo singolo, e altri istituti tipicamente feudali, come la possibilità del re di avocare all'erario il feudo per fellonia o altri motivi politici, il diritto di relevio da dare all'erario o l'investitura, così come il maggiorascato e il fedecommesso. Ma questa riforma impresse dinamicità ai feudi siciliani che, pur gravati ancora di funzioni pubbliche, erano diventati dei veri e propri patrimoni privati quasi liberamente negoziabili.
Si deve a Federico III ancora l'istituzione di un tribunale di ultimo appello, anche sopra la Gran Corte, per cause di livello "politico", o per specifiche cause demandate dal re: sorta di alter ego del re in materia giudiziaria, il Tribunale del Concistoro e della Sacra Regia Coscienza. Sarebbe però diventato una magistratura stabile e al vertice dell'intero potere giudiziario siciliano solo secoli dopo, con le riforme di Filippo I del 1569.
Tornando però alle operazioni militari, Federico III finì per litigare con l'ammiraglio Ruggero Lauria, che mal sopportava la disciplina di questo re, rispetto all'accomodante Giacomo. Il Lauria sarebbe alla fine andato in esilio in Catalogna e sarebbe diventato nemico della Sicilia stessa, tenendosi in pegno le isole di Gerba e Kerkennah, per le quali si fece investire direttamente da Bonifacio VIII. Al suo posto la flotta fu affidata al genovese Corrado Doria. Anche la regina madre Costanza e il vecchio Giovanni da Procida si ritirarono dalla politica attiva e tornarono in Catalogna. Ora Federico era solo, solo con il suo Popolo siciliano contro tutti. Allettato dalla promessa di una forte ricompensa in denaro lo stesso Giacomo II guida le operazioni militari sbarcando a Patti nel 1298. Nonostante la presa di alcune piazze, la Sicilia resiste con la forza di un leone. Per mare i nemici sono sconfitti: il figlio di Ruggero Lauria, ormai nemico, Giovanni, è catturato e condannato a morte per fellonia dalla Magna curia. Giacomo si ritira, lasciando in Sicilia alcuni presidi, che poco a poco i Siciliani vanno

riconquistando. Torna in forze l'anno nuovo e sbarca a Capo d'Orlando. I Siciliani, infatuati dai continui successi, pensano di essere invincibili sul mare, e, in condizioni di inferiorità numerica, costringono Federico III ad attaccare la coalizione aragonese-guelfa-francese. La battaglia navale di Capo d'Orlando, del 1299, si risolve in un disastro, e Federico si mette a stento in salvo a Messina. Ciò che ottenero i Siciliani fu solo di causare talmente tante perdite tra gli Aragonesi che tra di loro iniziò a serpeggiare il malcontento, al punto che Giacomo abbandonò la coalizione, anche perché non vedeva un soldo della compensa promessa dal papa.

(PD-old-100 PD-1923)

Il Vespro Siciliano

Sebbene avessero perso un nemico, però, la sconfitta si faceva sentire. Carlo II mandava il figlio Roberto come vicario in Sicilia, e questo, terra dopo terra, nel Val Demone, e soprattutto in Val di Noto, prende diverse fortezze. Alcuni generali e feudatari siciliani, vedendo la causa persa, passano al nemico. Le isole sul Golfo di Napoli (Ischia e Procida) sono perdute. Il colpo più grosso però fu l'entrata degli Angioini a Catania, per un tradimento. Sembrava tutto perduto.

All'estremo opposto un altro esercito sbarcava intorno a Trapani e dava l'assedio. Ma a questo punto, nonostante alcune defezioni e tradimenti, successe una cosa incredibile. I Siciliani si strinsero ancora una volta intorno al loro re, non abbandonarono le piazze in loro possesso, si autotassarono e mandarono soldati, ricostruendo un grande esercito che piombò su Trapani. Mentre l'esercito francese si stava spostando da Trapani a Marsala, nella pianura della Falconara, il 1° dicembre 1299 le truppe francesi furono travolte dai Siciliani che lottavano per la loro libertà. Un figlio del Re di Napoli, Filippo, fu preso prigioniero. La guerrà infuriò con nuovo vigore. Napoli chiese di nuovo rinforzi alla Francia. Il papa mandò in Sicilia a combattere i Templari e i Gerosolimitani di S. Giovanni (i futuri Cavalieri di Malta). Ma i Siciliani non si arrendevano. Riorganizzarono la flotta, sfidarono i Napoletani a Ponza in mare, ebbero di nuovo la peggio per l'enorme sproporzione di forze, ma continuavano a resistere.

I Francesi e gli Italiani raccolsero di nuovo un grande esercito che sbarcò in Sicilia nel 1302, diede per qualche tempo l'assedio a Palermo, ma questa resistette non meno coraggiosamente di come aveva fatto Messina all'inizio della Guerra del Vespro. Vedendo l'inutilità dell'assedio si addentrano verso sud, occupano qualche piazza, ma alla fine esausti, isolati in una terra straniera e del tutto ostile, si arrendono.

Re Federico III propone e ottiene da Carlo di Valois, il francese comandante della spedizione, una pace che passerà alla storia come la Pace di Caltabellotta (1302), con cui si considera conclusa la prima fase del Vespro, la più eroica e nazionale. Gli Angioini abbandonano le parti occupate nell'Isola, e i Siciliani quelle occupate nel Continente, e fra queste Reggio Calabria che mai aveva abbandonato la causa siciliana in vent'anni. Di fatto Napoli e Sicilia si riconoscono reciprocamente, ma è la Sicilia, più piccola, a dover fare concessioni immediate apparentemente più gravose. Il titolo di "Re di Sicilia" spetta a Napoli. A Palermo (o a Messina, dove risiedeva più frequentemente il re, restando la prima sempre capitale nominale) solo il titolo di "Re di Trinacria", e … a tempo. Alla morte di Federico il "Regno di Trinacria" si sarebbe dovuto estinguere e ripassare sotto dominio napoletano. I beni sequestrati alla Chiesa durante la guerra sono restituiti. I diplomatici pontifici chiedono che la Sicilia, come Napoli, si consideri feudataria dello Stato della Chiesa, con la donazione di un censo annuo, soldati e agevolazioni sulle importazioni di grano. Federico è costretto ad accettare tutte le condizioni, ma non fa ratificare dal Parlamento la soggezione feudale al papa; in pratica restò solo obbligato al peso del pagamento di un censo. Questi pagamenti furono irregolari e fruttarono anche qualche "scomunica per morosità", ma intanto Bonifacio VIII toglieva interdetti e scomuniche comminate durante la lunga Guerra del Vespro.

In realtà, cessato il fragore delle armi, la Sicilia aveva conquistato di fronte al mondo intero il diritto alla propria piena indipendenza, seppure nei limitati confini dell'Isola, e seppure senza più quell'impero mediterraneo che era stato del primo e più grande Regno di Sicilia. Già tre giorni dopo la Pace di Caltabellotta il re abbandonò il titolo di "Re di Trinacria", che riteneva umiliante, e prese a chiamarsi semplicemente "Re di Sicilia". Il mondo aveva ora "Due Sicilie", ciascuna con un proprio re: a Napoli e in "Trinacria". In ossequio al Trattato, Federico sposa Eleonora

d'Angiò, nel 1303, dalla quale ottiene numerosi figli, maschi e femmine.
La Sicilia beneficia da questo periodo di pace. Il re aveva dovuto concedere numerose "regalìe" e quindi le finanze regie erano un po' ridotte. Ma c'era ancora un buon equilibrio tra i poteri del Re, del Parlamento, delle Città, dotate tutte di magistrati elettivi, e delle Signorie feudali. I Siciliani tornano a casa a lavorare. I mercenari catalani, che non erano abituati a stare senza far nulla, sono spediti da Federico in Oriente, dove costituiscono la Compagnia dei Catalani, una compagnia di soldati di ventura, che però si richiama sempre a Federico come fedeltà feudale. I rapporti con l'Aragona si normalizzano, ma restano piuttosto freddi. I rapporti con Napoli sono sempre tesi, ai limiti di una ripresa del conflitto. Un conflitto sul fondaco e sul protettorato su Tunisi, fu affidato all'arbitrato di Giacomo d'Aragona che diede ragione ai Napoletani a sfavore dei Siciliani (1309).
Le legislazioni di Federico nei vari Parlamenti furono degne di nota. Il Parlamento di Messina (1310) vietò i maltrattamenti degli schiavi musulmani che si fossero convertiti al Cristianesimo, e l'emancipazione dei servi greci (che dovevano essere ancora numerosi, specie in Val Demone). Sta di fatto che in Sicilia la servitù della gleba rapidamente scompare, sostituita precocemente dal lavoro salariato nei campi. Intraprende riforme a carattere moralizzatore e religioso, dimostrandosi per certi versi molto più buon cristiano di quei papi che lo andavano scomunicando per motivi politici.
All'estero riprese la politica di potenza della Sicilia. Approfittando di una rivolta dei musulmani di Gerba, Federico va in aiuto della guarnigione assediata e recupera l'isola con l'appendice delle Isole Kerkennah (1309). Capolavoro politico-militare fu però la conquista in Grecia del Ducato di Atene (1311), cui si aggiunse

presto quello di Neopatria (1319), ad opera della Compagnia dei Catalani. La Sicilia ora aveva anche possedimenti nel cuore della Grecia, al pari dei più potenti stati marinari italiani, come Genova o Venezia. Il Ducato d'Atene era il primo titolo del Regno superiore alla contea, e fu affidato al secondogenito Manfredi, e, quando questi morì prematuramente (1317), fu affidato al terzogenito Guglielmo.

Lo sviluppo economico, demografico e culturale della Sicilia del primo Trecento, sotto Federico, è di tutto rispetto. Non mancarono anche segnali di anarchia baronale, purtroppo. L'aristocrazia, di fondamentale importanza nella Guerra del Vespro, cominciava ad accumulare troppi diritti, fino a minacciare l'autorità regia, stretta dalle continue necessità della guerra. Ma la Casa Regnante sotto Federico III riuscì sempre a tenere a freno ogni eccesso, arrivando a colpire con l'esilio il conte Giovanni Chiaramonte, colpevole di una vendetta privata, tra le famiglie più in vista della nobiltà di origine normanna. Nel 1325 egli e il figlio Pietro II, in una legislazione parlamentare, puniscono la prassi di alcuni nobili di controllare le elezioni municipali per mezzo di loro clienti, vanificando gli elementi di democrazia che il re vi aveva introdotto.
Con la dinastia Aragona fu stabilizzato il dominio specifico delle regine di Sicilie, la cosiddetta "Camera Reginale", che comprendeva Siracusa, e diverse altre città, quasi tutte del Val di Noto, e le relative entrate pubbliche. La Camera reginale aveva una sua amministrazione separata, come una vera e propria provincia a sé del Regno.
La pace sarebbe durata a lungo, se non fosse stato per la discesa dell'imperatore Enrico VII, che destò speranze di riscatto per il partito ghibellino. Enrico propose a Federico un'alleanza per

spartirsi il Regno di Napoli. Per Federico III sarebbe stata la fine dell'incubo. Riunisce il Parlamento e proclama nuovamente la guerra contro Napoli, attirandosi di nuovo contro il papa, i Guelfi del Nord Italia, la Francia (1312), con scomuniche annesse. Federico sbarca in Calabria, ma lì viene raggiunto della notizia della prematura morte di Enrico VII e del disimpegno dei Tedeschi sull'Italia. Si ritrovava di nuovo la Sicilia sola contro tutti. Cerca di saldarsi con i Ghibellini, sbarca a Pisa, dove gli offrono la signoria della città. Ma lì si rende conto che in Italia il partito ghibellino è allo sbando e debole; sperava di riceverne aiuto e si trovava davanti chi chiedeva aiuto a lui. Decise di tornare in Sicilia e cercare di difendersi là. Nel frattempo comunica alla nazione che il primogenito Pietro è dichiarato erede al trono. I Napoletani sbarcarono di nuovo in Sicilia, occuparono qualche terra (Castellammare), diedero il guasto alla campagna, ma poi dovettero ritirarsi. Il vero fatto è che anche loro ormai avevano difficoltà a trovare alleati disposti a morire per loro. E anche la Sicilia era logorata da questa guerra, finanziariamente ed economicamente. Tra piccole scaramucce, proposte di pace, tregue e riprese di ostilità la guerra tra Napoli e Sicilia si protraeva ormai stancamente. Nel frattempo i papi si erano trasferiti ad Avignone, sotto stretta protezione angioina (la Provenza apparteneva agli Angiò) e continuarono la politica filofrancese, ma con minore preoccupazione per la Sicilia, ormai lontana. Giovanni XXII fece cedere a Federico tutte le città occupate in Calabria, in cambio di una pace che però non venne. Federico tentò di ingraziarselo, riprendendo per qualche tempo il titolo di "Re di Trinacria", ma vedendo che non gli fruttava niente si allea con i Ghibellini e manda una spedizione a Genova, nel tentantivo (vano) di reinsediarli al potere. Tornato in Sicilia tassa i Siciliani per la guerra, e in particolare tassa le rendite ecclesiastiche, senza proteste dal

clero isolano, che dipendeva da lui, ma attirandosi le ire del papa, che nuovamente lo scomunica, e che lancia sulla Sicilia un interdetto che dura dal 1321 al 1335.
Ma Federico, accusato dalla pubblicistica papale di non fare l'omaggio feudale al papa, di essere tiranno, eretico, nemico di Dio, e così via, tira dritto: nel 1320 associa al trono Pietro II, dopo un voto del Parlamento di Siracusa e l'incoronazione, come sempre, a Palermo (1321). A Palermo, per compensarla dei tanti aiuti dati durante la guerra, è concesso (1320) il privilegio che il suo Bajulo avesse il titolo di Pretore (una sorta di sindaco), titolo che avrebbe mantenuto sino al 1861. Anche Pietro II si sposa, ormai adulto (1323), con Elisabetta di Carinzia.
L'alleanza storica con la Germania continuava, siglata da un nuovo trattato di alleanza difensiva tra Federico III e l'imperatore Ludovico IV il Bavaro (1327). Quest'imperatore scese a Roma e impose un antipapa, Nicolò V. La Sicilia non seguì l'Impero nello scisma, ma restò fedelmente alleata sul piano politico. Pietro II, con una flotta, giunse nel Lazio, aiutò l'imperatore nelle sue operazioni in Toscana. Il ritiro di Ludovico IV lasciò di nuovo i Siciliani soli, ma di fatto né Napoli né la Sicilia avevano soldi o voglia di combattere; la guerra continuava solo sul piano teorico.
Negli ultimi anni di regno ci furono ancora alcuni episodi nell'eterna guerra con gli Angioini di Napoli, ma nessuno degno di nota, mentre i sovrani erano impegnati a rintuzzare l'arroganza baronale, e a limitare l'uso pubblico delle armi, che si stava diffondendo in modo un po' troppo preoccupante. Una rivolta dei musulmani di Gerba (1337) avrebbe fatto perdere il possedimento siciliano, mentre il quartogenito Giovanni, fu fatto "marchese" di Randazzo, primo titolo superiore a conte, interno all'Isola (il Ducato di Atene e di Neopatria era infatti un possedimento estero).

Quando morì, nel 1337, Federico fu pianto da tutto il Regno, considerato un vero Padre della Patria ed eroe dell'indipendenza siciliana. Lasciava un regno ricco, civile, con una considerazione internazionale, e una Nazione in crescita.

Purtroppo il figlio Pietro II non si rivelò all'altezza di tanto padre. Si appoggiò sin troppo sul potere dei Palizzi, potente famiglia messinese, e tanto bastò perché la Sicilia entrasse in una vera e propria guerra civile, complice la potenza baronale, ormai non più a freno. La Corona non è più arbitra ma parte in campo. Il primo a insorgere è il conte di Geraci, Francesco Ventimiglia. Ma Pietro II seda facilmente la rivolta e riporta l'ordine, anche se durante la repressione del moto il conte di Geraci muore accidentalmente. Pietro II fissa stabilmente la sua sede a Catania, restando sempre Palermo la capitale nominale.
Proprio mentre Pietro ebbe il primo erede, il piccolo Ludovico, perse il fratello Guglielmo, duca d'Atene. Il ducato greco passa a Giovanni, Marchese di Randazzo (1338). Nel frattempo re Roberto d'Angiò riprendeva le ostilità contro la Sicilia, sempre spalleggiato dai papi avignonesi. Nel 1339 Pietro II fu dichiarato decaduto dal trono da papa Benedetto XII, colpito da scomunica, la Sicilia da interdetto e da scomunica per tutti i suoi abitanti. Viene proibito il commercio con la Sicilia (il primo caso al mondo di sanzioni economiche?). Per fortuna nessuna repubblica italiana tenne conto di queste sanzioni e gli affari continuarono come sempre.
Ad ogni modo, nei pochi anni di regno di Pietro II l'unità del regno non era messa in discussione, né le divisioni interne favorirono più di tanto gli Angioini di Napoli, l'eterno nemico esterno, anch'essi esausti e in preda a loro problemi interni ed esterni. Preoccupante è la concessione in ereditarietà delle maggiori cariche del Regno: i

conti di Mistretta, gli Alagona, massimi esponenti della nobilità catalana, diventano prima a vita e poi in maniera ereditaria "Grandi giustizieri" del Regno, mentre i Chiaramonte, Conti di Modica, massimi esponenti della nobilità "latina", diventano parimenti prima a vita e poi in maniera ereditaria "Grandi ammiragli". Le istituzioni municipali, formalmente restando demaniali, vedono prima truccare le elezioni municipali, e poi svuotarle del tutto sotto l'influsso delle grandi famiglie. Palermo, formalmente sede del Regno, sarebbe diventata di fatto una Signoria dei Chiaramonte, che ivi costruiscono il loro grande palazzo, lo Steri (attuale sede dell'Università) che rivaleggia con il Palazzo Reale. Più fedeli alla Corona sarebbero stati gli Alagona, che però parimenti diventano a poco a poco di fatto "Signori di Catania", con non minori abusi. La Città di Messina, massima potenza commerciale del Regno, riesce a salvarsi dall'egemonia dei Baroni, ma si governa quasi a repubblica marinara a sé stante, e poco a poco usurpa alla Corona il diritto di battere moneta, che da diritto sovrano diventa municipale, sol perché a Messina Federico II aveva posto la zecca. Ma ai tempi di Pietro II questo processo è solo in parte avviato. Nel 1340 i Palizzi sono cacciati dal Regno, dopo aver istigato il re contro il fratello Giovanni (il marchese di Randazzo e duca d'Atene), ingiustamente accusato di complottare contro di lui.

Alla sua morte prematura (1342, a soli 37 anni) sopravvivono due figli minori, il piccolo Ludovico, e Federico, che nasce pochi mesi dopo la morte del padre. Tutore per il nipote Ludovico, di soli quattro anni, è lo zio Giovanni, duca d'Atene. La madre di re Pietro, Eleonora d'Angiò, era morta appena un anno prima.
Giovanni è un governante di polso, della stessa tempra del padre Federico. Senza potere reale non poté, in pochi anni, combattere tutti i mali del Regno, ma restaura alquanto l'autorità regia rispetto

allo strapotere dei baroni. Fa incoronare a Palermo il nipote, caccia gli angioini da Milazzo nel 1346 (che occupavano dal 1342), e poi anche da Lipari nel 1347 (che occupavano dal 1339).
Suo un Trattato di Pace "definitivo" con Napoli, sconquassata da disordini interni e dalla contesa con gli Angioini d'Ungheria nel 1347: Napoli riconosceva in perpetuo l'indipendenza della Sicilia, con il solo diritto alla retrocessione dell'Isola in caso di estinzione della casa sovrana. Altra concessione era quella di tornare al titolo riduttivo di "Re di Trinacria", lasciando quello "di Sicilia" a Napoli; sarebbe stato mantenuto il censo a favore della Chiesa, con una sanatoria sul passato. Al di là della forma, questo trattato sarebbe significato il completamento e il consolidamento del Trattato di Caltabellotta del 1302, che ancora formalmente dava alla Sicilia un'indipendenza solo transitoria. Insomma sarebbe stato un vero successo per la Sicilia. Sarebbe stata l'opposizione papale che voleva porre condizioni durissime alla Sicilia, in termini di vassallaggio e riparazioni, a fare saltare l'accordo. Saltato l'accordo ripresero, ma sempre più stancamente, le ostilità tra i due regni.
Ma sulla Sicilia doveva cadere una tegola ancor peggiore in quegli anni. La Sicilia, infatti, fu il primo dei paesi occidentali ad essere colpito dalla Peste Nera. Il terribile morbo si abbatté sulla Sicilia scardinando il tessuto economico e sociale come un formidabile colpo di maglio. Comprendendo la gravità del male il Duca Giovanni si ritirò nei boschi di Mascali sull'Etna, sperando che il clima più salubre della montagna lo avrebbe salvato. Ma così non fu: raggiunto dal male, morì nel 1348, e con lui l'ultimo bastione di governo centrale della Sicilia.

Si apriva in Sicilia un terribile vuoto di potere, giacché re Ludovico aveva ancora soltanto dieci anni. Giovanni lasciava il Ducato d'Atene e Neopatria e i feudi siciliani al piccolo figlio Federico (che comunque sarebbe morto nel 1355, lasciando il Ducato al cugino omonimo Federico, fratello minore di Ludovico). Per la Costituzione siciliana, la tutela del re, oltre alla regina madre Elisabetta, andava al Gran Giustiziere Blasco Alagona, di fatto signore di Catania. Ma questo era solo l'inizio della totale dissoluzione del potere centrale, dell'appropriazione dei diritti dello Stato da parte di feudatari grandi e piccoli che non riconoscevano all'Alagona una dignità superiore alla loro. L'errore fatale fu fatto dalla regina madre Elisabetta, che aveva sempre parteggiato per i Palizzi, poi esiliati. Ora richiama il superstite Matteo Palizzi, che il Gran Giustiziere Blasco Alagona non vuole fare approdare in Sicilia. Ma la regina fa il doppio gioco, lascia Catania, lo fa sbarcare a Messina, dove è accolto dalla sua fazione. Palizzi si mette d'accordo con l'ormai potentissimo clan familiare dei Chiaramonte, che possiedono più di mezza Sicilia. Insieme, impadronitisi della famiglia reale, che non fa ben capire da che parte sta, mentre il potere centrale collassa, attaccano il legittimo governo del Regno del giustiziere Alagona. Per farlo si appellano a una sorta di patriottismo dei "Latini" (cioè gli oriundi siciliani) contro i "Catalani", colpevoli di essersi preso il Regno, dimenticando che re Ludovico era catalano pure lui, e che molti feudatari minori, paurosi dell'ambizione dei Chiaramonte, ancorché "latini", si buttano dalla parte catalana. È guerra civile, con due governi che entrambi si richiamano al piccolo Ludovico; una guerra a bassa intensità, con colpi di mano, devastazioni di campi, cambi di casacca frequenti tra i contendenti. La Sicilia era dilaniata da povertà e carestie. Il Governo di Messina, a sua volta, aveva scelto un alleato troppo forte, i Chiaramonte, che da Palermo si consideravano i veri signori dell'Isola. Stranamente papato e Napoli, teoricamente in guerra con la Sicilia, non approfittarono di questo momento di debolezza, il primo perché troppo lontano,

nell'esilio avignonese, il secondo perché dilaniato dalle sue guerre civili. Anche l'Aragona in questi anni si disinteressa della Sicilia avendo altre priorità, mandando solo deboli soccorsi al governo alleato di Catania; la Sicilia è in questi anni come ripiegata su se stessa e quasi sequestrata dal mondo.
Alla fine (1350) si arrivò a una "pace" che in realtà era solo una tregua, in cui tutti i contendenti mantenevano lo statu quo e i rispettivi titoli, ma questi erano efficaci solo nelle zone rispettivamente controllate. E tutte le usurpazioni baronali erano provvisoriamente mantenute fino alla maggiore età di Ludovico. Non mancarono piccole violazioni della tregua. Non tutti gradivano il caos. Una rivolta contro i Chiaramonte nel comune di Palermo (1351), condotta al grido di "Viva lu re e lu pòpulu" fu soffocata dai potenti baroni. La Sicilia non era divisa nettamente tra le due parti, ma letteralmente a macchia di leopardo. Il partito "catalano" controllava il castello di Vicari, a due passi da Palermo, mentre i Chiaramonte amministravano "per conto" della regina la camera reginale, e quindi controllavano Siracusa, non troppo lontano da Catania. Nella tregua Blasco Alagona manteneva la carica di giustiziere (non poteva però emettere giudizi sulla parte controllata dai Latini), ma rinunciò alla carica di reggente, che fu presa dalla badessa Costanza, sorella maggiore di Ludovico (non si hanno invece più notizie della regina Elisabetta che quindi doveva essere già morta).
Dal 1352 Ludovico, quattordicenne, comincia a compiere atti da sovrano, e dà segni di volersi emancipare dalla pesante tutela di Matteo Palizzi. Fa firmare una pace ai tre principali contendenti, che ora gestiscono congiuntamente la carica di "Vicario", ma non può entrare nel pieno delle sue funzioni prima della maggiore età. Comunque comincia a girare il regno, a fare sentire la sua autorità. Aizzando in Messina una rivolta contro Matteo Palizzi, il conte

Manfredi Chiaramonte (cui presto sarebbe succeduto il figlio Simone), lo fa uccidere (1353), ma il re ripara sotto la protezione degli Alagona a Catania, temendo il troppo potere della famiglia palermitana. Questo porterà ad una nuova guerra civile, in cui Simone Chiaramonte, pur di conservare il suo potere, si allea con i nemici di sempre, gli Angioini di Napoli, contro il legittimo governo di Sicilia, rinserrato a Catania. In cambio, però, chiede per l'Isola di Sicilia una semi-indipendenza: al re di Napoli sarebbe stato sì riconosciuto in esclusiva il titolo di "Re di Sicilia", ma questi aveva l'obbligo di farsi coronare a Palermo, di visitare la capitale dell'Isola ogni tre anni, di affidare tutta l'amministrazione dell'Isola a Siciliani, di lasciare indiscussi i poteri semi-sovrani che ormai avevano acquisito i feudatari, nessun siciliano sarebbe stato giudicabile fuori dall'Isola. Insomma una specie di "statuto speciale" *ante litteram* che sarebbe valso alla Sicilia la semi-indipendenza dentro il Regno di Napoli. Questa alleanza però rese odiosi i Chiaramonte, che anno dopo anno persero posizioni a favore del governo legittimo. Re Ludovico reintegrò i Ventimiglia nei loro possedimenti delle Madonie, condusse personalmente (era giovanissimo, non ancora maggiorenne) una campagna di successo in Val di Mazara, il popolo di Siracusa buttò fuori la guarnigione chiaramontana al grido di "Viva lu re di Sicilia e lu pòpulu". Stava quasi per rassodarsi l'autorità regia, Ludovico preparava matrimoni, quando, nel 1355, dopo aver già perso un fratello minore, la sventura si abbatteva di nuovo sulla casa reale: moriva a 17 anni, poco dopo la sua stessa sorella maggiore Costanza, e il cugino Federico duca d'Atene, prima ancora di essere entrato nel pieno delle sue funzioni. La Sicilia, sgomenta, era colpita di nuovo da una sfortuna incommensurabile; della casa reale restava ora solo, come maschio, il fratello più piccolo, di 12 anni, Federico (IV).

Federico IV fu affidato alla tutela della sorella maggiore, Eufemia, con un governo debolissimo, nelle mani dei feudatari "fedeli" alla corona, e in condizioni interne di guerra civile, anzi di anarchia vera e propria. Sarebbe inutile seguire le innumerevoli tregue, riprese di ostilità, devastazioni di questi tristissimi anni. Il giovane re, dopo essere stato "controllato" a Messina dal conte Enrico Rosso (o della fazione "russa" come dicevano i Siciliani di allora) passa poi a Catania, sotto la protezione di Artale Alagona. Federico, ancorché minorenne e sotto la tutela della sorella, interveniva come poteva, più come mediatore tra i grandi feudatari che non come vero sovrano. La defezione dei Chiaramonte chiama in Sicilia gli Angioini di Napoli, che occupano Messina nel 1356, e poi si lanciano in una spedizione di "riconquista" dell'Isola, guidati dai re Luigi e Giovanna di Napoli in persona. Dopo una serie di successi assediano Catania, e a quel punto il regno sembrava perduto. Ma, a questo punto, i feudatari che avevano sempre ignorato gli ordini del governo e del re, sentono il pericolo del ritorno della mala signorìa e si sveglia di nuovo un sentimento nazionale, soprattutto quando arrivarono le notizie del brutale saccheggio di Aci. Da tutta la Sicilia accorsero soccorsi a Catania. Persino i Chiaramonte, timorosi di aver invitato un nuovo tiranno, abbandonano di fatto i Napoletani al loro destino. Anche un paio di navi arrivate dalla Catalogna, e mandate in soccorso da Eleonora (regina d'Aragona e sorella maggiore di Federico IV), aiutano nell'impresa. Gli Angioini sono sconfitti (1357) e devono ritirarsi, mantenendo però Messina, Milazzo e e le Eolie. Come segno di buona volontà e di riconciliazione nazionale, Federico si trasferì nei possedimenti di Francesco Ventimiglia (a Cefalù), ma questi lo tenne più prigioniero (con la vicaria Eufemia) che ospite. Continuò comunque il caos, la "confederazione" di Signorie baronali debolmente presieduta dalla Corona, l'usurpazione dei diritti demaniali. In questo frangente (1359) moriva la Vicaria Eufemia, che debolmente era riuscita a non far rompere gli Alagona con i Ventimiglia, e a ottenere alcune tregue con i Chiaramonte (formalmente fedeli ancora a Napoli), mentre Federico non era ancora maggiorenne. Senza nessuna base giuridica i Ventimiglia, che già erano "Gran camerari" a vita ed ereditari, si proclamarono tutori di Federico IV, stringendo la vigilanza sullo stesso.

All'esterno l'oligarchia baronale sapeva bene o male compattarsi per difendere l'autonomia del Regno, e per questo aveva bisogno di un re, anche solamente simbolico. Ma all'interno, pur rispettando la forma degli ordinamenti dei precedenti sovrani, li stravolsero usurpando praticamente tutti i diritti della Corona.
Federico IV riesce però a fuggire (1361), ormai quasi diciottenne e quindi a emanciparsi da ogni tutela, se non quella di fatto degli Alagona che, tra tutti i grandi del Regno, erano quelli che mostravano più senso dello stato e rispetto per la corona. Riesce a concludere un matrimonio vantaggioso con Costanza d'Aragona, sua consanguinea (tra regine vere e consorti sarebbe quindi la quarta con questo nome) e a convincere Ventimiglia e Chiaramonte a fare atto di sottomissione al re, a un re per ora quasi senza alcuna risorsa economica o potere. Federico IV ora pensava di andare a Palermo a incoronarsi, ma una fazione avversa gli impedì il passaggio nel centro della Sicilia. Con le truppe a lui fedeli Federico IV tentò la prova di forza, ma la battaglia che ne seguì (a Caltanissetta) non fu decisiva per nessuna delle due parti. Dovette accettare patti umilianti per continuare a regnare, più da "arbitro" che da vero signore. In cambio i suoi vassalli lo insultavano, chiamandolo "asino", tranne i sempre fedeli Alagona, che pure non mancavano di usurpare i diritti regi nei territori da loro controllati. E tuttavia questa "pace" del 1362 mise termine a una

guerra civile endemica che era iniziata nel 1348 alla morte del duca Giovanni, ma questo avrebbe rappresentato una modifica costituzionale radicale del Regno. Nel 1348 c'era ancora un'autorità centrale salda; nel 1362 i pochi organi centrali funzionanti, come la Magna Curia, vedevano una rappresentanza paritetica dei grandi del Regno. Oppure, nel caso della flotta, questa era data dalla somma di quelle cittadine. Non tutti gli storici però danno una valutazione negativa di ciò. Probabilmente la Sicilia si stava avviando a un regime di "signorìe" sovrane come quelle dell'Italia centro-settentrionale, debolmente confederate tra loro, ma garantendo tranquillità e ordine all'interno dei rispettivi confini. Insomma, l'unico vero danno sembrava essere la perdita dell'unità politica, che durava almeno dalla conquista normanna.
Nel 1363 la drammatica esistenza di Federico IV fu allietata dalla nascita di una figlia, la futura regina Maria. Affinché non fosse troppo felice, però, tre giorni dopo il destino gli tolse la moglie Costanza per una recrudescenza della peste. Nel 1364 l'ultimo barone ribelle, Manfredi Chiaramonte, di uno dei tanti rami della potente famiglia, abbandona gli Angioini e rientra nella più comoda "confederazione anarchica" che allegramente governava la Sicilia di allora e per premio viene fatto Ammiraglio del Regno, per una flotta tutta da ricostruire. Nello stesso anno una rivolta cacciava i Francesi/Napoletani da Messina. Federico IV in qualche modo regnava: riuscì ad entrare a Palermo, si spostava liberamente. Spostò infine la sua residenza da Catania a Messina quando questa fu liberata. Ormai i pontefici avevano compreso che la divisione tra i due regni di Sicilia era irreversibile e spingevano per una soluzione diplomatica, ma le trattative con Napoli andavano per le lunghe. Il re, poco a poco, tentava di recuperare pezzi di sovranità. Quasi sempre non ci riusciva, anche per debolezza di carattere. Ma

pure qualche piccolo risultato dovette dare fastidio, se nel 1371 sfuggì a Messina a un attentato di origine baronale.
Si deve a questo debolissimo re però un grande risultato: la pace definitiva con Napoli nel 1372. Finalmente, dopo 90 anni, si poneva termine alla Guerra del Vespro, con tanto di benedizione da parte di papa Gregorio XI. L'indipendenza dei due regni era garantita. Il Regno di Napoli era l'unico che si sarebbe chiamato ufficialmente "Regno di Sicilia" (ma nei fatti tutti lo chiamavano "Regno di Napoli"), mentre l'Isola doveva essere solo "Regno di Trinacria" (ma questo nome fu usato solo per la corrispondenza con Napoli e il papa, per il resto si riprese a usare il titolo di "Re di Sicilia"). I due regni erano nominalmente feudi papali e, per la sola vita della Regina Giovanna, il re di Trinacria era feudatario anche del re di Sicilia (Napoli). Napoli lasciava Milazzo e le altre fortezze ancora tenute in Sicilia ma teneva le Isole Eolie solo per la vita della regina Giovanna (in realtà non le avrebbero più restituite per secoli). Alcune limitazioni erano poste persino all'apostolica legazìa che però non fu revocata. Non era il migliore trattato per la Sicilia, ma un regno debolissimo, esausto da 90 anni di guerre interne ed esterne, otteneva finalmente il riconoscimento internazionale per la propria indipendenza. La Guerra del Vespro era stata sostanzialmente vinta. La Sicilia manteneva i Ducati di Atene e Neopatria, dove forse l'autorità regia era più rispettata che in Sicilia. Federico IV, comunque, preferì non incoronarsi mai a Palermo, pur di non dover fare omaggio feudale a Giovanna di Napoli e, incidentalmente, per questo non lo fece nemmeno alla Chiesa. Il tributo alla Chiesa, poi, fu pagato poco e male, e terminò con una sorta di sanatoria. Federico si imparentò, quindi, con la nobiltà meridionale, sposando Antonia Del Balzo (1373) e riprendendo i suoi tentativi di lento recupero della sovranità.

La morte accidentale della seconda moglie (1375) lo condusse letteralmente a una malattia psicologica da cui non riuscì più a venire fuori, cui seguì la morte, nel 1377, a soli 34 anni, secondo alcuni per tumore. Lasciò erede universale della Sicilia e dei possedimenti greci la figlia Maria, sotto la tutela di Artale Alagona, lasciando a un figlio naturale, Guglielmo, solo la contea di Malta e Gozo.

La debole pace, e il debole recupero dell'autorità regia naturalmente svanirono di nuovo. La povera regina senza regno fu messa sotto tutela dai più potenti baroni del Regno, che finirono di spartirsi le spoglie dello Stato (1378): i "Quattro Vicari", collegialmente reggenti, e cioè Manfredi Chiaramonte di Palermo, Artale Alagona di Catania, Francesco Ventimiglia (Madonie) e Guglielmone Peralta (Sciacca). Nessuna famiglia minore o città avrebbe osato mettersi contro queste quattro famiglie unite, anche se c'è da dire che raramente queste erano unite per davvero. Di fatto la Sicilia si avviava a dividersi in quattro stati. In questo vuoto di potere cominciava a insinuarsi l'Aragona, che – in piena espansione nel Mediterraneo – dopo la Sardegna ambiva ora ad inglobare la Sicilia.
La concordia durò poco, come la legittimità del governo baronale. Il "quinto" barone per importanza, il conte di Augusta Raimondo Moncada, irato per essere stato escluso dal Governo dell'Isola, rapisce la regina (1379) e, dopo una prigionia tra Augusta e Licata, la consegna ai Catalani (1381), dalla cui consegna sarebbe derivato, anni dopo (1391), il matrimonio con un nipote del Re Pietro IV, Martino (figlio del fratello), che poi sarebbe stato chiamato "Il Giovane", per distinguerlo dall'omonimo padre, Duca di Montblanc, fratello del re, anch'egli di nome Martino (ma questa volta "Il Vecchio"). Per inciso ricordiamo che la madre di Martino

il Vecchio, Eleonora, era la sorella maggiore di Federico IV, la figlia maggiore di Pietro II: Martino il Vecchio e Maria erano quindi cugini di primo grado.
A questo punto il Governo dei Quattro Vicari è a tutti gli effetti, da un punto di vista giuridico, un'usurpazione, giacché la regina Maria, erede anche se femmina, in attuazione del Trattato del 1372, ormai maggiorenne, non li riconosceva più tali. Da notare che, nell'assedio di Augusta contro il Moncada, Artale Alagona per la prima volta nella storia siciliana, usò bombarde, cioè armi da fuoco mai viste prima d'allora.
Ma i vicari vanno avanti con il loro governo e, approfittando dello scisma che nel frattempo aveva colpito la Chiesa (1378), si appoggiarono ai papi di Roma, contro quelli di Avignone sostenuti dagli Aragonesi. Il Ducato d'Atene e Neopatria, nel frangente, si proclama fedele all'Aragona (1381) ammainando le bandiere siciliane per tanto tempo tenute (la Regina Maria ne resta duchessa a vita, ma i ducati non sono più feudo siciliano bensì aragonese).
Il Governo vicariale è stato dipinto dalla storiografia generalmente a tinte fosche. In realtà, pur nelle ondate continue – fino alla fine del secolo – della Peste Nera, la Sicilia durante il loro dominio va lentamente recuperando il terreno perduto. Forse essi stavano trasformando, sul modello "italiano", la Sicilia in un insieme di Signorie, come quella degli Scaligeri di Verona o dei Visconti di Milano. Anche quelle Signorie, dal punto di vista del "Regno d'Italia" interno al Sacro Romano Impero, rappresentavano uno sfaldamento dell'autorità centrale a favore di stati provinciali o regionali, ma – chissà perché – in quel caso repubbliche, signorie e principati italiani sono salutati come piccoli stati, con una loro storia politica vista in positivo, mentre le analoghe formazioni siciliane sono stigmatizzate in negativo come "anarchia baronale". L'unico svantaggio reale, per la Sicilia, era la perdita dell'unità

politica, mentre al loro interno le signorie garantivano l'amministrazione della giustizia, la sicurezza dei traffici e finanche – come si poteva ai tempi – la cultura, non peggio di come avrebbe fatto un governo unitario, con il punto a favore che si trattava di dinastie ormai da secoli sicilianizzate, e non gravitanti, come la casa "Aragona", sulla Penisola Iberica, dalla quale si discendeva, con la quale ci si era continuamente imparentati, e dalla quale non ci si era mai realmente separati.
I più potenti, infine, i Chiaramonte, anche se non al dominio immediato dell'intera Isola (ciò che non era possibile, ma quanti secoli avrebbero messo i sovrani francesi a controllare effettivamente tutto il territorio della Francia?) ambivano chiaramente alla Corona, e quindi a diventare una vera dinastia nazionale, ciò che forse sarebbe stato provvidenziale per la storia della Sicilia. I Quattro Vicari, sotto la guida dell'ammiraglio Manfredi Chiaramonte, riconquistano Gerba (1388) e la detengono per qualche anno (fino all'invasione aragonese del 1392). Ma una serie di successioni mette il Vicariato in deboli mani: nel 1388 muore Francesco Ventimiglia e gli succede il figlio Antonio; nel 1389 muore il più valido sostenitore dell'indipendenza del Regno, Artale Alagona, e gli succede il meno esperto fratello Manfredi; nel 1391, infine, tocca al potente Manfredi Chiaramonte, che lascia il vicariato al figlio Andrea.
L'indipendenza della Sicilia è ormai in pericolo: all'orizzonte si delinea l'invasione da parte dell'Aragona, questa volta non più come "alleata" e liberatrice, ma come conquistatrice. I vicari, dopo il matrimonio della regina Maria (1391), mentre Giovanni re d'Aragona (il fratello del suocero di Maria), continuava a non avere eredi maschi, intravedono il pericolo per la Sicilia, e – in una concitata riunione a Castronovo – giurano, insieme alla migliore feudalità siciliana, che avrebbero difeso con ogni mezzo la libertà

dell'Isola. Ma la corruzione di Martino il Vecchio fu più forte del patriottismo di un momento. A uno a uno i paladini dell'indipendenza si sfilavano, i due vicari minori (Peralta e Ventimiglia) prendevano accordi separati con l'Aragona, la città di Messina riconosceva Martino e Maria, lo stesso Manfredi Alagona tentennava. Solo i Chiaramonte, ormai re siciliani "in pectore", erano disposti a difendere con ogni mezzo la Sicilia.

Avendo in mano la Regina Bianca non mancava certo la legittimazione ad occupare la Sicilia. Con una spedizione ben organizzata, Martino il Vecchio, con al seguito gli sposi (Maria e il figlio Martino), a capo di una banda di avventurieri catalani e aragonesi, si avvia verso la Sicilia.

La mancanza di uno stato si rivelerà esiziale per le sorti di questa Terra. Martino il Vecchio sbarca a Trapani nel 1392, proclamando di voler restaurare l'autorità regia dalle tante, troppe, usurpazioni baronali.

In realtà sa di dover scendere a compromessi, per attirare a sé parte della feudalità. E, in sostanza, ci riesce. I Siciliani si macchiano di una grave colpa in quell'occasione, preferiscono avere una dinastia che viene da lontano, e che probabilmente li avrebbe lasciato indisturbati nei loro interessi, a una potenziale dinastia siciliana, vicina, che avrebbe prima o poi riportato sul serio la legalità in Sicilia. I Chiaramonte sono abbandonati al loro destino. I loro sterminati beni diventano strumento di compenso per i nuovi "briganti" spagnoli, oltre che per i collaborazionisti. Collaborazionisti tra i quali sarebbero cominciati a fioccare i titoli di marchese, per i più grandi, e l'elevazione di molti militi a "barone", segnando l'inizio di un lungo processo inflazionistico dei titoli nobiliari siciliani. Palermo è espugnata, Andrea Chiaramonte, l'ultimo esponente della famiglia, impiccato allo Steri. Si piegano

tutti, e naturalmente anche i "vicari" Ventimiglia e Peralta. Non si accetta però di dialogare con gli Alagona, simbolo stesso del vecchio Regno di Sicilia, e troppo potenti ancora per consentire il ristabilimento dell'autorità regia. Come i Chiaramonte sono prontamente debellati dalla loro signoria catanese.
E tuttavia, nonostante il governo tirannico di Martino il Vecchio (solo nominalmente intestato al figlio Martino il Giovane e alla nuora Maria), la spedizione ebbe il merito di ricostituire l'autorità e l'unità del Regno, sia pure con gli inevitabili compromessi di un sistema feudale, e sia pure dopo lunghe e alterne lotte che durano almeno cinque anni. Significativa, ad esempio, la testimonianza, almeno dal 1397, dell'istituzione di un abbozzo di "Ministero della Salute", il "Protomedicato", che si sarebbe poi spinto fino al pieno XIX secolo, quando le strutture sanitarie sarebbero state accentrate a Napoli dalle Due Sicilie. Nel frattempo, per vicende politiche e militari attinenti alla Penisola Balcanica, tra il 1388 e il 1390, anche i possedimenti greci, in capo a Martino e Maria ma già feudi aragonesi sono definitivamente perduti.
Se il fratello di Martino, Giovanni il Cacciatore, fosse riuscito ad avere discendenza propria, ancora una volta la Sicilia avrebbe potuto fortunosamente salvare la propria indipendenza, con un nuovo ramo autonomo della Casa Aragona. Ma la sorte che già aveva segnato il ramo siciliano non doveva essere migliore con i cugini catalani.
Nel 1396 re Giovanni muore senza eredi: Martino il Vecchio viene incoronato Re d'Aragona e lascia quindi la Sicilia al figlio Martino il Giovane. Ancora Sicilia e Aragona sono regni separati, ma il destino appare segnato, anche perché il "Giovane" è un pupillo nelle mani del padre, incapace di politica propria e per nulla affezionato alla Sicilia. Il "Vecchio", da parte sua, non sarebbe più riuscito ad avere nuova discendenza. Il "Giovane" vedrà morire il

piccolo erede avuto da Maria, Pietro Federico, a solo un anno per un incidente mentre giocava con una lancia. Nel 1402 la malattia o il dispiacere si portano via la stessa regina Maria. Martino il Giovane si risposa con Bianca di Navarra, con la quale finalmente viene coronato a Palermo nel 1403 (per inciso, senza parlare più di feudalità o di censi da pagare al papa) ma i due pongono stabilmente la loro sede a Catania; anche il figlio avuto da questa sposa morirà prima di compiere un anno. Si deve a questo re una certa attività legislativa ed amministrativa: dopo un Parlamento tenuto dal "Vecchio" in cui è approvata l'ultima tornata di "Costituzioni" volute dal re e votate dal Parlamento, inizia l'era dei "Capitoli", proposti dal Parlamento, al contrario, e poi approvati dal re; ma Martino emana anche molte "Prammatiche", cioè legislazioni di secondo livello, fatte direttamente e solo da lui. Con lui nascerà il Regio Consiglio, formato dai più importanti magistrati del Regno, sorta di esecutivo, che poi – in epoca viceregia – sarebbe diventato il "Sacro Regio Consiglio".
Nel 1408, per guidare una spedizione in Sardegna per conto dell'Aragona, lascia la moglie Bianca come vicaria. La Sardegna era entrata da una settantina d'anni circa nell'area di influenza catalana, ma non era ancora doma. E qui Martino vi trova la morte per malattia (1409), senza aver lasciato figli legittimi. Martino il Giovane è l'ultimo "re proprio" della Sicilia. Da questo momento in poi tutti i re di Sicilia sarebbero stati *anche* re di altri paesi per quasi quattrocento anni e questo avrebbe certamente arrestato ogni processo di sviluppo nazionale dell'Isola.

Gli succede brevemente nel trono il padre, Martino il Vecchio (II come re di Sicilia, giacché non lo era mai stato prima), ma si tratta di una successione nominale poiché la Sicilia resta sotto il Governo della Regina Bianca, confermata come vicaria. Notevole che il

Consiglio che la assisteva era costituito dai rappresentanti delle sei principali città e non da nobili o prelati (Palermo, Messina, Catania, Siracusa, Girgenti e Trapani), segno di una vitalità comunale allora di tutto rispetto. Inutili le preghiere dei nobili siciliani di riconoscere almeno come erede di Sicilia il figlio naturale di Martino il Giovane, Federico de Luna. Nel 1410 Martino muore facendo estinguere del tutto la dinastia aragonese. Si apre un periodo incerto di interregno, durante il quale la Regina Bianca resta regina vicaria di Sicilia. Questi due anni, purtroppo, saranno segnati da una guerra civile (mentre altre ne succedevano in Aragona) tra la regina Bianca da un lato, e il giustiziere e conte di Modica Bernardo Cabrera dall'altro. Dietro questi due governi paralleli della Sicilia c'erano due partiti: quello nazionale siciliano che pressava per l'elezione di un re proprio con la regina Bianca, e la nuova ondata di feudatari catalani venuti con i Martini (tra cui lo stesso Cabrera, che aveva tolto la grande contea di Modica proprio ai Chiaramonte), che nulla avevano a che spartire con i vecchi catalani del Vespro, ormai sicilianizzati, e che propendevano per una stretta unione con Catalogna e Aragona. La regina tenne parte del territorio, ma non Catania, occupata dal Cabrera. In un Parlamento di guerra, a Taormina nel 1411, tentò di rassegnare le dimissioni da vicaria e di diventare "Presidente" di un governo provvisorio formato dai rappresentanti delle principali città, feudatari e prelati. Donna intelligente e di polso, vero capo di stato, siciliana soltanto adottiva ma più siciliana nel cuore di molti siciliani di nascita, aveva affidato a questo governo il compito di individuare un re e convocare un nuovo Parlamento per acclamarlo una volta sconfitto il Cabrera. Purtroppo il progetto naufragò per l'ottusità della città di Messina che in questo governo pretese la maggioranza assoluta dei rappresentanti e il triplo di quelli della città di Palermo. E così la guerra continuò con fasi alterne, tra cui il curioso e fallito episodio del tentativo di rapimento della regina Bianca allo Steri di Palermo, operato dal Cabrera, che vagheggiava di sposarla, la temporanea occupazione papale di Messina e Milazzo, per punire l'Isola ribelle a un dominio feudale che non c'era mai stato e che i re non avevano mai riconosciuto, e la cattura di Bernardo Cabrera, che però non pose fine alle ostilità da parte della fazione catalana.

(www.biografiasyvidas.com [PD-old-100], via Wikimedia Commons)

Bianca, regina consorte di Sicilia

Il "lungo Trecento" siciliano volgeva così al termine. Nel bene o nel male era stata l'epoca della nascita del nazionalismo siciliano moderno. Il Regno "dell'Isola di Sicilia", ristretto rispetto a quello precedente di dinastia normanna e sveva aveva con difficoltà conquistato il proprio diritto all'esistenza nel novero delle nazioni-stato europee dei tempi. Era nato anche un vero e proprio senso di appartenenza nazionale, uno spirito nazionale, che sarebbe durato secoli, così come il consolidamento dello Stato di Sicilia. Anche la lingua cambia. Ormai il siciliano ha soppiantato tutti gli idiomi precedenti (tranne il greco di Sicilia, che sopravvive in parte a Messina città e in alcuni luoghi del Val Demone, ma in posizione ormai apertamente recessiva, testimoniata dalle continue traduzioni di atti notarili dal greco al latino di questo secolo, segno che la lingua si andava perdendo), persino tra gli ebrei di Sicilia, che fra di loro scrivevano in siciliano sotto la forma dei caratteri ebraici. Il siciliano è ora anche lingua scritta, anzi lingua nazionale, dapprima timidamente accanto al latino e solo per usi pratici, e poi sempre di più con l'avanzare del secolo, specie come lingua parlamentare e politica. Solo la presenza di una dinastia propria non si sarebbe rivelata una conquista duratura, per una serie di sventure dinastiche, e questa complicazione avrebbe segnato in negativo i successivi quattro secoli di storia del Regno. Ma molte delle conquiste del Vespro si sarebbero rivelate particolarmente durature, e tra queste certamente quella della Costituzione parlamentare.

Cronologia politica:

1282-1285 Pietro I (dal 1283 vicario Giacomo Aragona) e Costanza II Hohenstaufen

1285-1296 Giacomo (vicario Federico Aragona, il futuro Federico III, dal 1291)

1296-1337 Federico III (in realtà II)

1337-1342 Pietro II (associato al trono dal 1320)

1342-1355 Ludovico (fino al 1348 sotto la reggenza di Giovanni Aragona, Duca d'Atene, dal 1348 al 1350 sotto la reggenza del Gran Giustiziere Blasco Alagona, dal 1350 al 1355, sotto la reggenza di Costanza Aragona)

1355-1377 Federico IV (fino al 1359 sotto la reggenza di Eufemia, dal 1359 al 1361 sotto la reggenza del Gran Camerario Francesco Ventimiglia)

1377-1392 Maria (dal 1377 al 1378 sotto la reggenza del Gran Giustiziere Artale Alagona, dal 1378 al 1392 sotto la reggenza dei Quattro Vicari: Manfredi Chiaramonte (Andrea Chiaramonte dal 1391), Artale Alagona (Manfredi Alagona dal 1389), Francesco Ventimiglia (Antonio Ventimiglia dal 1388), Guglielmone Peralta).

1392-1402 Martino I "il Giovane" e Maria

1402-1409 Martino I "il Giovane" (nel 1404-05 e dal 1408 vicaria la regina Bianca di Navarra)

1409-1410 Martino II "il Vecchio" (vicaria la regina Bianca di Navarra)

1410-1412 Interregno (vicaria la regina Bianca di Navarra)

Lo stallo fu risolto nel 1412, in Spagna, quando i rappresentanti delle quattro monarchie confederate (Catalogna, Aragona, Valenza e Maiorca, mentre la Sardegna era considerata nient'altro che un possedimento) decisero di dare la corona ad un ramo della famiglia castigliana dei Trastàmara. Divenne re così Ferdinando I, figlio di un'altra Eleonora, sorella maggiore di Martino il Vecchio, e quindi anche lei cugina di primo grado della regina Maria, nonché nipote di Pietro II; questi, senza colpo ferire, prese a considerarsi erede anche della Sicilia, per il solo fatto che già Martino II il Vecchio lo era stato immediatamente prima di lui, o forse perché il suo bisnonno materno (Pietro II, padre di Eleonora, nonno dell'altra Eleonora sua madre) era stato re di Sicilia molti decenni prima.
Ma questo comportava per la nostra Isola un cambio epocale. La Sicilia non era mai stata una dipendenza politica dell'Aragona, ed aveva avuto in comune con questa il re solo in casi eccezionali, come all'inizio con Pietro d'Aragona, poi per breve tempo sotto Giacomo, e infine, quasi incidentalmente, con Martino II. Ferdinando invece pensava di fare della Sicilia nient'altro che una Sardegna più grande, un'espansione dell'Impero catalano nel Mediterraneo.
Naturalmente la Sicilia era più potente della Sardegna, con un baronato autorevole e geloso delle proprie prerogative. Ma, proprio per questo, il prezzo da pagare sarebbe stato quello di blandire questo baronato, e intanto assicurarsi la corona di Sicilia, e poi, poco a poco, assorbirla all'interno dei possedimenti spagnoli. Per facilitare la transizione, magnanimamente, Ferdinando confermò Bianca nel pieno esercizio del Vicariato sulla Sicilia: come a dire, "non cambia nulla", almeno per il primo momento. Ma in tal modo gettava le basi per la futura stretta. Il Cabrera fu

liberato, ma dovette per molti anni restare esiliato in Spagna; in tal modo la Sicilia fu ad ogni modo pacificata.

Emblema del Regno di Sicilia dal 1296 al 1816

Bianca dovette assistere impotente a questo declassamento, nel quale manteneva il titolo di regina consorte solo di nome, e di fatto diventava una sorta di viceregina, una funzionaria dell'Aragona. La Sicilia avrebbe avuto allora le energie per resistere a quella che, né più né meno, era la perdita dell'indipendenza, quanto meno di quella esterna. Ma la maggior parte dei baroni, ancora una volta, preferì avere un re debole e lontano, che legittimasse il loro potere interno, piuttosto che uno ingombrante a loro più vicino. In maniera disgiunta, uno dopo l'altro, i più importanti baroni presero la nave e andarono a giurare fedeltà a Barcellona al nuovo signore. A Bianca non restò che accettare il fatto compiuto.
Ferdinando però non era contento di essere re soltanto di nome della Sicilia. Per iniziare a "stringere d'assedio" l'ultima sovrana di Sicilia, nel 1414 manda a Palermo una commissione di quattro "vicegerenti" a rappresentarlo, in pratica per commissariarla, mentre lei risiedeva più

spesso a Messina, e in pratica per svuotarla di ogni potere. Alla fin fine Bianca, che peraltro doveva ereditare il Regno di Navarra, non era stata altro che una regina consorte, e non le restò che riprendere la via per la Spagna. Al suo posto, per placare i sentimenti quanto meno autonomisti dei Siciliani, che ancora non avrebbero accettato di farsi governare da un funzionario qualunque, inviò – sempre come vicario – il secondogenito, Giovanni di Peñafiel, colui che un giorno sarebbe diventato marito di Bianca. Un'ambasceria siciliana, infatti, già all'incoronazione di Ferdinando pose espressamente la domanda, irricevibile dal punto di vista aragonese, che fosse riconosciuto re di Sicilia Federico de Luna, figlio naturale di Martino I; in subordine che Giovanni di Peñafiel fosse riconosciuto come re, in modo che la Sicilia restasse indipendente. La promessa, poi mantenuta, di mandarlo come vicario, in qualche modo placò gli animi e non fece ritenere inutile l'ambasceria, ma in tal modo si ribadiva l'unione personale tra le due corone.

Da questo momento in poi, quindi, non seguiremo più, se non per grandi linee e per ciò che riguarda la Sicilia, le vicende personali, familiari, dinastiche, politico-generali, delle corone cui la Sicilia fu legata. Questa storia, infatti, non appartiene più specificamente alla Sicilia e ci condurrebbe troppo lontano.

Ferdinando, intanto, se è vero che ancora non governava direttamente la lontana Sicilia, affidata in tutto e per tutto a suo figlio Giovanni, per un certo verso la attirava più strettamente nell'orbita aragonese. Giovanni era un vicario reale, quasi un re, come ce n'erano stati in passato, come ad esempio Federico III ai tempi di re Giacomo. I Siciliani avevano almeno l'illusione di una piena indipendenza.

L'unica riforma legislativa duratura di Ferdinando I, a tutela dei cespiti del patrimonio regio, più volte nel passato oggetto di usurpazioni, fu la creazione di un ministero speciale, chiamato "Conservatoria del Real Patrimonio". Di tutti gli uffici del Regno di Sicilia, questo sarebbe stato

il più longevo, giacché arrivò sino al 1844, quando la sua importanza era però già decaduta da tempo.
I Siciliani, e in particolare i Messinesi, hanno l'ardire di chiedere comunque a Giovanni, già insediato come vicario, di accettare la corona di Sicilia. Richiesta troppo prematura: Giovanni, molto forse, avrebbe potuto insorgere contro il fratello maggiore, come aveva fatto Federico III 120 anni prima circa, ma non certo contro il padre. L'unica cosa che ottennero fu quella di far spaventare gli Aragonesi, che presero sul serio da quel momento in poi l'indipendentismo siciliano e adottarono le dovute contromisure. E comunque i tempi erano cambiati: Giovanni non era Federico, nulla lo legava in particolare a una terra che conosceva da un anno a malapena, l'Aragona non stava certo svendendo la Sicilia agli Angioini come aveva tentato di fare re Giacomo più di 100 anni prima, mettersi contro una potenza ormai consolidata come l'Aragona non era poi così semplice, ma soprattutto lo spirito del Vespro, dopo più di un secolo di peste, guerre civili, anarchia baronale, restaurazione regia, due ondate di feudalizzazione catalana, e tanta delusione accumulata, si era in gran parte spento. Il partito indipendentista rappresentava ormai solo una frazione della classe dirigente. Giovanni non avrebbe avuto in ogni caso alcun vantaggio a macchiarsi di fellonia.
Nel 1416 Ferdinando I muore, senza ancora avere realmente inglobato la Sicilia tra i possedimenti catalani, ma il processo era avviato, e doveva solo consolidarsi negli anni a venire.

Gli succede il figlio Alfonso, passato alla storia con il nome di "*Il Magnanimo*", per il suo orientamento umanistico, il quale avrà per l'Italia un'attrazione tale da fare di lui più un re italiano che iberico.
Tra i primi provvedimenti di Alfonso, che non aveva fiducia fino in fondo sul fratello Giovanni, fu quello di richiamarlo a Barcellona, promettendogli la mano di Bianca, già erede del Regno di Navarra.

Decise di inviare al suo posto due suoi rappresentanti (Ram e Cardona) a governare la Sicilia con il nuovo titolo di "Viceré"; era il 1416. Per la Sicilia iniziava la lunga era della semi-indipendenza in unione personale con altre monarchie. Per mano del fratello, al fine di indorare la pillola di questa discesa di livello per la Sicilia, giurò fedeltà alle Costituzioni, Capitoli, privilegi, libertà, immunità del Regno. Si fece giurare, sempre per mezzo di questo, fedeltà dai principali baroni a uno a uno senza convocare il Parlamento, cui spettava l'acclamazione del nuovo re, vista l'ancora incerta linea di successione per la Sicilia; segno questo che Alfonso temeva che un legittimo Parlamento avrebbe potuto acclamare un altro re. Cominciava la lunga serie di "quasi-incoronazioni", per corrispondenza, nelle quali l'indipendentismo siciliano valeva almeno a salvare la sovranità interna del Regno. Altro risultato nazionale fu quello di riservare tutti, o quasi, gli uffici del Regno ai regnicoli siciliani.
All'inizio, però, il Governo viceregio non era ben istituzionalizzato, sembrava ancora provvisorio. Spesso non era singolo, ma costituito da una coppia, oppure una terna, o addirittura una quaterna di inviati. Non aveva ancora poteri pieni. Doveva consultarsi con il monarca per le decisioni più importanti. I viceré non potevano nominare i più importanti ufficiali del Regno, né concedere beni feudali o "burgensatici" oltre soglie minime di rilevanza. Per qualche breve intervallo, al posto dei viceré, dei cui atti di governo in verità sappiamo poco, si trovò a governare la Sicilia l'infante Pietro, fratello di Alfonso, spesso durante le guerre per la conquiste del Regno di Napoli. Ma in ogni caso Alfonso curò in prima persona gli affari del Regno. Alcuni dei viceré di epoca alfonsina erano siciliani, non catalani, tratti da un ceto di piccola nobiltà di toga, borghesi e legulei nobilitati, nucleo di curiali che allora reggeva lo Stato di Sicilia. Insomma, in un certo senso Alfonso potrebbe essere definito l'ultimo vero re di Sicilia, in quanto ultimo a occuparsi direttamente delle questioni del Regno prima del viceregno "vero e proprio", iniziato in realtà soltanto dopo di lui.

I fatti politici della corona alfonsina riguardano ora la storia di Sicilia solo incidentalmente, per il fatto che la Sicilia partecipò tanto alle guerre quanto all'attività diplomatica del grande sovrano, ma non certo in posizione dominante. Ricordiamo appena che la regina Giovanna II di Napoli, una degli ultimi sovrani angioini, chiede aiuto ad Alfonso per mantenere il trono di Napoli, promettendogli l'adozione (e quindi la successione) e intanto, subito, il Ducato di Calabria che veniva annesso alla Sicilia. Alfonso interviene a favore della regina, ma dopo pochi anni (1423) questa ricusa l'accordo. Ne nasce una lunga guerra in cui l'Aragona-Sicilia lotta per la conquista del regno meridionale italiano. Guerra con fasi alterne, durante la quale Alfonso è preso prigioniero, tradotto nel Ducato di Milano, che però poi si trasforma nel migliore alleato di Alfonso, nell'ottica di spartirsi l'Italia. Nel 1442, infine, Alfonso entra a Napoli, che fa sede della sua corona mediterranea fino alla morte, lasciando il fratello Giovanni vicario nelle corone spagnole, e la Sicilia sempre amministrata dai governi parlamentari e viceregi. Dopo di che si ingerisce, in verità senza troppo successo, nella politica degli stati italiani, pervenendo infine a quella Pace di Lodi (1455) che segnerà per un quarantennio circa pace ed equilibrio nella Penisola. Il Regno di Napoli, in questo frangente, diventa uno dei cinque stati italiani garanti della concordia (insieme al Ducato di Milano, alle Repubbliche di Venezia e Firenze, e allo Stato della Chiesa).

Alfonso per qualche anno si stabilì in Sicilia (1421 e 1432-35), dove riorganizzò il regno, con una politica accorta di concessioni e restrizioni, sempre all'insegna di una grande intelligenza politica. Nel 1433 presiedette egli stesso il Parlamento, senza l'intermediazione viceregia. Durante il suo soggiorno in Sicilia fondamentalmente ne fece base per il suo grande disegno, la conquista del traballante Regno di Napoli e infatti istituì una curiosa carica nella vacanza di quella viceregia, che in sua presenza non avrebbe avuto molto senso: i "Presidenti del Regno". Questi gestivano appena l'ordinaria amministrazione, dovendosi

rivolgere a lui per ogni altra cosa e non potendo neanche convocare il Parlamento. Ma erano necessari giacché, anche quando presente in Sicilia, non poteva essere sua principale preoccupazione l'amministrazione della Sicilia, che era solo uno dei tanti regni, e per di più nel corso di operazioni militari. Dopo di ciò questa carica sarà usata anche per tamponare brevi vacanze nell'ufficio del viceré, su indicazione dello stesso che designava un "presidente" come sostituto, quasi sempre l'arcivescovo di Palermo. In caso di morte improvvisa o di sostituzione senza aver nominato il sostituto, assumeva invece la presidenza del Regno il Gran Giustiziere, assistito dal Sacro Regio Consiglio, come era nella prassi costituzionale dello Stato sin dai più antichi tempi. Durante la sua permanenza in Sicilia dotò l'Isola della sua prima università: l'Università degli Studi di Catania (del 1440 la bolla papale), quel "*Siculorum Gymnasium*" da cui sarebbero usciti i laureati in legge necessari per la giustizia e per la burocrazia dello Stato, imprimendo così una svolta innovativa alle strutture ancora medievali della vecchia amministrazione. L'Università fu dotata anche della Facoltà di Medicina, per emanciparsi dalla più lontana Salerno. Tra le innovazioni del re i "Capitoli del Protomedicato", con cui si riorganizzavano gli uffici sanitari (1429); all'invenzione della stampa questi capitoli sarebbero stati pubblicati da uno dei più noti protomedici del Regno, lo studioso di veterinaria Gian Filippo Ingrassia, nel 1504. Il protomedico rilasciava le licenze per l'esercizio della professione medica, sovrintendeva alla salute nel Regno, autorizzava gli uffici di "salassatore" (una sorta di infermiere), levatrice, aromatario (farmacista). Altra importante riforma, fu la riorganizzazione di tutta la procedura, civile e criminale (1446), con Capitoli che sarebbero arrivati praticamente alle soglie dell'Età contemporanea.
Favorì molto i commercianti italiani in Sicilia, specie i pisani, più che gli autoctoni, segnando involontariamente una divisione del lavoro in cui

all'Isola toccava soprattutto il settore primario, peraltro allora importantissimo.
Alfonso trovò il tempo di riprendere la politica "africana" del Regno di Sicilia, esercitando pressioni e organizzando spedizioni sul vicino regno di Tunisi. Questa politica, però, continuata peraltro dai suoi successori, si rivelò ben povera di frutti, in termini di conquiste stabili, anche perché ormai il Mediterraneo era segnato da una presenza ottomana, e islamica in generale, sempre più soverchiante. Non mancarono tregue o altri tipi di attività diplomatiche, gestite direttamente dai viceré, come quella con Tunisi del 1438.
Nel 1430 la quieta Sicilia ha un sussulto indipendentista. Il figlio naturale di re Martino, Federico de Luna, appoggia la Castiglia contro l'Aragona, e trova alcuni sostegni nella feudalità siciliana di origine "latina" che non aveva ancora del tutto rinunciato ad avere un proprio re. L'azione di Federico fu sventata, e finì i suoi giorni emarginato, senza dare peraltro discendenza stabile all'ultima casa regnante propria di Sicilia.
Nel 1442 – come abbiamo detto – Alfonso entrò in Napoli, ma non per questo fu stravolto il Trattato concluso nel 1372 tra i due regni. Fino ad allora il Regno di Sicilia, nella sola corrispondenza con il papa, doveva ancora usare il titolo umiliante di "Re di Trinacria". Da questo momento in poi Alfonso legittima, per entrambi i Regni, l'uso del termine "Re di Sicilia", ma poiché la Sicilia vera era quella insulare, il Regno di Sicilia "al di qua del Faro" (la Sicilia propria teoricamente ora era "Regno di Sicilia al di là del Faro") cominciò ufficiosamente anche ad essere chiamato "Regno di Napoli", anche in via amministrativa. Per giustificare questa dualità, prese il titolo di "Rex utriuque Siciliae" (cioè Re di entrambe le Sicilie, ovvero dei due regni distinti). Falso storico, quindi, che Alfonso abbia creato il "Regno delle Due Sicilie", mentre è vero proprio il contrario, e cioè che Alfonso mantenne la dualità delle corone e degli stati, solo incidentalmente riuniti sotto la sua persona. La Sicilia non guadagnò moltissimo da questa conquista, a dire il vero.

Alfonso, infatti, pose a Napoli la sua reggia, da cui controllava il suo impero Mediterraneo, e come abbiamo visto entrò nel gioco degli stati italiani e si comportò come vero sovrano italiano, facendo di Napoli una grande capitale dell'Umanesimo. Non restituì alla Sicilia nemmeno le Isole Eolie, retrocesse nel trattato del 1372 a Napoli, e forse fu tanto se il Regno di Sicilia mantenne nome e stato, con tanto di istituzioni parlamentari, mentre a Napoli Alfonso poteva tranquillamente governare in modo assoluto. In Sicilia continuavano ad essere inviati viceré, ma Alfonso da Napoli continuò ad occuparsi in prima persona anche degli affari del regno insulare. A Napoli la cancelleria alfonsina scelse di affiancare al latino per la prima volta il volgare toscano nel quadro della politica italiana del sovrano. In Sicilia, che già dal secolo precedente aveva adottato il siciliano come lingua propria, invece non cambiò nulla, anche se una certa influenza dell'italiano cancelleresco sul siciliano quattrocentesco è innegabile.
Da notare che nel 1443 ottenne dal papa l'investitura di Napoli, come feudo pontificio, mentre la Sicilia non solo restò del tutto indipendente, ma vide esercitare con nuovo vigore la piena autonomia ecclesiastica garantita dall'apostolica legazìa. Anche i riti religiosi erano diversi tra Napoli e Sicilia (a parte i bizantini uniati, diffusi tanto in Calabria quanto nel Val Demone): a Napoli il messale era quello romano, in Sicilia era quello gallicano, già introdotto dai Normanni secoli prima alla loro venuta (e tale differenza sarebbe rimasta sino al Concilio di Trento, nel XVI secolo).
Il Parlamento del 1446 introduce per la prima volta un donativo specifico per il viceré, oltre a quello ormai comune per il re, cioè per lo Stato.
La Sicilia alfonsina sembrava in superficie pacificata, con un buon equilibrio di poteri tra Corona e Parlamento, tra Città e Feudi, con un rinnovato vigore della legge e senza più alcun rigurgito di quell'anarchia feudale che aveva rovinato il regno indipendente un secolo prima. Ma

la malapianta doveva essere ancora piuttosto forte nella Sicilia profonda. E così sarebbe rimasta almeno per tutto il secolo. Significativi in tal senso i primi "Fatti di Sciacca" del 1455, consistenti in una vera e propria faida tra le famiglie dei Perollo e dei De Luna. Dovette intervenire il re, con la confisca dei beni e il bando per i responsabili, per riportare almeno una parvenza di ordine. Così pure non fu facilissima la vita dei viceré, spesso rimossi non perché non avevano tutelato gli interessi del Regno (non mancavano atti di vero e proprio servilismo verso l'Aragona infatti), ma perché avevano toccato qualche privilegio baronale. Ma, almeno fino a che fu re Alfonso, la presenza del re si faceva sentire a riequilibrare queste spinte anarchiche.
Negli ultimi anni non cambio più viceré, lasciando sempre l'abile e fidato Lopes ovvero Lupo Ximenes de Urrea, il quale, un po' perché uomo politico di prim'ordine nella monarchia alfonsina, un po' perché richiamato a Napoli per ricevere disposizioni, si servì più volte, per l'ordinaria amministrazione, di "Presidenti del Regno" lasciati in sua vece nelle brevi assenze.

Alla sua morte, nel 1458, i due Regni di Sicilia presero nuovamente a dividersi: Napoli fu lasciata al figlio naturale Ferdinando; tutte le altre corone, Sicilia inclusa, al fratello Giovanni, colui che in gioventù era stato vicario in Sicilia, e che già da tempo era suo vicario a Barcellona.
Il Parlamento di Sicilia chiede subito a Giovanni che Carlo, figlio di primo letto del re e di Bianca di Navarra, fosse nominato vicario per la Sicilia, e che per il futuro i viceré dovessero essere sempre i primogeniti dei sovrani. La presenza vicina di Alfonso aveva fatto rinviare la richiesta del re proprio, ma il rapporto tra Aragona e Sicilia era rimasto ancora piuttosto confuso, quasi da semplice unione personale delle corone.
Giovanni, conoscendo bene e personalmente le non sopite aspirazione nazionali dei Siciliani, ebbe paura di questa richiesta, temendo che il

figlio, al quale naturalmente spettava la Navarra ereditata dalla madre Bianca, non finisse per essere acclamato re di Sicilia, e pensò di sistemare una volta e per tutte la Questione Siciliana. Per sciogliere questa contraddizione operò una riforma costituzionale, nel 1460. Fu proclamata l'*Unione Perpetua* tra le corone di Aragona e Sicilia, in pratica la perdita dell'indipendenza esterna dello Stato di Sicilia, sino ad allora unito sì all'Aragona, ma teoricamente in unione personale reversibile. Non doveva essere però poi così sicuro re Giovanni di questa unione se, già nel 1464, chiese al Parlamento siciliano di riconoscere come erede al trono il figlio Ferdinando, avuto dal suo secondo matrimonio. A questa riforma aggiunse la figura del "Viceré proprietario": non più siciliano, nominato stabilmente con un mandato di tre anni (in teoria, quanto prese a durare la legislazione parlamentare, ormai più regolare, ma spesso prorogato), dotato di tutti i poteri del re. In pratica da questo momento in poi i sovrani si disinteressano delle vicende interne dello Stato siciliano. E questi provvedimenti servivano per tenere la Sicilia "eternamente" unita all'Aragona. Per contro, però, al suo interno, lo Stato di Sicilia è lasciato nella più piena indipendenza. Il Parlamento sarebbe stato convocato con regolarità ogni tre anni, stabilmente formato da tre Camere o Bracci: Militare, in rappresentanza dei feudi laici, Ecclesiastico, in rappresentanza dei feudi ecclesiastici (abbazie) e dell'episcopato, e Demaniale, in rappresentanza dei liberi comuni o città demaniali, cioè i 42 centri più importanti del Regno. Tra una convocazione e l'altra, il Parlamento siede in permanenza per mezzo di una Deputazione del Regno di 12 componenti (4 per ogni Braccio), alla quale è delegata tutta la riscossione delle imposte dirette (sottratta al Governo Viceregio, che può amministrare direttamente solo quelle indirette, o gabelle). Più correttamente va detto che sotto Giovanni si cristallizzano prassi che si erano andate via via formando sotto il regno del fratello, come appunto quella della Deputazione. Le imposte dirette, introdotte come strumento di finanza straordinaria sotto i re normanni e svevi (da cui il nome storico di "donativi" per esigenze speciali del Regno che assunsero ora al posto delle vecchie "collette"), diventarono la norma nel periodo della dinastia Aragona, e, poco a poco, sarebbero diventati la fonte più importante della finanza statale, oltre alle vecchie gabelle che, per motivi ideologici, il Vespro aveva dovuto ridurre a quelle "antiche" (cioè vigenti ai tempi di Guglielmo il Buono, abrogando quelle istituite da Federico Imperatore). Col tempo il Parlamento di Sicilia avrebbe votato senza condizioni il donativo ordinario, teoricamente sempre un "dono" e quindi per questo votato dal Parlamento, mentre quello straordinario era oggetto di una vera e propria trattativa con la Corona, in cambio del placet regio sui Capitoli (cioè leggi) votati dal Parlamento. Non a caso le leggi capitolari erano chiamate "*pactatae*", cioè concordate tra Re e Parlamento. In tal modo il Parlamento di Sicilia esercitava già, in maniera assai precoce, le funzioni finanziarie e legislative tipiche dei moderni parlamenti. Tutte le magistrature del regno, civili, penali, ecclesiastiche, amministrative, contabili, rigorosamente riservate a regnicoli, con incarichi lunghi, quando non a vita. I più importanti dei quali sono dati dal Sacro Regio Consiglio che attornia (o condiziona?) il Viceré nelle decisioni di ogni giorno. La legislazione diventa ormai stabilmente "capitolare", cioè votata dal Parlamento, con il placet regio, ad ogni richiesta triennale di donativi, ma le antiche "Costituzioni" (votate dai Parlamenti su proposta regia) non perdono vigore, anzi costituiscono il cuore del diritto siculo, insieme all'eterno diritto romano come base del diritto civile. Al di sotto di queste leggi troviamo le *prammatiche*, regie e viceregie, o i dispacci regi. Ma questa legislazione, di secondo livello, è pure soggetta a sindacato di legittimità da parte delle magistrature del Regno. Il Viceré non può emettere prammatiche in contrapposizione alle leggi capitolari votate dai Parlamenti. Il Re invece può, ma queste sono soggette comunque a un sindacato di costituzionalità da parte della Magna Curia dei Maestri Razionali, che ha il potere di dare "esecutoria" (cioè efficacia) nel Regno per ogni atto del Re. La cittadinanza, infine, può essere attribuita a forestieri solo dal Parlamento, e spesso questo privilegio era ad esempio accordato ai viceré che intendevano naturalizzarsi per mezzo di matrimoni o acquisto di feudi in Sicilia.

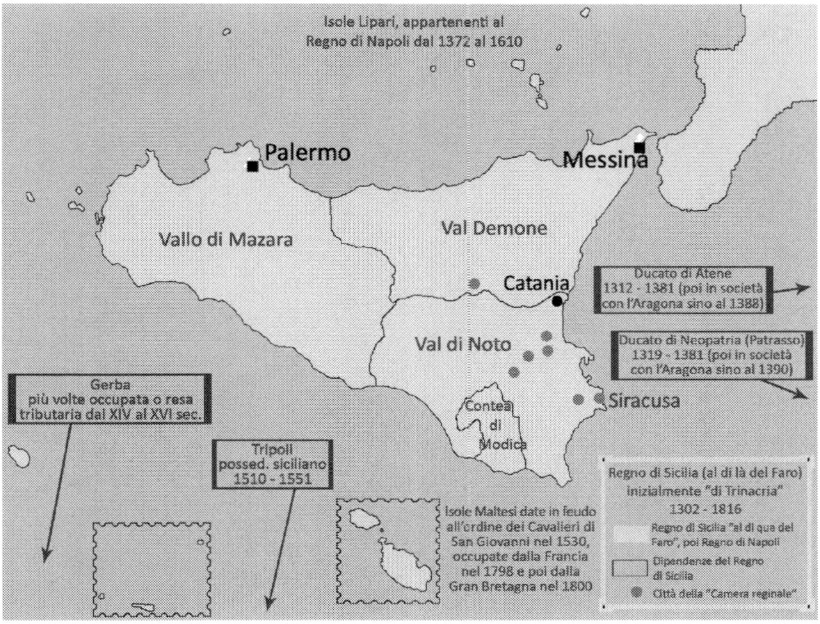

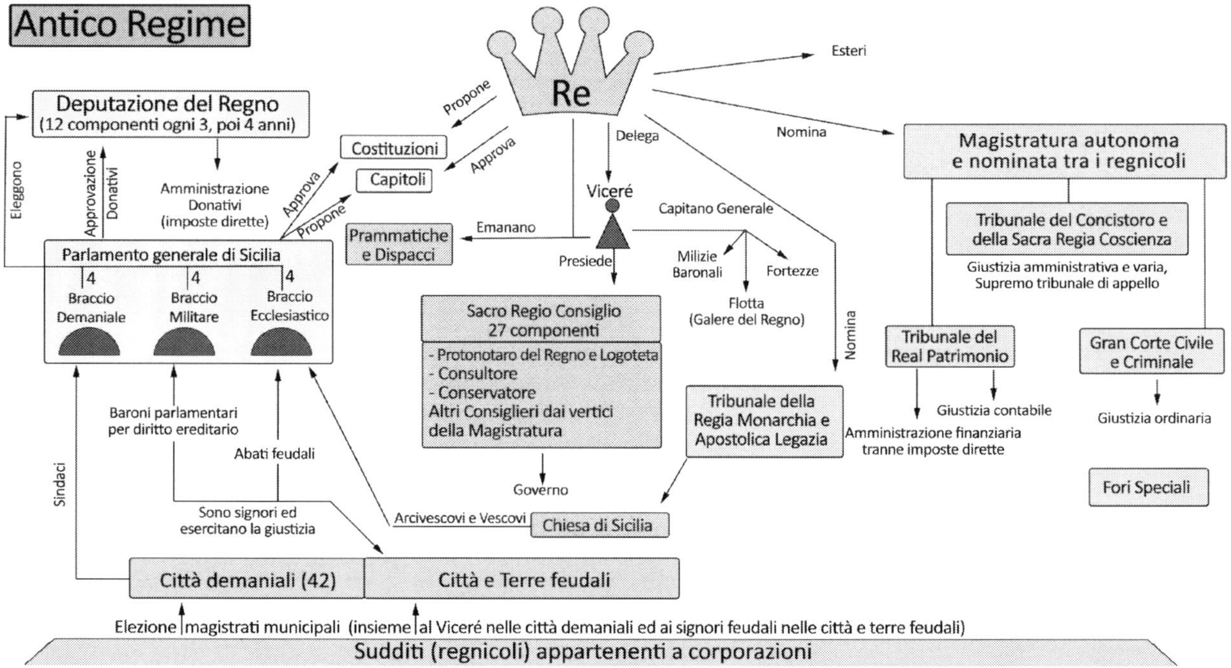
Antico Regime
Re
Esteri
Nomina
Propone
Approva
Delega
Viceré
Capitano Generale
Emanano
Presiede
Milizie Baronali
Fortezze
Flotta (Galere del Regno)
Nomina
Magistratura autonoma e nominata tra i regnicoli
Tribunale del Concistoro e della Sacra Regia Coscienza
Giustizia amministrativa e varia, Supremo tribunale di appello
Tribunale del Real Patrimonio
Giustizia contabile
Amministrazione finanziaria tranne imposte dirette
Gran Corte Civile e Criminale
Giustizia ordinaria
Fori Speciali
Deputazione del Regno
(12 componenti ogni 3, poi 4 anni)
Eleggono
Approvazione Donativi
Amministrazione Donativi (imposte dirette)
Costituzioni
Capitoli
Approva
Propone
Prammatiche e Dispacci
Parlamento generale di Sicilia
4
Braccio Demaniale
4
Braccio Militare
4
Braccio Ecclesiastico
Sacro Regio Consiglio
27 componenti
- Protonotaro del Regno e Logoteta
- Consultore
- Conservatore
Altri Consiglieri dai vertici della Magistratura
Tribunale della Regia Monarchia e Apostolica Legazia
Governo
Chiesa di Sicilia
Arcivescovi e Vescovi
Baroni parlamentari per diritto ereditario
Abati feudali
Sono signori ed esercitano la giustizia
Sindaci
Città demaniali (42)
Città e Terre feudali
Elezione magistrati municipali (insieme al Viceré nelle città demaniali ed ai signori feudali nelle città e terre feudali)
Sudditi (regnicoli) appartenenti a corporazioni

Lo sviluppo precoce di una finanza parlamentare comporta la necessità di distribuire il donativo in base grosso modo alla capacità contributiva, e quindi si porta dietro l'esigenza di sviluppare veri e propri censimenti. La Sicilia, in questo, ha un vero e proprio primato, con censimenti, a fini fiscali/feudali che datano dallo sbarco normanno, quando già erano comuni le "platee", cioè le descrizioni delle terre con gli abitanti, in particolare i villani, che sulle stesse insistono. Nei secoli questa tecnica si affina sempre più e trova impulso formidabile nel meccanismo finanziario dei donativi parlamentari. Sta di fatto che, già dal 1501, la Sicilia ha il suo primo censimento generale, seguito dal secondo nel 1548, e poi via via nel tempo in maniera sempre più frequente, sviluppando una vera e propria tradizione statistica nazionale.

La Sicilia ha anche moneta propria, coniata dalla zecca di Messina, flotta propria, è un vero stato a sé. In una parola non un centesimo di tributi siciliani vanno all'Aragona, se non per qualche ben specifica esigenza militare, votata dal Parlamento, non una legge catalana si applica in Sicilia, non un ufficio (al di fuori di quello di viceré) poteva essere affidato a chi siciliano non era.

In una parola, per garantirsi la fedeltà del Regno in politica estera, Giovanni stava letteralmente regalando lo Stato di Sicilia ai baroni, trasformandolo di fatto in una sorta di repubblica baronale, con la partecipazione subalterna delle oligarchie "borgesi" dei principali centri urbani.

Ciò, nel lungo termine, avrebbe risparmiato alla Sicilia ogni forma di sfruttamento esterno coloniale. La mancanza di politica estera propria avrebbe favorito un periodo lungo di sostanziale pace (magari mentre il re combatteva guerre lontane, chiedendo qualche aiuto alle milizie baronali del

Regno), e quindi una crescita economica sostanziale, una crescita demografica che avrebbe inaugurato un periodo di colonizzazione interna e di creazione di nuovi insediamenti, tutti feudali.

Per contro, però, la mancanza di un vero re e di una vera corte propria (il viceré restava sempre una figura assai debole), impediva la tutela nel lungo termine di un interesse nazionale, favoriva il particolarismo municipale, ostacolava l'innovazione (a parte poche grandi riforme promosse direttamente dalla Corona), e avrebbe favorito, sui lunghi tempi, l'immobilismo nei privilegi.

Il viceré, già dall'invio dei primi vicegerenti da parte di Ferdinando I, prese a risiedere sempre più spesso a Palermo, dopo il relativo declino dell'epoca indipendente, quando i Chiaramonte avevano quasi cacciato i re dalla capitale. Dall'epoca di re Giovanni questo primato si fa praticamente irreversibile, ma il viceré non manca mai di girare il Regno e, per assecondare un po' il municipalismo delle altre due con-capitali, risiedeva per alcun tempo a Messina, e più raramente a Catania. Municipalismo che non viene mai del tutto stroncato dalla corona iberica, che doveva conoscere bene il motto romano del *divide et impera.*

L'effetto congiunto della perdita dell'indipendenza e della riforma di re Giovanni sarebbe stato quindi nel complesso deleterio per la Nazione siciliana, lentamente regredita in un provincialismo autoreferenziale.

In questo contesto si rilevano sempre più frequenti episodi di intolleranza verso l'unica minoranza ancora presente in Sicilia: gli ebrei. Nel 1474 si scatena il primo barbaro pogrom contro di loro. Durante il regno di Giovanni, tuttavia, la loro sopravvivenza non sembra minacciata e nel complesso i

Siciliani, a parte alcuni specifici episodi, restano molto legati a questa componente etnica che viveva in pace in Sicilia praticamente da sempre.
Per gran parte del Regno di Giovanni fu viceré sempre lo Ximenes de Urrea che già lo era stato con Alfonso. Questi godeva davvero di un'ampia delega anche di poteri di rappresentanza estera da parte di re Giovanni e, negli ultimi anni di vita di questo, quando già cieco si era affiancato al figlio Ferdinando, anche da quest'ultimo. La Sicilia aveva quindi allora una sua piccola politica estera, sia nei rapporti con gli stati italiani, sia nelle guerre contro l'Impero Ottomano, che avanzava minacciosamente, sia nella lotta contro i pirati magrebini, che infestavano le coste della Sicilia già sin dall'inizio del secolo, alternate a tregue e trattati con il sovrano di Tunisi, stipulate proprio dalla Sicilia e non dall'Aragona. In tutto questo il viceré si muoveva perciò come capo di un vero stato sovrano sia pure all'interno di un quadro di direttive ricevute dal re d'Aragona.
Alla morte di Giovanni, nel 1479, succede Ferdinando II, detto il Cattolico.

Ferdinando II regnò (anche) in Sicilia dal 1479 al 1516. In questa fase stiamo parlando ormai della trasformazione della vecchia monarchia aragonese in una nuova potenza universale. Ferdinando sposò Isabella di Castiglia, ed insieme cacciarono gli arabi dall'ultimo lembo di terra posseduto in Andalusia, il Regno di Granada (1481-1492). Aragona e Castiglia si sarebbero lentamente integrate in una nuova grande potenza mondiale: la Spagna. Ma la vera svolta sarebbe stata la scoperta dell'America (1492) e l'apertura delle rotte oceaniche, oltre alla conquista del Nuovo Mondo, sancita dalla spartizione con il

Portogallo nel Trattato di Tordesillas (1494). Certamente, alla morte di Ferdinando, tutto questo processo era soltanto alle sue fasi iniziali. Ma tanto bastava perché la piccola Sicilia, trattata sempre con il riguardo di una Nazione parlamentare che spontaneamente si era aggregata alla Spagna, era "socia" sì di questo grande impero, ma socia di minima minoranza: una piccola terra in uno smisurato impero. Normale che re Ferdinando considerasse la Sicilia soltanto una retroguardia i cui baroni dovevano essere sempre ben trattati, per non aver noie, ma poi se ne disinteressò quasi del tutto.

Continuò la politica di pressione contro le coste barbaresche, cui si aggregò la Sicilia. Approfittò infine della crisi finale del Regno di Napoli, prima per progettare una spartizione con i Francesi nel Trattato di Granada (1500), e poi per impossessarsene del tutto, trasformandolo in un viceregno, come già erano Sicilia e Sardegna (1504). È interessante notare come, per la prima volta, nel Trattato di Granada, i Francesi, nell'accettare un Regno di Napoli ridotto (il Ducato di Puglia e Calabria sarebbe dovuto tornare appendice della Sicilia), lo definirono proprio così in modo ufficiale, e non più "Regno di Sicilia citra pharum" (anche perché ormai questo regno sarebbe finito ben prima del "Faro"). Così Luigi XII si fece coronare "Re di Napoli", dando compimento a un processo che già era iniziato con Carlo d'Angiò. Quando poco dopo gli Aragonesi si impossessarono di Napoli non cambiarono nome, restando da allora in poi soltanto "Re di Napoli", ed usando i sovrani spagnoli il vecchio titolo alfonsino di *rex utriusque Siciliae* solo per qualche solenne iscrizione od occasione.

Notevole, in questo periodo, la nascita a Palermo (1500) del primo Monte di Pietà, con finalità specificamente sociali e umanitarie.

L'unico intervento personale del re sulla Sicilia riguardò la politica religiosa. I Siciliani, nel loro Stato, avrebbero potuto fare ciò che volevano, ma dovettero introdurre l'Inquisizione Spagnola, con i suoi truci "autos da fé", ed espellere gli Ebrei (1493), allora più di 100.000 in Sicilia. Su questo, nonostante l'opposizione coraggiosa del Senato del Comune di Palermo, e la generale integrazione che caratterizzava gli ebreo-siculi, la volontà del re fu inamovibile. L'espulsione degli Ebrei diede un colpo formidabile all'economia siciliana. Siciliani da sempre, gli Ebrei tenevano gran parte del commercio indigeno, dopo di loro sequestrato dalle "nazioni italiane" del Centro-Nord Italia. Vi è pure da dire che un numero imprecisato, ma certamente molto numeroso, di ebrei, riuscì a restare facendosi o fingendosi cristiano, e mescolandosi con la popolazione locale.

L'Inquisizione Spagnola fu introdotta nel 1487; nel 1506 i palermitani attoniti dovettero assistere al primo rogo pubblico; la sua amministrazione con un tribunale stabile si sarebbe compiuta solo nel 1513. Questo tribunale aveva un'amministrazione "mostruosa" da un punto di vista giuridico, fuori dall'ordinamento giuridico del Regno, soggetta a sue leggi e in condizioni di immunità sovranazionale, ma soprattutto introduceva un clima retrivo di terrore e di conformismo in tutto il Paese.

Per un popolo che va uno che viene. La Sicilia del secondo Quattrocento accoglie migliaia di Albanesi e Greci dell'Epiro in fuga dall'avanzata ottomana. Dal 1448 al 1534 questi si installano in diversi centri dell'interno, e fondano comunità, alle quali è consentito di mantenere il rito ortodosso (ma non la confessione) sotto la supervisione della ancora florida Chiesa greca basiliana del Valdemone, guidata

dall'Archimandrita di Messina, peraltro con seggio di diritto in Parlamento alla pari degli altri vescovi (tutti latini) dell'Isola. In alcuni centri, dove la concentrazione di albanesi era massima, la comunità ha conservato la lingua sino ai giorni nostri.
Un tentativo del procuratore fiscale di verificare i titoli con cui i baroni detenevano i loro feudi, sotto il viceregno del Cardona (1508), ebbe come unico esito una rivolta baronale e, alla fine, la rimozione e sostituzione dello stesso viceré. Non essendo un re siciliano, alla fine, Ferdinando finiva per sconfessare, almeno in parte, i suoi stessi ufficiali che volenterosamente avrebbero inteso ristabilire i diritti dello Stato, della legge, rispetto ad abusi che risalivano alle terribili guerre civili di fine Trecento. Ancora una volta la mancanza di una dinastia propria si rivelava un ostacolo a un normale sviluppo della Nazione, che pure, tra alti e bassi, si avviava lentamente ad entrare nell'era moderna.
Al posto del Cardona fu inviato Ugo Moncada (1509), il quale, primo tra i viceré, assunse anche il titolo di "Capitano generale del Regno". La concentrazione del potere militare, oltre che di quello civile, direttamente nelle mani del viceré si rendeva indispensabile giacché la Sicilia ormai era diventata un avamposto nella lotta contro gli Ottomani. Già la Sicilia aveva aiutato, inutilmente in verità, la Repubblica di Venezia nella difesa di "Negroponte" (l'odierna isola di Eubea in Grecia), e poi Napoli durante la breve occupazione turca di Otranto (1480/81). Ora aiutava l'Aragona nella "reconquista" del Nordafrica.
Nel 1510 è espugnata Tripoli, che Ferdinando assegna proprio al Regno di Sicilia. Lo stesso Moncada si trasferisce per qualche tempo a Tripoli per fortificarla.

I suoi metodi dispotici, tuttavia, non risultarono graditi all'interno di un Regno ormai abituato alla forza delle leggi nazionali e del Parlamento.

Cronologia politica:

1412-1416 Ferdinando I (vicaria la regina Bianca di Navarra fino al 1415, Giovanni Trastàmara, il futuro re, dal 1415)

1416-1458 Alfonso (vicario Giovanni Trastàmara fino al 1416)

Viceré:

1416-1419 Domenico Ram e Antonio Cardona

1419-1421 Antonio Cardona, Ferdinando Velasti e Martino de Turribus

1421 Governo diretto di re Alfonso in Sicilia

1421-1422 Giovanni de Podio Nuchi, Arnaldo Ruggiero de Pallas e Niccolò Castagna

1422-1423 Giovanni de Podio Nuchi, Arnaldo Ruggiero de Pallas e Ferdinando Velasti

1423-1424 Niccolò Speciale

1424-1425 Pietro Trastàmara, "vicario" (fratello di Alfonso, non viceré)

1425-1429 Niccolò Speciale

1429-1430 Niccolò Speciale e Guglielmo Moncada

1430-1432 Giovanni Ventimiglia, Niccolò Speciale e Guglielmo Moncada

1432-1435 Pietro Felice e Adamo de Asmundo, "presidenti del regno" (presente re Alfonso in Sicilia)

1435 Pietro Trastàmara, vicario

1435 Ruggiero Paruta

1435 Antonio de Cardona, Adam de Asmundo, Leonardo di Bartolomeo e Battista Platamone, presidenti del Regno

1435 Pietro Trastàmara, vicario

1435-1438 Ruggiero Paruta e Battista Platamone

1438-1439 Ruggiero Paruta

1439-1440 Bernardo Requesens

1440-1441 Gilberto Centelles e Battista Platamone

1441-1443 Raimondo Perellos

1443-1445 Ximen de Urrea

1445-1458 Lopez o Lupo Ximenes de Urrea, sostituito talvolta dai seguenti "presidenti":

1446-1447 Antonio Rosso e Spadafora, presidente del Regno

1449 Collegio di 12 magistrati, congiuntamente presidenti

1450 Simone Bologna, presidente

1452 Antonio Rosso e Spadafora, presidente

1453-1455 Simone Bologna, presidente

1456-1457 Antonio Rosso e Spadafora, presidente

1458-1479 Giovanni

Viceré:

1458-1459 Lupo Ximenes de Urrea (in continuità)

1459-1462 Giovanni de Moncayo

1462-1463 Guglielmo Raimondo Moncada, presidente

1463-1465 Bernardo Requesens

1465-1475 Lupo Ximenes de Urrea (di nuovo)

1475 Giovanni Tommaso Moncada, presidente

1475-1477 Guglielmo Pujades e Guglielmo Peralta

1477-1479 Giovanni Cardona

1479-1516 Ferdinando II (associato al trono dal 1474)

Viceré:

1479 Giovanni Tommaso Moncada, presidente

1479-1484 Gaspare de Spes

1484-1485 Raimondo Santapau e Giovanni Valguarnera, presidenti

1485-1487 Gaspare de Spes

1487 Raimondo Santapau e Giuliano Centelles, presidenti

1487-1489 Giuliano Centelles, presidente

1489-1494 Ferdinando de Acugna

1494-1495 Giovanni Tommaso Moncada, presidente

1495-1506 Giovanni la Nuça

1506-1507 Giovanni Paternò, presidente

1507-1509 Raimondo de Cardona

1509 Giovanni Paternò e Guglielmo Raimondo Moncada, presidenti

1509-1512 Ugo de Moncada

1512-1513 Bernardino Bologna, presidente, vicepresidente Pietro Sanchez de Calatayud

1513-1516 Ugo de Moncada

Capitolo 5: La Dinastia Asburgo

La morte di Ferdinando II segnò l'inserimento della Sicilia, con i suoi ordinamenti interni praticamente immutati, in una formazione politica universale dai confini sterminati. Ferdinando d'Aragona e Isabella di Castiglia, infatti, avevano avuto come erede soltanto la figlia Giovanna, detta "La Pazza", sposata con Filippo d'Asburgo (che, essendo arrivato a regnare per breve tempo sulla sola Castiglia, passerà alla storia come Filippo I di Spagna), detto "Il Bello". Filippo apparteneva ad una dinastia tedesca, gli Asburgo, che poco a poco aveva acquistato una serie di domini feudali dinastici complessivamente conosciuti come Austria (in realtà l'arciducato d'Austria era solo il nucleo centrale di questi possedimenti) e la corona di Sacro Romano Imperatore, nel tempo molto indebolita e ridotta a una sorta di confederazione tra gli stati tedeschi, e quindi a una "presidenza elettiva" tra questi. Ma, nondimeno, ancora il potere centrale dell'Impero non era del tutto svanito, e Filippo il Bello per parte di padre ereditava la corona imperiale con l'Austria e i suoi possedimenti dinastici, tra cui Boemia e Ungheria, per parte di madre l'eredità "borgognona", cioè un gruppo di altri ricchissimi stati dell'Ovest dell'Impero, comprendenti gli odierni Paesi Bassi, Belgio, Lussemburgo e la Franca Contea un po' più a sud. Filippo il Bello però morì prima del suocero, e lasciò tutti i suoi possedimenti, oltre alla Castiglia, con le colonie americane, al figlio Carlo il quale, alla morte di nonno Ferdinando, ereditò pure le corone catalane, la Sicilia, la Sardegna e il Regno di Napoli, cui si sarebbero aggiunti il Ducato di Milano, acquisito nel 1535, e il piccolo stato toscano detto "dei Presìdi", nato dallo smembramento, tra Spagnoli e i Medici di Firenze, dell'antica Repubblica di Siena, nel 1557.

Carlo V (come Sacro Romano Imperatore) si trovava quindi non solo ad ereditare la Corona ormai molto indebolita che era stata dei Cesari e poi di Carlo Magno, ma di fatto ad essere signore di un impero universale che arrivava al Cile e che includeva mezza Europa. In suo nome la spedizione di Magellano fece la prima circumnavigazione del mondo. Fu un imperatore itinerante, il quarto imperatore d'Occidente a regnare "anche" sul Regno di Sicilia (dopo i tre Hohenstaufen Enrico VI, Federico II e Corrado IV), molto attento a tenere conto delle specificità infinite dei suoi molteplici domini.
La storia dell'Impero di Carlo, "su cui non tramontava mai il sole", non è riprendibile in questa sede. Basti dire che, sotto il suo dominio, fu costruito il grande impero coloniale nelle Americhe, sulle rovine degli imperi Azteco e Inca, e che, in Europa, fu preso da continue guerre su tre fronti: il Mediterraneo e l'Ungheria, dove doveva arrestare l'avanzata ottomana; la Germania, dove dovette barcamenarsi con la Riforma protestante di Lutero e la rivolta dei principi che aderirono alla stessa; la Francia di Francesco I, che costituì sempre il suo principale nemico. In questo quadro la piccola Sicilia, a parte mai dome pulsioni indipendentiste nelle sue élite, finisce per inquadrarsi con lealtà alla nuova dinastia nel ruolo di "antemurale" della Cristianità contro il "turco", in una vera lotta per la sopravvivenza, e infine nel ruolo di provincia del grande "impero cattolico", contro le nuove "eresie" protestanti che pure non mancarono di penetrare in Sicilia.

Per quanto possa sembrare incredibile re Carlo I (come re di Sicilia) trovò il tempo di occuparsi anche del piccolo stato insulare.
Gli inizi del suo regno furono segnati da una generalizzata rivolta, chiamata un po' esageratamente "I Nuovi Vespri", in cui il Viceré Moncada fu cacciato in malo modo da Palermo e dovette rifugiarsi

a Messina, mentre la Sicilia si dotava di un governo provvisorio. Temendo lo spirito ribelle dei Siciliani, il giovane Carlo venne loro incontro, ma riuscì abbastanza facilmente a ristabilire l'ordine con un nuovo governatore, non avendo al momento la piccola Sicilia alcuna reale alternativa di dotarsi di re proprio, e accontentandosi che almeno finisse l'arbitrio e l'estremo malgoverno del cessato viceré. Da notare che, per qualche tempo, non ristabilì la carica piena di "Viceré" proprietario ma si limitò a nominare un Luogotenente (un po' come i primi viceré alfonsini), quindi con minori poteri, ma poi tornò all'antico, dopo che questi sedò la rivolta dello Squarcialupo di cui diremo più sotto. Curiosamente sarebbe stato proprio il Moncada, dopo la cacciata, a rendere tributaria della Sicilia l'Isola di Gerba, con una spedizione fortunata del 1519.
Il regno di Carlo fu segnato all'inizio da una serie di rivolte e congiure dal cuore separatista, sebbene celate sotto il pretesto di restare fedeli alla corona ma pretendendo la rimozione dei viceré o di leggi inique. Il Cinquecento fu nel complesso un secolo di risveglio del nazionalismo siciliano. Dopo i "Nuovi Vespri" contro il Moncada fu la volta della congiura di Giovan Luca Squarcialupo (1517), più che altro una vendetta nei confronti del "partito" del cessato viceré, con venature libertarie e democratiche, e poi di quella, apertamente antispagnola, dei Fratelli Imperatore, che per liberare la Sicilia dalla corona di Spagna erano pronti a darla a Francesco I di Francia. La Francia non sembrava molto interessata, ma gli stessi comunque continuarono l'impresa (1523), che comunque fu scoperta, sventata e severamente punita. La Sicilia accettava il re straniero ma, quasi in modo schizofrenico, al contempo non aveva rinunciato ad averne uno proprio o comunque ad avere ordinamenti più liberi. Sarebbe toccato al viceré Pignatelli, nei suoi lunghi diciotto anni di governo,

svincolarsi tra queste agitazioni, alle quali si sommarono i secondi "casi di Sciacca" (1529), ma questi – ancora una volta – semplici faide baronali tra i Perollo e i De Luna.
Durante questo regno la Sicilia divenne l'avamposto mediterraneo nella guerra contro gli Ottomani, la cui avanzata nel Nordafrica e nei Balcani sembrava inarrestabile.
La costa della Sicilia, nel frattempo, sarebbe stata guarnita di torrette di avvistamento dei pirati barbareschi, soprattutto sotto il viceregnato del Vega (dopo il 1547, ma già il predecessore Gonzaga aveva rifatto molte fortificazioni urbane, almeno dal 1530) ed è notevole che i Parlamenti non lesinarono risorse per questa esigenza vitale del Regno, nonostante le ridotte disponibilità economiche del Paese. Nel 1530 Malta (e l'avamposto di Tripoli, difficile da mantenere per le esangui casse dello Stato siciliano) furono date in feudo all'Ordine Ospitaliero Gerosolimitano di S. Giovanni (quelli che poi sarebbero rimasti noti come i "Cavalieri di Malta"). Questi erano approdati nel 1523 a Messina, dopo essere stati scacciati da Rodi dagli Ottomani. La concessione di Malta ai Cavalieri formalmente non cambiava la natura di feudo a quella che per secoli era stata una delle tante contee (ora marchesato) del Regno di Sicilia. Di fatto, però, i Cavalieri, avendo personalità di diritto internazionale, si comportarono quasi come un paese indipendente, limitandosi a riconoscere le leggi e gli stretti obblighi feudali nei confronti del Regno di Sicilia. Furono esentati dal versare tributi al Regno, sdebitandosi – per così dire – con la difesa militare dei mari siciliani. Ma questo fece uscire Malta dal Parlamento di Sicilia e allentò oggettivamente i legami con la Sicilia stessa. Anche se ne mantennero l'unità monetaria, i Cavalieri coniavano tarì e grani (la stessa moneta in circolazione in Sicilia) in maniera autonoma, unico stato feudale in Sicilia ad avere questo privilegio. Con il senno di poi, questo avrebbe determinato la

progressiva perdita di Malta per la Sicilia, ma allora tutto ciò non era affatto chiaro. Già nella seconda metà del Seicento ci sarebbero stati scontri diplomatici *tra* la Sicilia e Malta, quasi come se fossero due stati separati. Il Viceré, ad ogni modo, riceveva ogni anno un falcone dall'Ordine di Malta, in segno di vassallaggio, e inviava un "Uomo del Re", a metà tra l'ambasciatore e il commissario regio nell'Isola. C'è anche da dire che l'affidamento di Tripoli ai Cavalieri di Malta non impedì che nel 1551 gli Ottomani non li cacciassero da questa città. Nel 1532 si dovette tenere un Parlamento straordinario per il timore che Solimano il Magnifico stesse per invadere la Sicilia, la cui flotta contava allora soltanto quattro galee. E altri ne seguirono, con alcuni donativi straordinari, per l'altrettanto straordinaria difesa del Regno.
Carlo espugnò la Tunisia (1535), da cui scacciò il corsaro ottomano Barbarossa, anche con l'aiuto della flotta siciliana, e la trasformò per un certo tempo (fino al 1575) in un protettorato tributario della Spagna, mentre Tripoli restò una fortezza avanzata affidata alla difesa del Regno di Sicilia ("subappaltata" – come visto – ai Cavalieri di Malta).
Di ritorno dalla Tunisia Carlo tenne personalmente Parlamento in Sicilia, facendosi incoronare a Palermo, lusingando così l'antica aspirazione dei Siciliani di avere tra loro un re. C'è da notare che in quel Parlamento, per la prima volta nella storia, il discorso del re (tenuto per bocca del protonotaro) fu tenuto in "Lingua toscana", resa necessaria per la semplificazione richiesta dalla cancelleria imperiale. Da allora la Sicilia "amministrativa" volse rapidamente verso l'italiano, e la letteratura stessa si fece trilingue, con un lento regresso del siciliano e del latino da un lato, e un lento progresso della lingua italiana, che sarebbe durato tre secoli. L'italiano scritto in Sicilia, tuttavia, fino alla fine del XVI secolo sarebbe stato assai incerto ed approssimativo.

Sotto il re-imperatore Carlo la Camera reginale cessò di appartenere per davvero alle regine, e tornò all'erario, che però ne mantenne un'amministrazione separata, che – come tutte le altre istituzioni del Regno – sarebbe durata fino al 1819, quando fu sciolta dalla nuova legislazione delle Due Sicilie. Altra innovazione, dovuta al viceré Gonzaga in uno dei suoi brevi ritorni dalle tante assenze dal Regno, fu la costituzione delle Compagnie d'Arme a cavallo per mantenere l'ordine nelle campagne, che sotto la debole presidenza del Cardona avevano preso a infestare la Sicilia. Questa polizia rurale sarebbe stata destinata a sopravvivere secoli, ben oltre l'Unità d'Italia.

Carlo rispettò la Costituzione siciliana del Vespro e giurò fedeltà alle Costituzioni e Capitoli del Regno, come tutti i suoi predecessori. Durante il suo regno, con regolarità, ogni 3 anni, si teneva il General Parlamento, e veniva o accordata la proroga triennale al viceré o ne veniva nominato uno nuovo. Venivano donati gli ordinari 300.000 fiorini allo Stato (formalmente al re) e 5.000 fiorini al Viceré. Ricordiamo che un fiorino era un quinto di onza siciliana (l'unità di conto del Regno), e quindi il donativo che si stabilizzò su quella cifra, e che intorno agli anni '30 divenne ordinario, era pari alla cifra, invero modesta, di 60.000 onze (più le 1.000 per il viceré). L'inflazione dovuta all'afflusso di argento dalle Americhe rendeva nel tempo sempre più irrisoria questa somma.

Il regno di Carlo I fu segnato da tre lunghi viceregni: del Pignatelli, di cui abbiamo segnalato i torbidi politici; del Gonzaga, abile, attento, ma spesso assente dal Regno per motivi diplomatici; e del De Vega, attento a ripristinare l'autorità regia, e quindi inevitabilmente considerato "tirannico", sebbene si sia mosso in realtà sempre nei binari della costituzionalità, giacché i donativi straordinari furono chiesti sempre previa approvazione del Parlamento. Dei tre l'ultimo fu forse il migliore: a lui si debbono

cure sugli ospedali del Regno, il miglioramento delle strade e ponti interni, la fondazione della "Tavola di Palermo", primo banco pubblico siciliano e terzo al mondo, dopo il Monte S. Giorgio di Genova e la Taula de Canvi di Barcellona, cure sull'amministrazione della giustizia, l'apertura dei Collegi dei Gesuiti nelle principali città, veri "licei" del tempo (ma quello "maggiore" di Palermo rilasciava lauree in teologia e filosofia, quindi assimilabile a un'istituzione universitaria), la fondazione dell'Università degli studi di Messina. Abusò però della tortura e della pena capitale, rendendosi odioso.
Nel 1551, vista l'insufficienza delle milizie baronali, con una prammatica, creò la "Milizia territoriale", che si andava a sommare agli altri sistemi difensivi del Regno: la piccola milizia spagnola al seguito del Viceré, le truppe spagnole nelle principali città, le milizie baronali, il sistema di castelli e fortezze. Questa milizia era una sorta di "Guardia nazionale" *ante litteram*, fatta da borgesi di tutte le città e terre, demaniali e baronali (tranne otto grandi città portuali che provvedevano da sole alla propria difesa, spesso per mezzo delle corporazioni di arti e mestieri cui erano affidate le artiglierie nei bastioni). Chi aveva più di 300 onze di patrimonio poteva arruolarsi in compagnie di cavalieri e non di fanti. La milizia era divisa in una decina di "Sergenzie maggiori", affidate in genere a comandanti spagnoli, e una cinquantina di compagnie, affidate a capitani siciliani, tra fanteria, cavalleria e corpi speciali. Questo corpo borghese di soldati-lavoratori era malvisto dai baroni, che spesso e inutilmente ne chiesero l'abolizione in Parlamento, perché si contrapponeva alle loro milizie, condotte da aristocratici con al seguito i loro villani, come era stato sin dal Medio Evo, diminuendone il peso politico. Ma vi è anche da dire che molti nobili, ormai disavvezzi al servizio militare, preferivano pagare il cd. "addoamento", cioè l'equivalente in denaro delle truppe da loro

dovute al re, istituzione che risaliva ai Normanni, ma che ora era sempre più in uso. Dal 1576 al 1636 il Regno avrebbe avuto anche un corpo scelto: la "Cavalleria leggera" di 300 componenti, per rapidi spostamenti da una parte all'altra dell'Isola, anch'essa osteggiata dal Parlamento, non ultimo per il suo costo, e infine abolita. Nel complesso, quindi, la Sicilia asburgica si era dotata di un sistema militare piuttosto forte, anche se esclusivamente di tipo difensivo (al sistema di truppe, torrette e fortezze, va infatti aggiunta la flotta delle "Galere del Regno"), ma che si rivelò ottimo deterrente per qualsiasi invasione, che fosse ottomana, o di potenze europee nemiche. La Sicilia, come Malta in piccolo, era diventata fortezza inespugnabile.

Come noto, nel 1556 Carlo abdicò, separando i domini austriaci (con l'Ungheria) e il Sacro Romano Impero, affidati al fratello Ferdinando, da cui sarebbero discesi gli Asburgo d'Austria, dalla Spagna, con tutte le sue dipendenze borgognone, italiane e coloniali, attribuite al figlio Filippo II. Filippo II di Spagna fu il campione della Controriforma cattolica durante le Guerre di religione del XVI secolo europeo. Dal 1581 fu anche re del Portogallo, ereditando così anche l'altro grande impero coloniale e diventando le "Spagne" (un tentativo, poi non durato a lungo, di creare un'unica formazione politica per l'intera Penisola) la principale potenza mondiale. Pure dovette subire la perdita dei Paesi Bassi settentrionali (l'Olanda), che presto sarebbero diventati una potenza navale e commerciale, in competizione soprattutto con l'impero coloniale portoghese, mal difeso dagli Spagnoli. Nel complesso le sue guerre non furono vittoriose: non contro l'Inghilterra elisabettiana, che affondò la sua "Invencible Armada", non nelle guerre civili di Francia, dove sui suoi "Guisa" prevalsero i "Borbone", pur dovendo questi accettare il cattolicesimo, non sul

Mediterraneo, dove non riuscì a sconfiggere in maniera definitiva gli Ottomani. Lo Stato di Sicilia era inserito in questo periodo nel grande impero spagnolo e nella sua politica universale, di cui possiamo trascurare ancora una volta i singoli eventi perché poco rilevanti per la Sicilia.

Scorrendo gli atti parlamentari si trova che talvolta, in mancanza di fondi, si autorizzavano nuove imposte indirette in sostituzione dei donativi. In ogni caso la Sicilia del secondo Cinquecento fu letteralmente spremuta di donativi per partecipare a guerre che non sempre la riguardavano (come quelle nelle Fiandre) e in condizioni economiche rese sempre più critiche dalla chiusura del Mediterraneo ai grandi traffici commerciali. Filippo nella sostanza recise il legame "perpetuo" della Sicilia con l'Aragona, traslandolo alla Castiglia, e inserì il Regno di Sicilia all'interno del "Supremo Consiglio d'Italia", insieme a Napoli, Milano e i Presidi toscani (la Sardegna era invece nel Supremo Consiglio d'Aragona, con l'Aragona, la Catalogna, Valenza e Maiorca). Questo non significò certo che la Sicilia fosse diventata "Italia", ma che apparteneva a una delle grandi aree della monarchia plurinazionale (c'erano altri supremi consigli: portoghese, delle indie, aragonese, delle Fiandre,...), per l'appunto quella "italica".

Del primo vicerè di Filippo, il della Cerda, Duca di Medinaceli, si ricorda essenzialmente una spedizione disastrosa in Nordafrica, contro Tripoli allora tenuta dal corsaro Dragutte, e il fatto che – forse per esigenze militari – risiedette più a Messina che a Palermo. Non essendo buon militare fu sostituito dal De Toledo.

L'assalto ottomano giunse al culmine al grande assedio di Malta del 1565. Assedio che, dopo quattro mesi, vide vittoriose le armi cristiane pur in numero inferiore per il valore militare del Gran Maestro de la Vallette. Nell'assedio morì lo stesso corsaro ottomano Dragutte. Resta inspiegabile tutt'oggi perché il viceré de

Toledo tardò moltissimo a inviare la flotta siciliana a difendere quello che in fondo era un suo feudo; di fatto arrivò quando ormai i Turchi erano disperati, i capi già fuggiti, accelerandone soltanto la rotta. Gli ottomani da allora si sarebbero limitati alla guerra da corsa e ai saccheggi, ma non avrebbero più osato pensare a una conquista della Sicilia. Nel Parlamento del 1561 la flotta siciliana fu portata a 16 galere, non più la grande potenza navale dei tempi normanni, ma certamente la flotta più grande che lo Stato avesse mai avuto da più di due secoli.

Nave della Flotta del Regno, con l'Aquila su sfondo rosso e giallo come bandiera

Filippo II (I in Sicilia) interessò la Sicilia, sempre attraverso il Parlamento, di una serie di riforme che ne modernizzarono lo Stato in modo significativo, aumentando in genere l'efficienza dell'amministrazione. Tre antiche cariche erano rimaste vuote di contenuto e non furono rinnovate: il Grande Ammiraglio, visto che tutta la flotta dipendeva da tempo dal viceré nella qualità di Capitano Generale; il Gran Conestabile, spesso associata alla prima, per la medesima ragione sulle truppe di terra; il Gran Siniscalco, o ministro della real casa, inutile per non essere presente il re nel Regno da secoli. Filippo sapeva che la Sicilia non poteva essere trattata come un possedimento e concesse anche l'amministrazione delle imposte indirette alla potente aristocrazia siciliana, vera arbitra dell'Isola, attraverso il "Tribunale del Real Patrimonio" (1569), che aboliva la vecchia "Curia dei Maestri Razionali", semplice organo di revisione, e che ora assommava in sé anche l'amministrazione finanziaria attiva, sottraendola del tutto al Viceré (che già non controllava le imposte dirette, attribuite invece alla Deputazione del Regno). Il Presidente del Tribunale del Real Patrimonio sostituì quindi definitivamente la vecchia carica di Gran Camerario, che fu soppressa. Così come fu soppressa la carica di Gran Cancelliere, sopravvivendo la cancelleria come ufficio amministrativo, ma privo di rilevanza politica, assunta ora dal Presidente del "Tribunale del Concistoro e della Sacra Regia Coscienza", massima autorità giuridico-amministrativa del Regno. E similmente fu riformata la Gran Corte Civile e Criminale, il cui Presidente sostituì il Gran Giustiziere, di cui però ereditò la funzione di capo provvisorio dello Stato (come "Presidente") quando il viceré fosse venuto a mancare, e né lui né il re avessero esplicitamente nominato un Presidente del Regno (di solito un alto prelato, quasi sempre l'arcivescovo di Palermo). Queste grandi riforme avvennero tutte nel breve viceregno del De Aquino, e cancellarono ciò che restava delle antiche magistrature dell'epoca normanno-sveva all'infuori soltanto del "protonotaro e logoteta", che sarebbe rimasto fino alla fine del Regno.

Poco dopo la morte di questo viceré, invece, abbiamo la stabile organizzazione del Tribunale della Regia Monarchia e dell'Apostolica Legazia (1571) per sovrintendere alle responsabilità del re in quanto

capo della Chiesa siciliana. Questo istituto sarebbe vissuto ben trecento anni, fino alla soppressione del privilegio di Chiesa autocefala per la Sicilia con la legge italiana delle guarentigie (1871).
La Sicilia agricola conosce in questo secolo e nel successivo una continua espansione. I re spagnoli ottengono fondi dall'aristocrazia siciliana attraverso due canali: la concessione di titoli più alti e le *licentiae populandi* (cioè le concessioni di costituire nuovi comuni feudali di popolazione). Ormai quasi tutti i feudatari, almeno nei primi livelli di giudizio, detenevano il "mero e misto imperio" (cioè il diritto di esercitare la giustizia civile e criminale), erano i supremi arbitri delle loro "università" (cioè dei Comuni insistenti nel loro feudo). I "militi", antico primo livello della feudalità al tempo dei Normanni, subfeudatari di terre senza autonomia comunale, nel corso del '400 erano scomparsi, sostituiti da una pletora di "baroni", spesso estratti da una piccola borghesia cittadina nobilitata. Molte baronie erano diventate contee (rarissime le viscontee), mentre le contee si andavano trasformando in feudi maggiori (marchesati, ducati, e infine principati). I feudi, però, ormai avevano assunto tutti o quasi la piccola struttura di "Città e terre baronali", cioè le dimensioni di un Comune. Unica eccezione, vero stato nello stato (oltre al già citato marchesato di Malta, trasformato in Signorìa dei Cavalieri), restò la Contea di Modica, composta da circa 7 comuni dell'attuale Provincia di Ragusa, pur sempre soggetta comunque all'autorità centrale, e affidata ai Cabrera da secoli. Nel frattempo la popolazione rurale progressivamente diminuiva, con la concentrazione in borghi agricoli, lontani talvolta dalle terre da coltivare. Ma questi processi si sarebbero irrobustiti nel secolo successivo e ai tempi di Filippo I erano soltanto gli inizi.
Il '500, peraltro, aveva fatto conoscere alla Sicilia trasformazioni economiche e culturali di rilievo. Alla "Tavola" di Palermo si aggiunge ora un altro grande banco comunale: la Tavola di Messina. E la prima la troviamo a svolgere funzioni di Tesoreria di Stato per conto del

Governo viceregio; entrambe iniziano ad emettere una primitiva moneta cartacea, le cd. "polizze".
Sotto Filippo decolla il sistema di istruzione dei Gesuiti, con la loro rete di collegi ormai presente praticamente in tutte le città siciliane di un qualche rilievo.
Con questo re, infine, la Sicilia conobbe l'introduzione della Controriforma e lo stroncamento sul nascere di ogni minima sensibilità nei confronti delle idee protestanti. Con la conclusione del Concilio di Trento (1563), la Sicilia perse il suo rito gallicano di Sicilia, introdotto in epoca normanna, e progressivamente sostituito al precedente rito bizantino (che ancora sopravviveva nella diocesi basiliana dell'Archimandrita di Messina, oltre che nelle comunità siculo-albanesi). Al suo posto venne introdotto rigorosamente il rito romano.
Momento epico sotto questo re quello in cui la flotta ottomana fu definitivamente sconfitta e fermata a Lepanto (1571), cui la flotta siciliana partecipò vittoriosa e da protagonista con le proprie bandiere di Stato, ancora formalmente indipendente.
Una parentesi curiosa, durante la monarchia di Filippo, fu invece la lunga "presidenza" del principe di Castelvetrano: per ben 6 anni la Sicilia, senza viceré spagnolo, fu lasciata alle cure di questo siciliano, quindi in pieno autogoverno. A lui, che passò alla storia come il "*magnus siculus*", si deve la prima raccolta a stampa di tutta la normativa in vigore nel Regno: le *Siculae Sanctiones* del 1574.
Dopo di lui governò il viceré Colonna, già comandante della flotta pontificia a Lepanto, sotto il quale, a parte una feroce disputa proprio contro il papato che tentò inutilmente di revocare l'Apostolica Legazìa, non ci furono eventi politici interni o esteri di gran rilievo. Si dedicò a opere interne, soprattutto di abbellimenti urbanistici nella capitale, ma fu richiamato in Spagna per svariate accuse mossegli dall'aristocrazia.

Sotto il successore De Guzman, a parte la sfortunata partecipazione della flotta siciliana alla "Invencible Armada", da cui uscì praticamente annientata, e impreviste carestie, durante le quali commise l'errore di non bloccare le esportazioni di grano, successe un fatto politico di gran momento: per la prima volta della storia, nel 1591, il "Braccio militare" votò contro il donativo ordinario. Fu una specie di "sfiducia" al viceré. La camera dei nobili chiedeva che le prammatiche viceregie non fossero mai più fatte (così ritenevano almeno) contro le costituzioni e capitoli del regno come condizione per concedere il donativo ordinario. Il viceré, consultatosi con il sacro regio consiglio, deliberò che il voto di due bracci su tre valeva l'approvazione del Parlamento. E questa divenne regola generale. In quell'occasione però non furono fatti doni al viceré, al suo cameriere maggiore, agli ufficiali regi. Il Guzman, sostanzialmente sfiduciato dal Parlamento, fu richiamato in Spagna e sostituito.

Filippo muore nel 1598, e la dinastia asburgica prosegue, senza eventi storici di particolare rilievo, per tutto il XVII secolo, con Fillippo II (III di Spagna), Filippo III (IV di Spagna), Carlo II. Anche la partecipazione alla Guerra dei Trent'anni (1618-48) non ebbe praticamente alcun effetto sulla Sicilia. Il XVII secolo è un secolo di lenta decadenza per la potenza spagnola, che perse il Portogallo con il suo impero, e poco mancò che non perdesse anche la Catalogna. Anche il Regno di Sicilia, restato aggiogato a questo grande impero, risente di questo declino. I dibattiti parlamentari, e i capitoli richiesti ai sovrani, scendono progressivamente di livello, il malcontento cresce, il funzionamento dello Stato di Sicilia mostra, soprattutto nelle decadi finali, segni di precoce invecchiamento e disfunzioni a tutti i livelli.

Qualche volta anche i Viceré si davano alla pirateria, o meglio alla guerra da corsa, come il de Cardines duca di Macqueda, che nel 1601 per questo ne morì (aprendo avidamente una cassa trovata su una nave ottomana catturata e che in realtà conteneva il cadavere di un "turco" in avanzato stato di decomposizione).
Nel 1603 una prammatica portò ufficialmente l'inizio dell'anno civile all'1 gennaio togliendo ogni incertezza (c'era prima chi contava da Natale, chi dal 25 marzo,...). Naturalmente l'anno amministrativo e finanziario restava quello indizionale bizantino, con inizio all'1 settembre e termine al 31 agosto, come era sempre stato, dai tempi dell'imperatore Diocleziano nell'Antichità.
Segno della crisi di questi tempi è la cd. tosatura delle monete, con cui venivano limate o raschiate le monete d'argento. La risposta del governo, di ordinare il cambio della moneta tosata con quella buona alle due Tavole, anziché correggere il danno lo alimentò, e i due banchi pubblici dovettero interrompere l'esecuzione dell'ordine per evitare di andare in dissesto in breve tempo.
Anche gli ordini costituzionali cominciavano a non essere pienamente rispettati, ma il braccio demaniale, il più democratico, dava ancora segni di vitalità. Ad esempio l'opposizione in Parlamento del Pretore di Palermo contro un'imposta spropositata sugli atti notarili, voluta dal governo, gli valse la deposizione e il carcere da parte del viceré Paceco. Ma alla fine questi fu costretto a revocare l'imposta e a liberare il deputato per la ferma opposizione di tutto il Parlamento.
Nel 1610, dopo reiterate petizioni, la Sicilia riuscì pacificamente a ottenere indietro le Isole Eolie che erano state concesse a Napoli nel 1372 alla fine della Guerra del Vespro e mai più restituite fino ad allora.
Il Giron, duca d'Ossuna, utilizzò attivamente la flotta nella guerra da corsa, e in quegli anni Madrid non si interessò molto nemmeno alla politica estera del Regno, affidata in tutto alle cure del viceré. Egli represse i disordini interni e conseguì una notevole vittoria navale a

Capo Corvo nel 1613 contro gli Ottomani, grazie alla flotta siciliana guidata dal prode Ottavio d'Aragona.
Tarlo del Regno era invece il municipalismo, e soprattutto la rivalità tra Palermo e Messina. Per far contenta la seconda città dell'Isola i viceré dovevano spostarsi per parte del loro mandato, e, nel farlo, caricare via terra una processsione infinita di carri e muli per spostare gli archivi da Palermo a Messina e viceversa. I trasporti avvenivano via terra, per ragioni di sicurezza. Una volta, per sbrigarsi, si scelse il trasporto via mare. E disgraziatamente nell'occasione affondò l'ammiraglia di Sicilia, il galeone "Arca di Noè", con un danno enorme per l'amministrazione del Regno (1608).
Ma la città di Messina non demordeva. Filippo II (III di Spagna) concesse nel 1616 a Messina il privilegio formale di avere la residenza del viceré per 18 mesi su 36 di mandato. Questo privilegio, dato per carezzare il municipalismo della seconda città dell'Isola, caratterizzata da una forte vocazione mercantile e anche industriale (della seta), creava però disfunzioni all'amministrazione del Regno, talché fu raramente osservato con scrupolo dai viceré, che preferivano risiedere più spesso a Palermo. La mancata attuazione di questo dispositivo, però, esasperava gli animi dei Messinesi e creava un profondo solco tra le due città e risentimenti crescenti nel tempo.
Altro provvedimento tipico di questi tempi è l'istituzione della "Deputazione degli stati", una sorta di amministrazione controllata dei beni feudali dell'aristocrazia indebitata, che lasciava al nobile un minimo per vivere decorosamente (senza potersi ulteriormente indebitare) mentre, con l'oculata amministrazione dei patrimoni feudali, tentava di soddisfare al meglio le esigenze dei creditori.

CASA REALE DI SICILIA

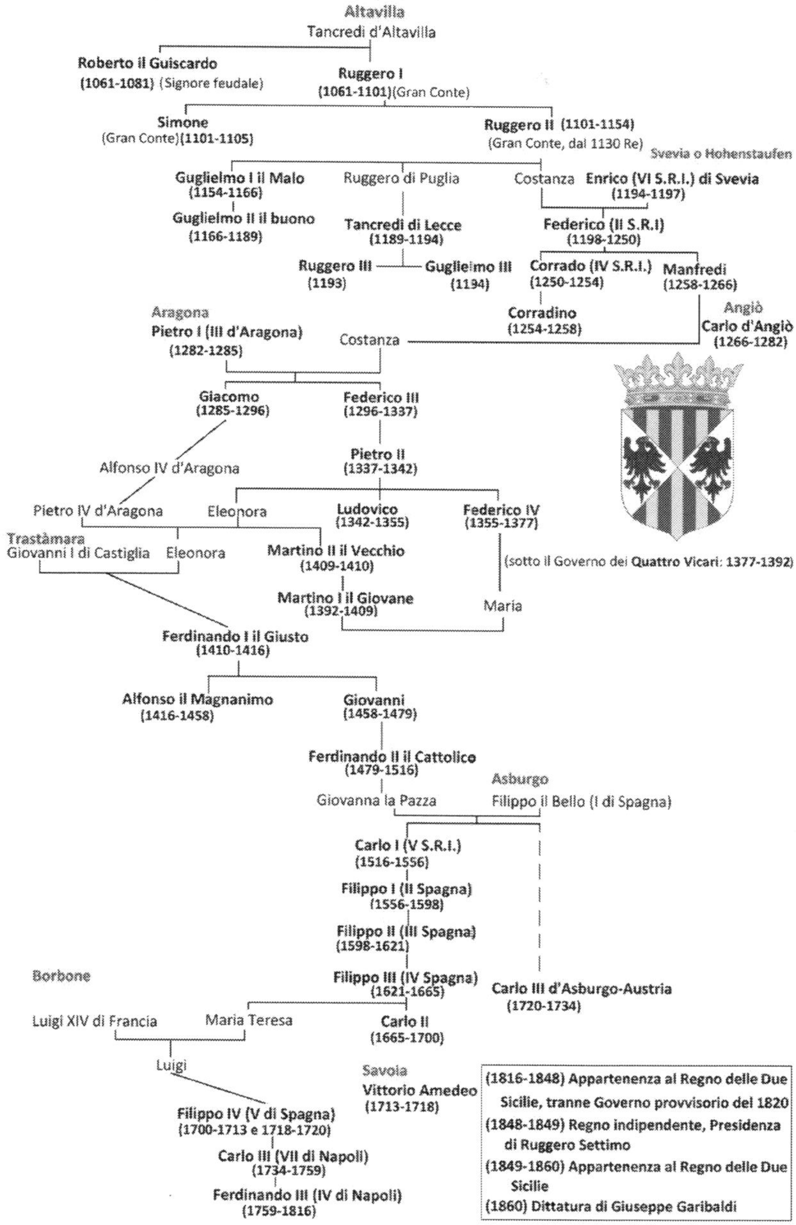

Il viceré Emanuele Filiberto di Savoia, già regnante Filippo III (IV di Spagna), morì di peste nel 1624, fatto che vogliamo ricordare perché quella di quest'anno è l'ultima epidemia di peste della storia siciliana. Mentre altrove in Europa se ne avrebbero avute altre ondate, qui qualche focolaio successivo sarebbe stato facilmente isolato e sconfitto. Segno questo, forse, che le condizioni igienico-sanitarie e le metodologie di isolamento delle malattie stavano cominciando a fare qualche progresso.
Sotto il successore di questi, l'Albuquerque, l'ostilità di Messina contro Palermo giunse al culmine, arrivando ad offrire a Madrid un congruo donativo per dividere la Sicilia in due viceregni. Palermo mandò a corte una lunga memoria in difesa dell'unità del Regno. Il re, da un lato comprendeva che la proposta era eversiva, dall'altro aveva sempre bisogno di denaro e restò in bilico, rinviando la questione a un Parlamento siciliano straordinario del 1630, che bocciò tale richiesta. Tutto ciò fu occasione, in ultimo, per la corte di spillare altri soldi alla Sicilia e, per la prima volta, di chiederli in "moneta castigliana", ciò che il Parlamento però ebbe il coraggio di rifiutare come contrario alle consuetudini (cioè alla Costituzione) del Regno.
Nel 1638, nella spasmodica ricerca di risorse, fu introdotta l'imposta testatica (un giorno di rendita per chi viveva di rendita, un giorno di salario, per chi viveva di salario, nulla per i mendici). Al di là della contingenza di tale richiesta, essa è significativa di una modernizzazione delle finanze, introducendosi per la prima volta una sorta di tassazione proporzionale al reddito, ben oltre le suddivisioni arbitrarie che c'erano state sino ad allora.
Non mancarono le agitazioni politiche in tutto ciò. Man mano che la potenza spagnola declinava, i Siciliani alzavano, o provavano a rialzare, la testa.

Una delle più importanti fu quella di Giuseppe D'Alesi, artigiano palermitano che si mise a capo di una rivolta popolare contro il malgoverno viceregio e i privilegi parassitari delle classi superiori, sul modello napoletano di Masaniello, nel 1647. La rivoluzione contagiò tutto il Regno e diventò quindi politica, tranne naturalmente Messina, che rimase fedele al governo in chiave antipalermitana.
Naturalmente la rivolta di D'Alesi finì male. L'aristocrazia non poteva tollerare a lungo un "Capitano generale" che faceva riforme rivoluzionarie. Eppure da una rivolta di Antico Regime qualcosa rimase: nella capitale dell'Isola due dei 5 giurati o senatori (una sorta di giunta comunale), anziché essere scelti tra la piccola nobiltà di toga, come era sempre stato, sarebbero stati tratti dal mondo delle arti e mestieri, i "giurati popolari", e questa conquista democratica sarebbe rimasta fino all'alba del XIX secolo.
La rivolta di D'Alesi aveva avuto a tratti sentimenti antispagnoli, e questo aveva molto preoccupato la Corte, che ora accentuava l'alternanza della capitale tra Palermo e Messina, per indebolire entrambe. Palermo e Messina, sin dai tempi di Federico II almeno, erano quasi sullo stesso piano, con un leggero primato della prima come "*Sedes Regis et Regni Caput*", dove venivano incoronati i re (ma che da tempo disertavano questo ufficio), con due palazzi reali (Catania invece era stata solo di fatto sede dei re aragonesi, quasi per una sorta di equilibrio tra le due maggiori città, e limitava ora il suo municipalismo a osteggiare l'università messinese, schierandosi in genere con i palermitani). Gli Spagnoli conoscevano il municipalismo dei Siciliani e sfruttavano il carattere policentrico del Regno di Sicilia per indebolire il sentimento nazionale siciliano. I fatti di Palermo inducevano ora ad accentuare lo sforzo dualistico. Ucciso il capopopolo restava il malessere, e quindi continuavano i disordini. Tra i quali la congiura di tale

Francesco Vairo, che voleva trasformare Palermo in una repubblica, estendere l'ordinamento comunale a tutta la Sicilia e mettersi sotto la protezione dei Turchi, federandosi anche con la Repubblica di Masaniello a Napoli, non ancora domata. Alcuni avvocati (Pesce e Potamio) cominciavano a teorizzare la necessità di avere un re proprio per risollevare le sorti della Sicilia e la loro teoria si trasformò in un complotto per dare la corona di Sicilia a un principe siciliano: il viceré Don Giovanni d'Austria, scoperto tale complotto, punì barbaramente tutti o quasi i sediziosi, nobili e no, che avevano aderito alla loro congiura.
Anni dopo, già sotto il regno di Carlo II (1672), anche Trapani ebbe il suo tumulto popolare. Progetti sconclusionati, forse, impossibili da realizzarsi, facili da sventare, ma spia di un profondo e crescente malessere dei Siciliani sotto i re stranieri ed evidente segno che l'autocoscienza nazionale dei Siciliani non era mai venuta meno.
Ma la vera minaccia per la corona spagnola sarebbe venuta proprio dalla città di Messina. Una rivolta del partito popolare, i *Merli*, contro i patrizi del partito dei *Malvizzi*, determina una reazione violenta di questa contro lo Stratigoto (la massima carica municipale) nominato dal Governo, e la cacciata degli Spagnoli. Messina, sin dai tempi del Vespro, era quasi una repubblica marinara federata con la Sicilia; aveva mantenuto gelosamente privilegi e immunità. Ma le ragioni del malcontento con la corona spagnola erano arrivate ormai a un punto di non ritorno. Questa città, per ben 4 anni (1674-1678) avrebbe tenuto in scacco l'esercito spagnolo e avrebbe chiesto l'aiuto ai francesi di Luigi XIV (che arrivarono ad inviare un loro viceré), soprattutto in chiave antipalermitana. I Francesi con il duca di Vivonne, viceré designato, non fecero molti progressi, oltre l'occupazione di Taormina, Augusta e qualche piccolo centro. E soprattutto si resero invisi ai

Messinesi, stando ai cronisti del tempo, per il poco rispetto con cui trattavano le donne locali. Lo schierarsi dei Messinesi con i Francesi destò antiche memorie storiche, mai sopite, e rese questa scelta del tutto impopolare in Sicilia. Gli Spagnoli chiesero aiuto navale agli Olandesi, ma anche questo non si rivelò decisivo. Alla fine, per altri motivi, Francia e Spagna fecero pace, e Luigi XIV si ritirò semplicemente da Messina, non chiedendo neanche un indulto per quella città che per anni si era fidata di lui e lo aveva acclamato re di Sicilia. I Francesi si ritirarono con gran viltà da Messina e, prima di andare via, addirittura saccheggiarono Augusta, abbandonando poi i ribelli alla vendetta del governo regolare.
La durata del conflitto dà il segno della debolezza della Spagna, che molto a fatica riportò l'ordine in Sicilia. I Messinesi non potevano sperare in alcun modo di vincere con le loro sole forze. Ma avevano dimostrato che una rivoluzione nazionale siciliana era quanto meno possibile. Forse avevano sbagliato a dare una connotazione troppo municipale alla rivoluzione, e soprattutto avevano sbagliato del tutto alleato, individuandolo proprio nei Francesi, esecrati da tutto il Popolo siciliano per perenne memoria storica.
La reazione spagnola fu spietata. Messina fu punita severamente, e iniziò così il suo declino, anche commerciale. L'ufficio dello Stratigoto fu soppresso. La zecca fu chiusa e trasportata a Palermo. L'università fu chiusa. Sul luogo in cui inizia la Penisola del porto naturale di Messina, dove aveva avuto sede il Monastero del Ss. Salvatore (centro della spiritualità greco-sicula per secoli), fu costruita un'inespugnabile cittadella, pronta a cannoneggiare la città ogniqualvolta in futuro ce ne fosse stato bisogno. Tutto il potere fu quindi accentrato a Palermo.
Non mancarono gli abusi di potere in questo fine secolo, ad esempio da parte del viceré Bonavides, che arrivò a imporre

sentenze alla magistratura, segno della decadenza dei tempi e del mancato rispetto della costituzione siciliana; tale atto generò contestazioni e malumori in tutto il Regno, ma fu sostenuto sino all'ultimo da Madrid. Si saltò addirittura una legislatura, convocando un Parlamento a sei anni di distanza dal precedente, ciò che dall'inizio del regno di Giovanni non era mai accaduto.

La fine del Seicento vide anche una riforma che semplificava l'esecutivo del Regno. L'antica *curia regis*, cioè il consiglio ristretto del re, che risaliva a Ruggero II (e prima ancora della proclamazione del regno, seppure in maniera meno stabile, era stata la curia comitale), col tempo, alla restaurazione di re Martino, era stata stabilizzata con il nome di Sacro Consiglio, e infine, in epoca viceregia, con quello di Sacro Regio Consiglio, di cui facevano parte le 27 più alte magistrature del Regno. Il S.R.C., sorta di Consiglio di Stato, riceveva il giuramento del Viceré (in mancanza del Re), esaminava tutte le nuove leggi e prammatiche e gli affari più importanti del Regno (era quindi un organo in parte giuridico-consultivo, in parte propriamente politico ed esecutivo). Essendo costituito da funzionari a nomina vitalizia o comunque lunghissima, era il cuore del potere politico del Regno e il baluardo della sua classe dirigente. Alla morte del Viceré, se questi non aveva designato un sostituto provvisorio (il "Presidente del Regno", spesso un altro prelato), assumeva temporaneamente il Governo dello Stato, sotto la presidenza della più alta carica del potere giudiziario (fino al 1562 il Maestro Giustiziere, poi il Presidente della Gran Corte Civile e Criminale). Per rendere più snello questo organismo, appunto, sul finire del Seicento, il Viceré per le decisioni di legittimità più importanti, lo sostituì con una ristretta "Giunta dei Presidenti e Consultore", della quale, oltre allo stesso Viceré, facevano parte solo i tre Presidenti dei tre più importanti tribunali del Regno (la Gran Corte Civile e Criminale, il Tribunale del Real Patrimonio, Il Tribunale del Concistoro e del Sacra Regia Coscienza, cioè la massima giurisdizione ordinaria, contabile ed amministrativo-costituzionale), oltre al Consultore (uno speciale magistrato che rappresentava gli interessi dello Stato nelle più alte magistrature e quindi all'incirca un avvocato dello Stato). Questa suprema magistratura sarebbe durata fino alla fine del Regno e oltre, fino al dicembre del 1818, quando fu soppressa dal regime delle Due Sicilie.

Altra innovazione della seconda metà del Seicento fu l'introduzione di un "Segretario di Stato" alle dipendenze del Viceré, sorta di vero "ministro" già nel senso moderno del termine, più che "magistrato".

Il secolo si chiude infine nel 1693 con il terribile terremoto del Val di Noto che avrebbe distrutto intere città, tra le quali Catania. Non parleremmo qua di quello che in fondo fu solo un evento naturale, se questo non avesse avuto, negli anni successivi, uno straordinario effetto artistico e culturale. Da sola, la Sicilia, in pochi anni ebbe la forza di ricostruire le città distrutte secondo schemi barocchi che avrebbero poi caratterizzato per sempre quel distretto dell'Isola. La città di Noto, in particolare, venne ricostruita *ex novo* su un altro sito.

Nel 1700 l'infelice Carlo II (di Spagna e di Sicilia), da sempre malato, muore all'età di soli 39 anni, senza lasciare eredi. La Casa Asburgo di Spagna è estinta. Per la Sicilia e per l'intero impero spagnolo si apre una fase di grande incertezza.

Cronologia politica:

1516-1556 Carlo I

Viceré:

1516 Ugo de Moncada

1516 Simone Ventimiglia, marchese di Geraci e Matteo Santapau, marchese di Licodia (Presidenti "rivoluzionari")

1516-1517 Giovanni Vincenzo de Luna, conte di Caltabellotta (Presidente)

1517/18-1535 Ettore Pignatelli, conte di Monteleone (prima Luogotenente e poi Viceré), sostituito temporaneamente da:

1527-28 Enrico Cardona, arciv. di Morreale, presidente

1535 Simone Ventimiglia, m.se di Geraci, presidente

1535-1546 Ferdinando Gonzaga, sostituito temporaneamente da:

1535-1537 Giovanni Moncada, gran giustiziere

1538 Arnaldo Albertino, vescovo di Patti, presidente

1539-1540 Giovanni d'Aragona Tagliavia, m.se di Terranova, presidente

1541 Ambrogio Santapau, m.se di Licodia, presidente

1541 Simone Ventimiglia, m.se di Geraci, presidente

1542-1544 Alfonso de Cardona, c.te di Chiusa, presidente

1544-1545 Giovanni d'Aragona Tagliavia, m.se di Terranova (di nuovo)

1546-1547 Ambrogio Santapau, m.se di Licodia, presidente (di nuovo)

1547-1556 Giovanni de Vega, sostituito temporaneamente dal figlio:

1550 e 1555 Ferdinando de Vega, presidente

1556-1598 Filippo I (II di Spagna)

Viceré:

1556-1557 Giovanni de Vega

1557 Card. Pietro d'Aragona, arciv. di Palermo, presidente

1557-1565 Giovanni della Cerda, duca di Medinaceli, sostituito temporaneamente da:

1558 Niccolò Maria Caracciolo, vesc. di Catania, presidente

1559-1560 Ferdinando de Silva, m.se della Favara, presidente

1565 Bartolomeo Sebastiano, vesc. di Patti , presidente

1565-1567 Garzia de Toledo, sostituito temporaneamente da:

1565 Bartolomeo Sebastiano, vesc. di Patti (di nuovo), presidente

1565 Antonio Doria, presidente

1566 Bartolomeo Sebastiano, vesc. di Patti (di nuovo), presidente

1567-1568 Carlo d'Aragona e Tagliavia, p.pe di Castelvetrano, presidente

1568-1571 Francesco Ferdinando Avalos de Aquino, m.se di Pescara, presidente

1571 Giuseppe Francesco Landriano, presidente

1571-1577 Carlo di Aragona e Tagliavia, p.pe di Castelvetrano, presidente (di nuovo)

1577-1584 Marco Antonio Colonna, duca di Tagliacozzo, sostituito temporaneamente da:

1582 Fabrizio Ruffo, conte di Sinopoli, presidente

1584-1585 Giovanni Antonio Bisbal, c.te di Briatico, presidente

1585-1592 Diego Enriquez de Guzman, c.te di Albadalista

1592-1595 Arrigo de Guzman, conte di Olivares

1595-1598 Giovanni Ventimiglia, m.se di Geraci, presidente

1598 Bernardo de Cardines, duca di Macqueda

1598-1621 Filippo II (III di Spagna)

Viceré:

1598-1601 Bernardo de Cardines, duca di Macqueda (in continuità)

1601-1602 Giorgio de Cardines, presidente (figlio del precedente)

1602-1606 Lorenzo Suarez de Figueroa, duca di Feria

1606 Giovanni Ventimiglia, m.se di Geraci, presidente (di nuovo)

1606-1610 Giovanni Fernandez Paceco, m.se di Vigliena

1610-1611 Card. Giannettino Doria, arciv. di Palermo, luogotenente

1611-1616 Piero Giron, duca d'Ossuna

1616 Card. Giannettino Doria, arciv. di Palermo, luogotenente (di nuovo)

1616-1621 Francesco de Lemos, c.te di Castro

1621-1665 Filippo III (IV di Spagna)

Viceré:

1621-1624 Emanuele Filiberto di Savoia

1624-1626 Card. Giannettino Doria, arciv. di Palermo, luogotenente (di nuovo)

1626-1627Antonio Pimentel, m.se di Tavora

1627 Arrigo Pimentel, presidente (figlio del precedente)

1627-1632 Francesco Fernandez de la Cueva, duca di Albuquerque

1632-1635 Ferdinando Afan de Ribera, duca di Alcalà, luogotenente

1635-1639 Luigi Moncada, p.pe di Paternò, presidente

1639-1640 Francesco de Mello di Braganza, c.te di Assumar, temporaneamente sostituito da:

1639 Card. Giannettino Doria, arciv. di Palermo, luogotenente (di nuovo)

1640-1641 Pietro Corsetto, vesc. di Cefalù, governatore

1641-1644 Giovanni Alfonso Henriquez de Cabrera, c.te di Modica

1644 Giovanni di Torresilla, arciv. di Morreale, presidente

1644-1647 Pietro Faxardo Zunica e Requesens, m.se de Los Velez

1647 Vincenzo Guzman, m.se di Monte Allegro, luogotenente

1647-1649 Card. Teodoro Trivulzio, luogotenente

1649 -1651 Giovanni Asburgo "d'Austria", sostituito temporaneamente da:

1650 Melchiorre Centelles, luogotenente

1651 Antonio Bricel Ronchiglio, presidente

1651 Martino de Leon, arciv. di Palermo, presidente

1651-1655 Rodrigo Mendoza Roxas e Sandoval, duca dell'Infantado

1655-1656 Giovanni Teglies de Giron, duca di Ossuna

1656 Mons. Francesco Gisulfo ed Osorio, vesc. di Cefalù, presidente

1656-1657 Fra Martino Redin, cavaliere di S.Giovanni di Malta, luogotenente

1657 Giovan Battista Ortiz d'Espinosa, presidente

1657-1660 Mons. Pietro Martinez Rubeo, luogotenente

1660-1663 Ferdinando d'Ayala, c.te di Ayala

1663-1665 Francesco Gaetano, duca di Sermoneta

1665-1700 Carlo II (sotta la reggenza della regina Marianna d'Austria fino al 1677)

Viceré:

1665-1667 Francesco Gaetano, duca di Sermoneta (in continuità)

1667-1670 Francesco Fernandez de la Cueva, duca di Albuquerque

1670-1674 Claudio Lamoraldo, p.pe di Ligny

1674 Francesco Bazan de Benavides, m.se di Baiona, viceré a interim

1674-1676 Federico Toledo ed Osorio, m.se di Villafranca

1676-1677 Aniello de Guzman, m.se di Castel Roderico

1677 Eleonora de Mora e Corte, reggente ad interim

1677-1678 Card. Ludovico Fernandez Portocarrero, luogotenente ad interim

1678 Vincenzo Gonzaga, p.pe del S.R.I. dei duchi di Mantova

1678-1687 Francesco de Bonavides, c.te di S.Stefano

1687-1696 Giovanni Francesco Paceco duca di Uzeda

1696-1700 Pietro Colon, duca di Veraguas

La Guerra di Successione Spagnola tenne impegnata l'Europa (e il mondo coloniale) per ben 13 anni, divisa tra il partito austriaco (quelli che volevano la corona spagnola fosse retrocessa al ramo austriaco degli Asburgo) sostenuto dall'Inghilterra, nella sua prima espansione coloniale, e il partito francese (che voleva attribuire la detta corona al nipote dell'ultimo re di Spagna, Filippo di Borbone, figlio di una sorella).
Alla morte di re Carlo, il re sole, Luigi XIV, occupa subito la Spagna incoronando il nipote. In Sicilia re Filippo IV Borbone (V in Spagna) è immediatamente riconosciuto dall'ultimo viceré asburgico, il Veraguas, che però è prontamente sostituito per timore di simpatie con la vecchia dinastia. Sulle prime sembra che non sia cambiato nulla rispetto al recente passato. La Sicilia è interessata solo marginalmente da questa guerra. Gli unici eventi degni di rilievo sono alcune simpatie per gli Asburgo (ormai solo d'Austria), inevitabili dopo quasi due secoli di abitudine, le insofferenze delle maestranze palermitane per i soldati francesi e irlandesi sbarcati in Sicilia, e una continua difesa delle coste da una invasione che però non arrivò mai.
Alla fine, con il Trattato di Utrecht (1713), i Borbone possono sedere in Spagna, ma devono concessioni agli inglesi nelle colonie, i possedimenti italiani e belgi all'Austria, la Sicilia al piccolo Piemonte dei Savoia, che si era saputo destreggiare tra Francia e Austria con un capovolgimento di alleanze al momento opportuno. In questa pace e nei successivi trattati nessuno chiese mai il parere della Sicilia, che non era paese sconfitto, e in cui, all'estinguersi della Casa regnante, in teoria sarebbe spettato al Parlamento decidere chi dovesse essere re. Per un verso la Sicilia era decaduta al punto di essere un "oggetto" e non più un "soggetto" della

politica europea. Per un altro, però, il cambio di quattro dinastie in un terzo di secolo, avrebbe scosso i Siciliani dal loro secolare torpore ed avrebbe ridato vigore alla coscienza di essere uno Stato e una Nazione.
Vittorio Amedeo II sbarcò con la regina consorte Anna d'Orléans a Palermo, e ci fu un pacifico passaggio di consegne tra l'ultimo viceré spagnolo, il marchese di Los Balbases, e quello che veniva percepito come un re proprio. C'era nell'Isola un fermento nuovo; si percepiva che stava finendo un'epoca e se ne stava aprendo un'altra. Non c'erano incoronazioni a Palermo dai tempi dell'imperatore Carlo V. Le illusioni nazionaliste, purtroppo, non sarebbero durate a lungo.

La Sicilia per i Savoia, in confronto ai loro domini ereditari, non era certo un piccolo possedimento. Era una corona regale, di livello più alto del ducato-signorìa-contea di Savoia-Piemonte-Nizza, ma soprattutto era, in confronto al piccolo e povero Piemonte, una vera Nazione, più grande da un punto di vista demografico, geografico ed economico dello stesso paese d'origine del nuovo re. Furono lasciati agli spagnoli alcuni diritti, l'Inquisizione spagnola, la Contea di Modica, a parziale conferma dell'Unione Perpetua dell'ormai lontano 1460. Ma si trattava ormai di un'altissima sovranità nominale. Nella sostanza la Sicilia si separava dalla Spagna dopo 300 anni circa di unione personale. Sembrava che fossero coronati i sogni dei Siciliani di avere un re proprio.
Tra Vittorio Amedeo, con la sua corte sabauda al seguito, e la Sicilia nel suo complesso, non scattò però alcuna simpatia. Il Re scoprì con molto disappunto di essere diventato re di un regno costituzionale dove il Parlamento e i Giudici regnicoli praticamente contavano almeno quanto lui. Scoprì con non minore disappunto che le grandi famiglie nobiliari più in vista della Sicilia superavano

in ricchezza non solo tutta la piccola nobiltà sabauda e piemontese, ma lo stesso re in persona. In più, l'aristocrazia siciliana, ma anche le città gelose dei loro privilegi, si mostravano ostili ad ogni tentativo di riformare un sistema che nel tempo si era come cristallizzato. Girò il Regno per un anno intero, poi prese la decisione di lasciarlo, e di mantenere la propria residenza a Torino, dove si sentiva più sicuro, affidando come sempre la Sicilia alle cure di un Viceré, il conte Maffei, esattamente come avevano fatto gli Spagnoli, lasciando quindi immutata la Costituzione dell'Isola.
La scelta di Vittorio Amedeo fu forse troppo rinunciataria. Se avesse accettato la scommessa di regnare sull'isola mediterranea, trattando al contrario il Piemonte come un remoto possedimento, avrebbe avuto davanti potenzialità infinite per creare uno stato ricco e florido che avrebbe potuto giocare un ruolo di primo piano nell'Europa e nel Mediterraneo di quei tempi. In ogni caso i Siciliani si sentirono umiliati e traditi da questa scelta: essere viceregno della potente Spagna era una cosa, essere viceregno degli avidi e "poveracci" piemontesi era considerato un affronto. Il rapporto si logorò e, alla lunga, Vittorio Amedeo non avrebbe potuto regnare contemporaneamente su due stati tanto diversi e lontani.
Il suo regno fu logorato da una contesa, che era scoppiata nell'ultimo anno di governo spagnolo (1712) con la Santa Sede (la *controversa liparitana*) che stava cogliendo un piccolo pretesto per revocare la mai sopportata Apostolica Legazìa. Lo Stato e la Chiesa arrivarono a uno scontro frontale, con la Chiesa siciliana divisa tra la fedeltà al papa e quella al re, con scomuniche e interdetti. Questa guerra diplomatica logorò il re sabaudo e si sarebbe composta solo molti anni dopo (1728), con la sostanziale vittoria delle ragioni dell'Autonomia della Chiesa siciliana, fatti salvi alcuni abusi e alcuni limiti alla giurisdizione del "Giudice della Monarchia";

limitazioni che furono dovute dare come "contentino" alla S.Sede che usciva politicamente sconfitta da questo lungo contenzioso. Altri ne ebbe con la Spagna, che conservava con i Cabrera la Contea di Modica, considerata quasi uno stato indipendente e quindi non soggetto alle leggi del Regno, e altri diritti che servivano solo a logorare il governo sabaudo. Vittorio Amedo poi fece i suoi di errori, restringendo i margini di autonomia del Viceré, "proprietario" soltanto di nome, giacché soggetto a direttive strette che venivano da Torino, e facendo cadere la riserva delle principali magistrature del Regno a favore dei Siciliani. Con piemontesi e savoiardi ai vertici dello Stato, i Siciliani ebbero la sensazione tangibile di essere stati ridotti a provincia, da un paese più piccolo e più povero del loro per giunta. Il programma di riforme che Vittorio Amedeo aveva promesso in Parlamento non poté neanche iniziare.

Da questa debolezza e impopolarità trasse profitto il governo spagnolo. Quando, solo 5 anni dopo, nel 1718, Filippo IV, guidato dal potente cardinale Alberoni, fece sbarcare le sue truppe a Palermo, queste furono accolte con giubilo dai Siciliani. Il viceré sabaudo dovette rifugiarsi nell'interno, a Caltanissetta, e quando anche questa si rivelò indifendibile, a Siracusa, mantenendo solo poche piazzeforti rifornibili dal mare, mentre in tutta la Sicilia la restaurazione borbonica veniva vissuta come un ritorno ad un governo pienamente legittimo in unione con la Spagna.
Ma il ritorno degli Spagnoli durò poco. I Savoia chiesero aiuto all'Austria, sapendo di non poter prevalere sulla più potente Spagna. Dopo due anni di guerra, Austriaci, Inglesi e Piemontesi ebbero la meglio, nonostante la vittoria spagnola nella battaglia di Francavilla. La Spagna si ritirava. L'Austria, come compenso per

l'aiuto prestato, chiese la corona siciliana, dando ai Savoia in cambio la più piccola Sardegna (1720).
I Savoia dovettero accettare e, in ogni caso, sulla Sardegna avrebbero avuto miglior gioco nel controllarla, mentre non avrebbero perso nulla in termini di titolo giacché anche la Sardegna era formalmente un regno.

Gli Austriaci, rappresentati allora dall'Imperatore Carlo VI d'Asburgo, non avevano rinunciato, nonostante i trattati del 1713 e del 1714, alle loro mire sulla Spagna. Rispolverando l'Unione Perpetua tra Sicilia e Spagna, consideravano la Sicilia il primo lembo di Spagna riconquistato, a differenza del Regno di Napoli o del Ducato di Milano (e del piccolo Stato dei Presìdi in Toscana), considerati a tutti gli effetti stati italiani. Tennero così a Vienna una "cancelleria in castigliano" per comunicare con il piccolo Regno di Sicilia. Negli atti pubblici siciliani l'Imperatore Carlo si firmava come Re Carlo III (sottinteso di Spagna e di Sicilia, in continuità con Carlo II), e – forse per sembrare ancor più spagnolo – riattivò a pieno regime l'Inquisizione spagnola, con gli ultimi roghi pubblici, che invece nei domini asburgici non esistevano, e che nella stessa Sicilia erano desueti da più di sessant'anni. Per inciso ricordiamo che, dopo Carlo V, questo fu l'ultimo sacro romano imperatore ad essere contemporaneamente re di Sicilia.
Con tutto ciò non può dirsi che il sovrano austriaco non sia stato rispettoso della Costituzione Siciliana, alla quale prestò giuramento come avevano fatto sia i sovrani spagnoli (che in tutto voleva imitare per legittimarsi) sia Vittorio Amedeo. C'è però da dire che le Guerre di Successione fecero saltare o dilazionare alcune convocazioni parlamentari, ma poi – sotto gli Asburgo d'Austria – queste ripresero con regolarità. Ancora segnaliamo che, di fronte ad una richiesta inusitata di un milione di scudi (400.000 onze) nel

Parlamento del 1732, i parlamentari ebbero il coraggio di ricusarlo, riducendolo a 800.000 (320.000 Oz.). Negli anni successivi il viceré Sastago, visto che le gabelle destinate a questo finanziamento straordinario si erano rivelate insufficienti, si limitò a richiedere e a ottenere di convertirle in donativo diretto, di più facile riscossione. Del resto gli Asburgo d'Austria erano ben abituati a regnare su tante corone, ciascuna con le sue tradizioni e le sue istituzioni da rispettare (si pensi almeno ai regni di Boemia e di Ungheria). Al contempo, però, fu inevitabile con il nuovo governo un'opera di razionalizzazione e modernizzazione del Regno, le cui istituzioni alla fine della dominazione spagnola erano andate praticamente alla deriva. Fra i provvedimenti che i Siciliani dovrebbero ricordare meglio c'è quello dell'istituzione della Deputazione delle Strade (1731), con cui inizia una manutenzione meno frammentaria delle Regie Trazzere, cioè del sistema viario che, dall'inizio del Regno, aveva garantito le comunicazioni interne. Alcune iniziative a favore del commercio, come la costituzione di una compagnia anonima (la prima società per azioni) per il commercio internazionale, con privilegio pubblico, o l'istituzione di un "tribunale di commercio", tutte novità progettate in era "austriaca", avrebbero visto la luce solo qualche decennio dopo, in piena era "borbonica". Solo a Messina riuscì nel 1728 l'apertura del Porto franco, che ristorava la città delle antiche esenzioni soppresse dopo la rivolta del secolo precedente.

Nel 1726 due trattati con i Tunisini e i Tripolini resero sicuro il commercio navale siciliano. Analogo accordo con gli Algerini saltò perché questi pretendevano che all'accordo prendessero parte anche i Cavalieri di Malta, ma l'imperatore rispose candidamente che, nonostante egli fosse re di Sicilia, e quindi signore feudale dei Cavalieri, non era in grado di controllare la loro politica estera, segno del grado di quasi indipendenza che questi avevano acquistato in due secoli dalla concessione dell'imperatore Carlo V. Il rigore austriaco non piacque molto ai Siciliani, ormai abituati dai viceré spagnoli ad una condizione di semi-anarchia, e in ogni caso, pur inviando viceré italiani o spagnoli, il governo degli Austriaci non entrò mai in empatia con le classi dirigenti isolane. I Siciliani consideravano generalmente Carlo una specie di usurpatore, non meno di Vittorio Amedeo, e propendevano per un ritorno nell'area spagnola, ormai borbonica.

L'occasione si presentò nella Guerra di Successione Polacca. Senza volerla seguire nella sua dinamica, del tutto estranea alla Sicilia, questa fu l'occasione perché la Spagna occupasse i due regni "meridionali" e li riportasse nella propria orbita. Il Regno di Sicilia e il Regno di Napoli (e lo Stato dei Presìdi) sono così dati al figlio di Filippo V di Spagna, Carlo di Borbone (1734). L'occupazione fu facilissima: gli spagnoli, questa volta alleati di Inglesi e Olandesi, non avevano sui mari alcun contrasto da parte dell'Austria, potenza continentale che poteva contare solo sulle modeste flotte napoletana e siciliana. Del resto la "conquista" dei Borbone venne vista ancora una volta dai Siciliani come un "ritorno" degli Spagnoli, e quindi della legittimità. Non ci furono stragi, fu praticamente una passeggiata militare, con una resistenza simbolica degli Austriaci a Palermo, Messina e Siracusa giusto per l'onore delle armi. Solo il castello di Trapani fu più persistente nella resistenza, ma alla fine anche questo dovette arrendersi.

Carlo viene solennemente incoronato Re di Sicilia nel 1735. Questa volta, per effetto dei trattati, ogni residuo formale legame con la Spagna è risolto. Ancora una volta i Siciliani pensavano di aver raggiunto la piena indipendenza. Carlo è incoronato con il nome

di Carlo III, considerando quindi il predecessore né più né meno che un "abusivo" sulla corona siciliana. Ma dopo, ovviamente, Carlo preferisce risiedere a Napoli, la capitale del Regno maggiore, inviando – come sempre – un "viceré proprietario" a Palermo.
Per l'occasione fu rispolverato il vecchio titolo di Alfonso il Magnanimo, "Rex utriusque Siciliae". Ciò naturalmente non significava affatto che si era creato un regno unitario. Carlo era re "di entrambe le corone", cioè di Napoli, *alias* Sicilia al di qua del Faro, e di Sicilia, *alias* Sicilia al di là del Faro. Nel titolo prendeva la formula di "Sua Maestà Siciliana". Nelle poche cose gestite in comune (la Corona, la rappresentanza diplomatica) i due regni erano rappresentati sistematicamente con il rapporto di ¾ e ¼ tra Napoli e Sicilia e le due monete (ducato e onza) fissate in parità irrevocabile di tre ducati napoletani per un'onza siciliana. Ma, a parte questo, restavano due stati separati in tutto e per tutto, assoluto quello napoletano, parlamentare quello siciliano. La fine della Guerra di Successione polacca (1738) vide confermate a Carlo le due corone di Napoli e Sicilia. Anche la successiva Guerra di Successione austriaca, in cui le "Due Sicilie" furono interessate tutto sommato marginalmente, videro confermare ai Borbone i medesimi possessi (1748).
Per un verso Carlo non fu re assenteista come gli spagnoli, ma – per seguire da vicino le vicende siciliane – costituì, gia nel 1735, una "Giunta di Sicilia", avente ad oggetto le deliberazioni riguardanti il Regno di Sicilia.
Per i Siciliani, comunque, era l'ennesima delusione nel non vedere coronato il loro sogno di avere un re proprio e quindi una piena indipendenza anche sul piano estero.
Alla dinastia Borbone sarebbe toccato regnare nell'ultima fase storica del Regno di Sicilia (1734-1816) e, sempre a loro, di uccidere letteralmente il secolare Stato di Sicilia.

Carlo III (VII di Napoli) fu, a giudizio unanime, un sovrano illuminato. Ereditò due regni bisognosi di riforme e non le fece certo mancare. Seppe pure farlo rispettando le tradizioni costituzionali diverse dei due stati, il che forse rallentò un po' il cammino delle riforme in Sicilia, ma non impedì che questa camminasse al pari delle altre nazioni europee verso una progressiva modernizzazione.
Sul piano costituzionale cambiò pochissimo. In pratica era dall'inizio del Governo viceregio che la Sicilia, pur avendo attraversato alcune riforme amministrative significative, era amministrata più o meno allo stesso modo. C'era ormai una "costituzione vivente" che integrava i Capitoli di Catania del 1296, la cui forza veniva considerata indiscussa.
Le legislature parlamentari videro ampliare, sotto i Borbone, la durata da 3 a 4 anni. Il mandato viceregio formalmente resta triennale, ma in pratica è esteso a tempo indeterminato. Il castigliano, come lingua della corte viceregia, fu progressivamente abbandonato, entro gli anni '40 del secolo, a favore del toscano, che ormai aveva fatto regredire definitivamente il siciliano a lingua letteraria, ancorché considerata "nazionale", e insidiando e restringendo sempre più l'uso del latino in ambito accademico, forense e canonico (nel 1741 la prima convocazione del Parlamento in lingua italiana). Il Settecento vide nascere la prima timida rete di scuole pubbliche, ma si trattava ancora di interventi frammentari. La legislazione, anche su impulso del governo viceregio (dietro il quale c'era la Corona, che riprendeva a occuparsi attivamente di Sicilia), sale di livello, rispetto all'evidente scadimento della seconda metà del Seicento, ma sempre secondo la gerarchia delle fonti sicule: al vertice, immutabili, il *Corpus Juris* di Giustinano e le antiche Costituzioni del Regno, poi le

legislazioni capitolari approvate dai Parlamenti con il placet regio, poi le prammatiche viceregie (e raramente regie), infine i dispacci regi e viceregi.

Il Parlamento generale di Sicilia

Lo Stato riesce anche a riprendere il controllo dei principali comuni demaniali (e a concedere la demanialità ad alcuni feudi che si compravano l'emancipazione), pur nel formale rispetto dell'autonomia dei Consigli civici. La Corona ora controlla direttamente la nomina dei "sindaci" (cioè dei rappresentanti) delle Città demaniali al Parlamento (formalmente acclamati dal Consiglio Civico), in modo da avere una voce certamente governativa al suo interno. Nei comuni maggiori questa sarà comunque espressione di una aristocrazia legata alla Corona (solo a Palermo il "Pretore" apparteneva in genere alla prima aristocrazia), mentre in quelli minori, che lo Stato controllava meno, il ruolo di rappresentante veniva dato ad avvocati, già paghi di essere gli unici senza quarti di nobiltà ad essere rappresentati in Parlamento, e quindi ancor più ligi degli altri ai dettami del Viceré. Il Parlamento votava stabilmente per Bracci. Spesso la nobiltà faceva quadrato nei Bracci militare ed ecclesiastico e poteva anche mettere in minoranza il Governo che controllava solo quello demaniale. Qualche volta il Governo riusciva a tirare dalla propria parte l'Ecclesiastico e strappava ai nobili qualche privilegio. E qualche volta, infine, lo Stato poteva portare avanti anche un processo di timida laicizzazione coalizzando Braccio militare e demaniale contro quello ecclesiastico.

Sul piano religioso, dopo secoli di stentata tolleranza, finalmente si legittima la presenza dei greco-cattolici di origine albanese in Sicilia: nel 1734 apre il Seminario Italo-Albanese ad opera di Padre Guzzetta, nel 1784 si istituì un "vescovo ordinante", competente solo per il rito e per le ordinazioni, ma senza una vera e propria diocesi. Il processo sarebbe stato completato solo due secoli dopo, con l'Istituzione dell'Eparchia di Piana nel 1937, per le forti resistenze e limitazioni che la Chiesa latina non cessò di esercitare su questi fedeli considerati in odore di "ortodossia", e quindi potenzialmente eretici. Nel frattempo, però, la Chiesa greca originaria di Sicilia, costituita da una serie di monasteri basiliani siciliani e calabresi, e soggetta all'Archimandrita, andò progressivamente in declino già nel Settecento, e finì per essere assorbita dalla Chiesa latina messinese, ma per tutto il Settecento, seppure sotto prelati latini, ancora sopravvisse. Solo nell'Ottocento si sarebbe progressivamente scardinata, lasciata vacante dapprima, sotto le Due Sicilie, colpita poi dalle soppressioni degli ordini monastici dopo l'Unità d'Italia, dall'accorpamento con la Diocesi latina di Messina nel 1883 e infine dal terremoto del 1908, con la quale fu chiusa l'ultima parrocchia di rito greco, per riaprire simbolicamente solo nel 2011.

Altra apertura religiosa di re Carlo fu la revoca dell'espulsione degli ebrei di fine Quattrocento (1741). Ma non per questo si sarebbe mai più ricostituita una comunità ebraico-sicula degna di nota.

La "religione" di Malta, cioè i Cavalieri di S.Giovanni, nei secoli aveva perso gran parte della sua funzione militare, ed era ormai una sorta di porto franco famoso per il suo ospedale all'avanguardia. I Cavalieri provarono anche a sfidare l'autorità del Regno di Sicilia su di loro, considerando l'omaggio annuale del falcone solo un atto di alta sovranità, ma nell'ambito di una sostanziale indipendenza. Nel 1754 impedirono la visita del vescovo di Siracusa, determinando una ferma reazione di re Carlo con un blocco commerciale durato un anno. Un arbitrato internazionale, comunque, riportò le Isole Maltesi all'ordine all'interno del Regno di Sicilia.

Tra le altre riforme del periodo l'istituzione del Supremo magistrato di commercio (1739), per le cause di diritto commerciale, fino ad allora regolate dai giudici ordinari. È da ricordare che allora la Sicilia aveva un diritto civile romano antico, e un diritto commerciale dato dagli *Usatges* di Barcellona, introdotti in Sicilia con ogni probabilità ai tempi del Vespro, oltre a numerosi usi locali sulle diverse piazze commerciali.

Carlo riordina anche la sanità, estendendo su tutta la Sicilia l'ufficio, prima municipale palermitano, della Suprema deputazione generale di Salute Pubblica (1743).

Impossibile ricordare le tante piccole e continue innovazioni del secolo. Ne ricordiamo una tra tutte: la fondazione a Messina della prima società anonima (una sorta di piccola "Compagnia siciliana delle Indie" sul modello di analoga società formata anni prima a Napoli per il regno continentale), con 350.000 scudi (140.000 onze) di capitale sociale (1752). Anche la Sicilia si avviava quindi alla modernizzazione in senso capitalistico. Gli stessi aristocratici cominciavano a mal sopportare gli orpelli di diritto pubblico legati alla loro carica, ed erano più interessati ad uno sfruttamento di diritto privato dei beni feudali, così come a un'appropriazione delle terre comuni, non diversamente da come in parallelo avveniva in Inghilterra nelle *enclosures*. L'aristocrazia siciliana, e intorno ad essa tutte le classi emergenti, comprese le borghesie delle grandi città orientali, sviluppava sempre più un forte sentimento nazionale isolano, tenuto d'occhio con sospetto dalla monarchia borbonica, ma sempre incanalato nel quadro costituzionale.

In quest'ottica i Siciliani andavano scoprendo e rivalutando l'origine normanna del loro Stato, e la stretta parentela istituzionale che li legava agli Inglesi, data dalla presenza di un Parlamento assai simile (i due Bracci militare ed ecclesiastico corrispondevano quasi esattamente ai pari temporali e spirituali della Camera dei Lords, mentre il Braccio demaniale corrispondeva alla grossa alla Camera dei Comuni).

Ci furono varie riforme dell'amministrazione, anche in senso sociale. Se non riuscì subito il decollo di un'istruzione pubblica per i "civili" (il ceto medio), maggior successo ebbe la "deputazione de' projetti" per prendersi cura dei neonati abbandonati, sotto il viceré Laviefuille. Sotto lo stesso governo troviamo le prime testimonianze di logge massoniche in Sicilia.

Ad ogni modo, fino al 1759, il governo viceregio, in parallelo a quanto faceva il Tanucci a Napoli, sia pure in tono minore, guidava il Paese in modo equilibrato e pacifico.

Sul piano internazionale pare significativo che l'arrivo di Carlo, nel 1734, sia stato percepito dai Siciliani come un ritorno nell'orbita spagnola, ma poi, poco per volta, l'influsso della Spagna andò indebolendosi, senza che ci sia stato un momento esatto in cui questo sia cessato del tutto.

Nel 1759 Carlo succede nel Regno di Spagna, con il titolo di Carlo III. Napoli e Sicilia sono lasciate al figlio minore Ferdinando (IV di Napoli, III di Sicilia). Appare altrettanto significativo della crescita del nazionalismo isolano che a Palermo si sia fatta una vera e propria cerimonia dell'incoronazione (senza far partire da Napoli il piccolo Ferdinando che allora aveva solo 9 anni), celebrata un po' freddamente dal viceré Fogliani, e non si siano fatti solo i "festeggiamenti" come si sarebbe fatto all'epoca degli Asburgo di Spagna. Questo viceré, in carica da alcuni anni, lo sarebbe rimasto per tutta la minore età di Ferdinando III e anche per i primi anni della sua maggiore età: con i suoi diciotto anni e più di governo Fogliani è stato il viceré più longevo della storia di Sicilia.

Agli inizi nulla sembrava cambiare: Tanucci continuava a Napoli le riforme da assolutismo illuminato, Fogliani continuava a Palermo, insieme ai Parlamenti, in maniera sostanzialmente indipendente. Il vero re sembra ancora Carlo III di Spagna, che riesce a dare indirizzi anche alle due monarchie "siciliane". Provvedimento emblematico di questo periodo è l'espulsione dei Gesuiti nel 1767, voluta dalla Spagna, e prontamente eseguita anche a Napoli e in Sicilia, teoricamente in modo autonomo. L'espulsione dei Gesuiti ebbe un grande effetto per l'economia siciliana, perché mise in commercio l'immenso patrimonio accumulato in secoli dalla loro Società, ora amministrato e messo in vendita da una "Giunta degli abusi". Ma significò anche la perdita degli storici collegi, malamente secolarizzati o sostituiti da altri istituti di formazione. Il viceré Fogliani aprì a Palermo una sorta di liceo, le "pubbliche scuole di grammatica e di rettorica", e poi altre, poco a poco, si aprirono nel resto del Regno, sia pure meno capillarmente della vecchia rete di collegi gesuitici. Alla fine del processo, nonostante il danno immediato, l'istruzione divenne quindi più popolare, ma ci vollero alcuni decenni. Nel 1786, quasi vent'anni dopo quindi, furono aperte in Sicilia le "Scuole normali", per formare i maestri delle prime scuole elementari.

A Palermo chiuse anche il Collegio Maggiore dei gesuiti, che aveva avuto funzioni universitarie. La sua riapertura come "Accademia Nazionale", e quindi laica e statale, iniziata due anni dopo, prese due decenni per andare a regime, ma fu anche un bene, perché oltre alle tradizionali lauree in filosofia e teologia, questa avrebbe rilasciato anche lauree di ogni tipo, nel clima di rigoglio nazionale siciliano di fine secolo. Quell'accademia poi si sarebbe trasformata nell'Università degli studi di Palermo soltanto nel 1806, in piena epoca napoleonica, nonostante i Gesuiti, allora appena riammessi, pretendessero la restituzione del Collegio.
Nel 1760, scacciati i pirati barbareschi che ne avevano fatto un covo, fu colonizzata l'isola di Ustica. Ciò che però non avrebbe salvato la piccola colonia da successive incursioni di algerini. Furono fatti progetti di colonizzazione anche dell'isola di Lampedusa, ma questa sarebbe stata completata solo tra la fine del secolo e gli inizi del successivo.
Quando Ferdinando cresce ed esce di tutela apprende con disappunto che "al di là del Faro" non è re assoluto come a Napoli, e che deve tenere conto di una "rappresentanza della Nazione". I rapporti sono tesi sin dall'inizio, e non fanno che peggiorare nel tempo.
Il Parlamento del 1770 chiede che le truppe mercenarie degli svizzeri siano sostituite con un reggimento di fanteria siciliana, segno anche questo di una progressiva presa di coscienza nazionale.
Una rivolta popolare, dettata da normali condizioni di malcontento e di alto prezzo dei beni di prima necessità, costringe il Fogliani alla fuga da Palermo nel 1773. Il viceré ripara a Messina. L'ordine è riportato a Palermo ma si comprende che in Sicilia c'è un problema. La Sicilia è infatti un vero e proprio stato, che mal sopporta l'autorità del re napoletano concepito come "straniero" non meno dei predecessori. Si sceglie di inviare viceré che

favoriscano una maggiore integrazione tra le due parti del dominio borbonico, senza voler urtare troppo la suscettibilità dei grandi di Sicilia. La carica di viceré è ora sottoposta ad alcune limitazioni e a un controllo più stretto da Napoli. Poco dopo Fogliani, anche il Tanucci, padre delle riforme illuministe, è licenziato e il governo inizia a prendere una piega più reazionaria. Dopo un governo tutto sommato accomodante coi Siciliani come quello del Colonna, viene spedito a Palermo l'illuminista Caracciolo, già ambasciatore a Parigi, a "mettere ordine" tra i riottosi siciliani, nel 1781.

Si devono al Caracciolo una serie di importanti riforme, ormai ineledubili in una Sicilia immobile da secoli. Alcune di queste avevano un orientamento liberale, come la liberalizzazione della tratta dei grani o l'abolizione delle "mete" (prezzi e pesi fissi del pane). Altra riforma fu quella di liberalizzare il lavoro salariato dei vassalli, anche fuori dal feudo del barone, senza il permesso di quest'ultimo. Queste riforme da un lato liberavano lo Stato dalle "bardature mercantilistiche", ma dall'altro non tenevano conto del significato sociale della calmierazione dei prezzi, e resero inviso il nuovo governo ai ceti più umili, dai quali avrebbe forse dovuto cercare il consenso.

Caracciolo letteralmente "sopportava" il Parlamento, ma se avesse potuto lo avrebbe abolito. Quando lo convocò per la prima volta interruppe la tradizione di far leggere il discorso al protonotaro e lo lesse lui direttamente (il successore, il Caramanico, sarebbe tornato all'antica tradizione). E fu da subito sprezzante nei confronti delle istituzioni siciliane. Tra le altre proposte quella di cambiarne il nome: il Parlamento doveva diventare un più modesto "Congresso" e i "donativi" più coercitivi "contributi". Il re, però, non accettò questi cambi costituzionali, ritenendoli pericolosi per la stabilità politica del Regno.

Caracciolo, ad onor del vero, ha intenzione di mettere un po' d'ordine nel Regno di Sicilia, e introdurre sane innovazioni, ma lo fa commettendo innumerevoli errori tattici, ferendo ripetutamente l'orgoglio e la dignità dei Siciliani, come ad esempio nel vano tentativo di ridurre i festeggiamenti di S. Rosalia a Palermo. I tentativi di accentrare le decisioni a Napoli gli alienarono pure i ceti medi, già intrisi di un vago nazionalismo siciliano, che pure dovevano essere i migliori suoi alleati nel ridurre i privilegi dell'aristocrazia. Fra le più importanti riforme la chiusura dell'Inquisizione Spagnola (1782), con la distruzione di tutte le sue carte, perdita questa incolmabile per la memoria storica. Vi è da dire che ormai da tempo questa si era trasformata più che altro in una struttura assistenziale pubblica, la cui finalità vera era di dare lavoro ad alcune persone; alla chiusura nelle celle furono trovate solo alcune vecchine, fatte passare per streghe e che alla chiusura non sapevano neanche dove andare. Furono abolite tutte le linee doganali interne tra gli stati feudali. A parte i dazi comunali, quindi, veniva introdotto il libero commercio all'interno del Regno di Sicilia. All'esterno naturalmente continuava il regime doganale, anche tra Napoli e Sicilia. Furono aboliti gli abusi del mero e misto imperio nelle terre baronali, come l'incarceramento "per ragioni ben note al barone" (1784). Importantissimo colpo alla feudalità fu, infine, quello dato nel 1785, nel quale, richiamando in vigore Capitoli di re Federico III e Ferdinando I, diede interpretazione estensiva di applicarli alle città feudali, come forse in teoria era già all'origine, le quali di fatto si videro ora eleggere sindaco e giurati dai rispettivi consigli civici, cioè dalle assemblee dei "civili" dei rispettivi paesi. Era in pratica l'abolizione del feudalesimo per cui la Sicilia era ancora una vera somma di stati feudali. Restavano al barone ancora molti diritti: l'amministrazione dei beni feudali nel comune, le funzioni giudiziarie (sia pure temperate), il servizio militare, la rappresentanza parlamentare, nonché una serie di tributi locali, diritti, angarie, perangarie e simili, sempre che fossero stati concessi dal re. Ma i Comuni feudali, che in teoria erano sempre stati autonomi, adesso cominciavano ad esserlo anche in pratica. Ciò a sua volta apriva a una sorta di democrazia (di questo l'assolutista Caracciolo forse si avvide poco) anche nelle città demaniali, che continuavano ad acclamare i magistrati proposti dalla corte viceregia, ma finché a loro fosse piaciuto. Le autonomie civiche, in verità, erano state una delle più importanti conquiste del Vespro; conquiste che Caracciolo rimise semplicemente in piedi dopo secoli di abusi.

Altro effetto involontario delle riforme di Caracciolo fu che l'avversato Parlamento cominciò ad avere una natura politica in senso moderno, con un vero dibattito al suo interno. Nei tempi gloriosi del Vespro, e anche prima, era stata la forza del Regno, e così anche dopo, sotto i re aragonesi e poi spagnoli. Poi, poco a poco, si era come atrofizzato, limitandosi a votare i donativi e a chiedere grazie, spesso su interessi assai particolari. Ma non si era mai spento del tutto. Ora il Braccio demaniale, incoraggiato dal Caracciolo, cominciava ad alzare la testa, in quanto rappresentante delle popolazioni delle maggiori città del Regno. Nel Parlamento del 1786 questo chiede e ottiene una ripartizione più equa dei tributi tra città demaniali e baronali. Caracciolo, con vero abuso, nomina da sé la Deputazione del Regno, limitando i baroni a un terzo. Dopo di lui il Parlamento avrebbe ripreso ad eleggere la propria Deputazione, ma la limitazione di potere ai baroni sarebbe rimasta. Lo stesso anno, forse anche per il troppo malcontento generato dalla sua azione, venne richiamato a Napoli.

I successori dovettero venire a più miti consigli con il Parlamento, perché i tempi si facevano duri per le monarchie, con l'approssimarsi della Rivoluzione francese.

Il Caramanico, con molto più tatto del predecessore, ne continuò comunque l'opera di riforma. Con una prammatica del 1788 (che riprendeva altre analoghe, ma meno efficaci, del 1766 e del 1776), diede un altro colpo formidabile al feudalesimo: erano aboliti di colpo tutti i diritti feudali di cui non si poteva dimostrare una esplicita concessione regia, in pratica istituiti dall'abuso dei baroni stessi: si trattava di molteplici gabelle, servitù, angarie, perangarie, usi esclusivi di mulini, frantoi e forni. Ciò equivaleva, in pratica, ad abolire una gran parte dei diritti feudali dal Regno.
Nel frattempo lo Stato di Sicilia si accresceva piano piano nelle funzioni che andava esercitando. Sebbene fosse ancora anacronisticamente diviso nei Tre Valli ereditati dai Saraceni, e nell'organizzazione feudale e municipale, si andavano costituendo nuove branche della pubblica amministrazione, alcune delle quali sotto il controllo del Parlamento stesso, come ad esempio la Deputazione delle Strade, che si poneva moderni problemi di miglioramento della viabilità. Altre branche, invece, erano presenti da secoli, come il "protomedicato" (sorta di ministero della salute), ed ora ingrandito nelle funzioni. Nel 1787 fu riformata la vecchia procedura civile e criminale, ereditata ancora da Alfonso il Magnanimo, con la quale le cause feudali potevano durare anche più di 100 anni.
La lotta tra Corona e Aristocrazia in questi anni fu comunque particolarmente feroce, anche se ancora sotterranea. L'aristocrazia ebbe buon gioco a mostrarsi all'intera Nazione come tutrice delle libertà del Regno, contro la rapacità e tirannia del governo napoletano. La mancanza di una dinastia siciliana si faceva ancora una volta sentire come il più grande limite. Le necessarie riforme che il governo voleva introdurre erano percepite come "riforme straniere", e facilmente neutralizzate da una classe dirigente che, più che ogni altra in Europa, si irrigidiva nella difesa di privilegi

anacronistici. Da canto suo il Governo non faceva che commettere errori, come quello di tentare di introdurre, per mezzo di suoi avvocati, interpretazioni costituzionali restrittive e mortificanti. I baroni si stringevano al contrario su un'interpretazione che era stata vincente in sede giudiziaria ai tempi del viceregnato di Laviefuille, sotto Carlo III: quella dell'avvocato Di Napoli (1744) che sosteneva che i baroni siciliani erano stati "commilitoni" di Ruggero I, e quindi che la sovranità apparteneva congiuntamente a loro e al re. Per contro, le teorie del Simonetti, "napoletano", erano talmente riduttive da concepire il Regno di Sicilia come una mera provincia, e tutti i diritti vigenti come graziose concessioni regie. Fu imposta al senato palermitano la rimozione della statua del Di Napoli dal consiglio civico. Il clima era teso, e ancora una volta gran parte della società siciliana, legata all'aristocrazia da concretissimi interessi economici, non stava dalla parte del re. Re e viceré, finché potevano, facevano riforme per mezzo di prammatiche e dispacci, non consultando il Parlamento, mentre le richieste dello stesso raramente si traducevano in veri e propri Capitoli, riservandosi quasi sempre la Corona il diritto di esaminare le grazie richieste dal Parlamento e dilazionandole di anni.
Ad ogni modo la Sicilia si avviava ad una trasformazione economica profonda, non solo per effetto delle riforme legislative, ma per processi interni di trasformazione. Negli anni '60-'70 inizia l'estrazione dello zolfo, il vero petrolio della rivoluzione industriale, ciò che trasformerà la piccola Sicilia in un teatro strategico dello scacchiere internazionale.
In questo clima politico non mancarono le suggestioni rivoluzionarie. Queste, in Sicilia, assunsero il colore del separatismo repubblicano. Una congiura giacobina del 1795, guidata dall'avvocato Francesco Paolo Di Blasi, che si era distinto per studi accademici che avrebbero voluto fare del siciliano una

lingua nazionale, mirava a spodestare i Borbone e dar vita ad una Repubblica Siciliana. Sventata la rivolta, per Francesco Paolo Di Blasi ci fu la mannaia, in quella stessa piazza che, circa un secolo dopo, sarebbe stata chiamata "Piazza Indipendenza", chiamata così in onore della III guerra d'Indipendenza italiana del 1866, ma dove erano stati impiccati e decapitati, quasi cent'anni prima, i martiri dell'Indipendenza siciliana.

Gli eventi rivoluzionari fanno precipitare la situazione. Nel 1794 la Corona chiede un sussidio di 60.000 ducati fissi al mese, una cifra spropositata che equivaleva alla chiusura del Parlamento per sopravvenuta inutilità. Il Parlamento trovò la forza di dire di no alla Corona. Non era mai successo, ma era inevitabile perché la Sicilia non fosse calpestata definitivamente. La Sicilia offriva in cambio un donativo straordinario di un milione di ducati. Ma ormai tra Corona e Parlamento la frattura era diventata insanabile. Il Parlamento del 1798, l'ultimo di epoca viceregia, vede di nuovo la proposta dei 60.000 ducati mensili l'anno approvata dal solo Braccio demaniale, ormai letteralmente occupato dal Governo. Il rifiuto degli altri due Bracci bloccò la richiesta. Il re cerca di sforzare la Deputazione a violare il mandato del Parlamento, dando per buona la deliberazione del solo Braccio demaniale. La Deputazione, con gran coraggio (sette voti contro cinque) boccia come irricevibile la proposta della Corona, in quanto non poteva eccedere il mandato parlamentare. Anche la Giunta dei Presidenti e Consultori, investita del tema, si spacca: 3 voti su 5 contro la Corona, che alla fine dovette piegarsi. La realtà era che quanto la Sicilia voleva dare a Napoli era già troppo per le proprie risorse, ma troppo poco per i bisogni della guerra contro i Francesi.

Pochi mesi dopo, non sentendosi più sicuro a Napoli, re Ferdinando fugge in Sicilia, sotto la protezione delle armate britanniche. L'ultimo viceré, da poco nominato, di fronte alla

presenza del re non può far altro che rassegnare il mandato, venendo nominato in cambio "Ministro per gli Affari Interni", carica mai esistita prima in Sicilia. Con un "Ministro di Giustizia e Alta Polizia" e un "Ministro della Guerra", la Sicilia ebbe il suo primo Gabinetto moderno. È la fine di un'era che era iniziata nel lontano 1416, e che non sarebbe tornata mai più. Il re (o forse più ancora la moglie Maria Carolina d'Austria) assumeva direttamente il governo, in realtà per mezzo di fuoriusciti napoletani.
In questo frangente le armate napoleoniche occupano le Isole maltesi (1798), indifendibili dagli ormai imbelli Cavalieri, ma anche dal Re di Sicilia che ha a sua volta bisogno di aiuto. Lo chiede agli Inglesi, che nel 1800 occupano Malta, teoricamente per conto del Re di Sicilia, ma amministrandola loro in attesa della fine delle ostilità, e proteggono per mare la Sicilia. All'ammiraglio Nelson, il vincitore di Trafalgar, è accordata la cittadinanza siciliana e la Ducea di Bronte.

La Sicilia si trovava ora teoricamente indipendente, con un re proprio, dopo secoli di viceregno. Pochi mesi dopo i Francesi dilagano a Napoli, instaurando la breve e sfortunata Repubblica Partenopea (1799). Anche se poco dopo i Borbone restaurano il Regno, Ferdinando resta a Palermo sino al 1803, spremendo la Sicilia come non mai per la riconquista e il consolidamento del Regno continentale. Il Parlamento è lieto di servire il sovrano e fa ogni sacrificio che le viene chiesto. Ma pensa che sia giunto per la Sicilia il momento di poter chiedere ben altra considerazione e rispetto. Nel 1801, in questo quadro, si registra a Catania, per opera di tale Antonino Piraino, un'altra cospirazione repubblicana.
Durante l'"esilio" a Palermo la Costituzione del Vespro aveva ripreso a funzionare nel suo tenore letterale, saltata com'era l'intermediazione viceregia. Il Regno chiedeva molte riforme, si

credeva di essere alla vigilia di un vero riscatto nazionale. Nel frattempo lo sforzo bellico era prevalente. Nel Parlamento del 1802 Ferdinando III aveva promesso di non lasciare la Sicilia, ma subito dopo venne meno alla promessa, tornando a Napoli, e cercando di trovare un qualche legame con Napoleone.

Allontanatosi da Palermo, si poneva il problema di come governare il Regno. Ferdinando non vuole tornare più alla pratica settecentesca dei Viceré, al contempo "quasi" capo di stato e capo di governo. Volle esercitare questa volta personalmente, anche se da lontano, le funzioni di Capo di Stato, senza l'alter ego del viceré, un po' come tanti secoli prima aveva fatto Alfonso il Magnanimo. Ma la Sicilia aveva il proprio Stato e il proprio governo, in tutto distinti da Napoli. Quindi creò un Governo dell'Isola, il Governo della Luogotenenza. Il Luogotenente durò in questa prima fase solo 3 anni (1803-06), e poté sembrare un espediente transitorio. Ma in realtà c'era una logica dietro. Da un lato i luogotenenti erano la continuazione del viceregno, e come i viceré guidavano il governo siciliano, ed erano soggetti al controllo parlamentare. Anzi, per certi versi, il Parlamento era ora assai rafforzato, e il suo controllo assai più stretto. Per altro verso però non era più "viceré proprietario", non aveva più quindi la facoltà di svolgere funzioni sovrane finché non fosse intervenuto il sovrano in persona. Nel Settecento i Viceré avevano fatto anche piccoli trattati con il Bey di Tunisi, ad esempio. In questo caso il Re, da Napoli, voleva gestire anche un regno ormai di fatto indipendente. Il malumore e la delusione dei Siciliani che avevano sopportato il costo dell'esilio e della riconquista di Napoli era palpabile.

Nel 1806, di nuovo, la Corte è in fuga a Palermo e questa volta la fuga sembra definitiva. Il Regno di Napoli è interamente occupato dalla Francia, e affidato al fratello maggiore di Napoleone, Giuseppe. Due anni dopo (1808) Giuseppe Bonaparte diventa re di Spagna; Napoli è data invece al cognato di Napoleone: Gioacchino Murat.

Murat si proclama "Re delle Due Sicilie", naturalmente, rivendicando anche la Sicilia, che considera nient'altro che una pertinenza di Napoli, ma resta solo re di Napoli. Ferdinando, protetto dalla flotta britannica, si era invece rifugiato in Sicilia dove è solo un re costituzionale. Ma impone il proprio ministero e la propria corte ai Siciliani, tutti napoletani fuoriusciti. I Siciliani si trovano nella stranissima condizione di essere ritornati indipendenti anche in politica estera, dopo 4 secoli di viceregno, ma nello stesso tempo ad avere un governo tutto di napoletani, alieni e ostili ai Siciliani stessi. Unica tutela il Parlamento, e in parte la Deputazione del Regno, ai quali vengono chiesti sacrifici crescenti, ai limiti della capacità di sopportazione. In politica estera la Sicilia deve accettare sussidi e difesa dal Regno Unito, che mette il Regno sotto la propria protezione politica, potendo anche intromettersi parzialmente negli affari interni: gli Inglesi davano sussidi al governo siciliano, ma questo in cambio doveva tenere aperti e franchi tutti i porti siciliani al commercio inglese, e ospitare un corpo di 10.000 soldati britannici. Plenipotenziario del Regno Unito e Capitano generale del Regno di Sicilia è Lord Bentink, il quale simpatizza per il partito parlamentare e per il filo-anglicismo ormai diffuso un po' in tutta la classe dirigente isolana. Il Parlamento del 1806 approva il riordino dei pesi e misure in uso nel Regno che, lasciati a sé stessi dai tempi di Federico Imperatore, erano andati incontro ad una grande incertezza, con piccole differenze soprattutto tra Palermo e Messina, e impone il passaggio dal latino all'italiano negli atti notarili. La Suprema Deputazione dei Pesi e delle Misure, allo scopo costituita, si dotò dell'apporto di valenti scienziati, grazie ai quali fu licenziato, nel 1809, il Sistema Metrico Siculo, che sarebbe giunto all'Unità d'Italia, e anche dopo nell'uso comune. Tra questi scienziati il Piazzi, cui si doveva la scoperta (1801) del primo pianetino dall'Osservatorio

astronomico di Palermo, dedicato in onore alla protettrice pagana della Sicilia a Cerere e tuttora così chiamato.
Il Parlamento del 1810 è ancora un Parlamento di Antico Regime, eletto con le antiche regole del Vespro. Ma lo spirito è già nuovo. Vengono votati altri sacrifici finanziari, enormi, nella guerra per la vita contro Napoleone. La Sicilia in qualche modo beneficiò del Blocco Continentale. I prezzi delle derrate agricole salirono, facendo la fortuna dell'agricoltura siciliana. Nondimeno la guerra imponeva grandi sacrifici. Tra le riforme del 1810 l'introduzione della lingua italiana come lingua ufficiale, con la previsione di una codificazione delle leggi (sul modello francese quindi, questa volta) che sostituisse definitivamente il latino come lingua giuridica. Già una decina d'anni prima le due università del regno avevano abbandonato il latino come lingua didattica a favore dell'italiano. L'élite siciliana preferì l'italiano al siciliano come lingua nazionale, nonostante ci fosse e ci fosse stato un risveglio linguistico nazionale siciliano proprio in quegli anni. Non era una scelta politica "per l'Italia", che ai tempi neanche esisteva come idea, ma una scelta culturale, di appartenenza ad una vasta area linguistica, nel timore – come scrisse l'Aceto – che la scelta del Siciliano avrebbe "isolato" la Sicilia. Con il senno di poi questa scelta si sarebbe rivelata poco coraggiosa e l'anticamera dell'annessione all'Italia, ma ai tempi nessuno poteva prevederlo e tutta la letteratura coeva parla sistematicamente e soltanto di "Nazione Siciliana", seppure concepita come una nazione di lingua italiana. Nel Parlamento del 1810 la Corona ormai trovava un'opposizione ferma. Si impose di distinguere i donativi per "capitoli" di entrata, in modo che non ci fosse confusione nell'amministrazione finanziaria e eccessi nella riscossione. Il Governo, che aveva chiesto maggiori donativi, prese questo come un affronto intollerabile. Ma la Sicilia stava solo resistendo al saccheggio di tutte le proprie risorse da destinare ad una conquista,

quella del Regno di Napoli, che se fosse riuscita sarebbe stata fatale per la Sicilia stessa, come poi effettivamente fu. Per decidere come distribuire il donativo il Parlamento del 1810 fu riconvocato a pochi mesi di distanza. Con pressioni di ogni tipo il Parlamento fu piegato alle esigenze della Corona.
La piega che presero gli eventi bellici fece propendere il Governo per chiedere ulteriori esazioni fiscali senza passare per il Parlamento, già nel 1811. Naturalmente lo strappo non passò inosservato e ci fu una rimostranza da parte di 43 baroni parlamentari, perché mai da secoli si era imposta una tassa senza ricorrere al Parlamento. La Deputazione del Regno, ormai controllata dal governo in maniera poliziesca, diede servilmente ragione alla Corona. La risposta del Re fu la deportazione dei capi del partito parlamentare nelle piccole isole. In pratica era la revoca della Costituzione del Vespro. Sotto la veste dei Borbone, gli Angioini sembravano tornati in Sicilia.
La Gran Bretagna, in quel momento liberale, anche perché avvertì un clima di disordini, nonché la minaccia di aprire i porti siciliani alle armate francesi, non poteva stare a guardare inerme il colpo di stato di re Ferdinando e decise di intervenire. Lord Bentink impose a re Ferdinando di nominare vicario il figlio Francesco e a rinserrarsi, quasi prigioniero, al Bosco della Ficuzza, mentre i capi del partito parlamentare venivano liberati e venivano emessi provvedimenti liberali da un governo finalmente siciliano. Aprirono i giornali, la Sicilia si apriva alla libertà di stampa e di pensiero. La larva di ordinamento costituzionale di cui godeva da secoli stava diventando finalmente effettiva e matura.
È convocato un Parlamento straordinario, l'ultimo eletto con le regole del Vespro a tre Bracci, ma questa volta con funzioni costituenti, per adattare ai tempi la Costituzione Siciliana. I Comuni demaniali, fino ad allora docili strumenti del Governo, si ribellano, e decidono di inviare in Parlamento i loro deputati. Il pretore

(sindaco) di Palermo è sfiduciato dal Consiglio Civico, che si riappropria dei suoi diritti e ne elegge uno nuovo. Il clima era rivoluzionario, ma di una rivoluzione pacifica, che si svolgeva tutta nei binari della legalità, semmai violata dagli abusi del Borbone.

Il Parlamento del 1812 è quindi un'assemblea costituente. I tre Bracci, aperti solennemente dal Vicario Francesco, siedono in pompa magna come nel passato, ma si attivano subito in una febbrile attività legislativa che non ha pari nel tempo. Dietro una bozza buttata giù dall'Abate Balsamo, la Sicilia si dà la prima costituzione moderna.

Si è detto che fu ricalcata su quella inglese, ma ciò è vero solo fino a un certo punto. In Inghilterra la riforma elettorale che estese a tutti i comuni il diritto di mandare rappresentanti alla Camera dei Comuni è solo del 1832. La Sicilia anticipa questo già vent'anni prima. Tutti i cittadini dotati di una piccola rendita o che sappiano leggere e scrivere eleggono i loro rappresentanti alla Camera dei Comuni, per Comune e per Distretto. La Sicilia è divisa in 23 distretti in cui sono consorziati tutti i Comuni dell'Isola (tranne le piccole isole che hanno un'amministrazione separata). I diritti feudali sono aboliti, e le terre feudali trasformate in proprietà privata (si usa ancora il termine medievale di beni allodiali). Tutti i comuni hanno il loro Consiglio civico elettivo e il loro "magistrato" esecutivo elettivo. Sono garantite tutte le libertà fondamentali, tra cui fondamentale la libertà di stampa. Non è però introdotta la libertà di culto. Tra le basi della Costituzioni, al primo punto, è stabilito che la sola religione ammessa era la "cattolica apostolica romana", intendendosi quindi che le comunità di altre religioni presenti in Sicilia potessero solo essere tollerate tra residenti "non regnicoli" (ebrei e protestanti, essenzialmente). La magistratura è resa del tutto indipendente dal potere esecutivo e dal potere legislativo. Il potere esecutivo e il comando delle truppe è riservato al re, ma dietro fiducia parlamentare. Il re conserva diritto di veto sulla legislazione parlamentare. I Bracci ecclesiastico e militare, riuniti, sono trasformati in "Camera dei Pari", questa sì sul modello britannico. La Camera dei Comuni ha un primato su quella dei Pari in materia tributaria e finanziaria. L'eleggibilità passiva è ristretta secondo il censo, ma non è altissima. Anche le due università degli studi (Palermo e Catania) mandano rappresentanti alla Camera dei Comuni. Il re non può costituire nuove parìe se non a favore di regnicoli e in possesso di requisiti di reddito molto elevati. Il re non può allontanarsi dal Regno senza il permesso del Parlamento e non può assumere altra corona se non rinunciando a quella siciliana.

In breve, nella Costituzione del 1812, non abbiamo solo la prima costituzione liberale moderna in un paese di lingua italiana, con la separazione dei poteri e tutte le fondamentali libertà e diritti riconosciuti (abrogando fra l'altro implicitamente anche la schiavitù, di cui in verità erano rimaste pochissime tracce, ed esplicitamente ogni servitù o vassallaggio feudale), abbiamo anche l'autonomia di tutti i comuni, il decentramento, per mezzo dei Distretti, l'abolizione del feudalesimo introdotto dai Normanni (con alcuni residui, che sarebbero scomparsi nei decenni successivi), l'introduzione dell'obbligo di istruzione elementare esteso a tutti i cittadini (non fu scritto da nessuna parte che da questo obbligo fossero escluse le cittadine di sesso femminile, ancorché escluse ancora dai diritti politici), affinché potessero al più presto diventare tutti elettori della Camera dei Comuni, fu proclamata soprattutto la perpetua indipendenza del Regno.

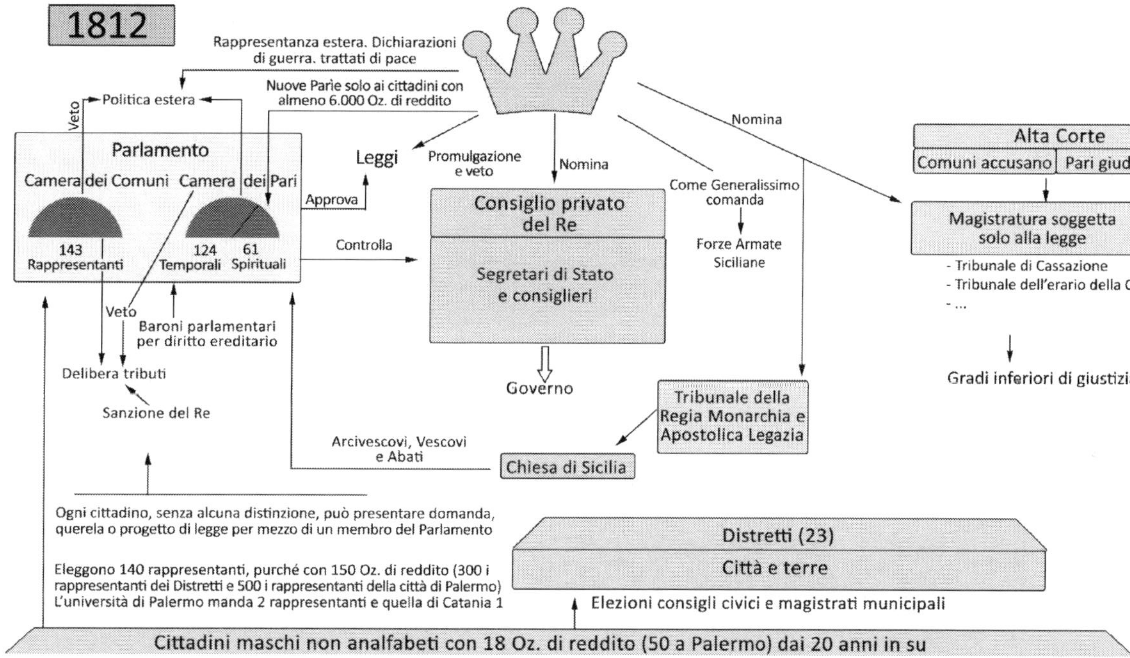

1812
Rappresentanza estera. Dichiarazioni di guerra. trattati di pace
Nuove Parie solo ai cittadini con almeno 6.000 Oz. di reddito
Veto
Politica estera
Parlamento
Camera dei Comuni
Camera dei Pari
143 Rappresentanti
124 Temporali
61 Spirituali
Leggi
Approva
Promulgazione e veto
Nomina
Controlla
Consiglio privato del Re
Segretari di Stato e consiglieri
Governo
Come Generalissimo comanda
Forze Armate Siciliane
Nomina
Alta Corte
Comuni accusano
Pari giudicano
Magistratura soggetta solo alla legge
- Tribunale di Cassazione
- Tribunale dell'erario della Corona
- ...
Gradi inferiori di giustizia
Veto
Baroni parlamentari per diritto ereditario
Delibera tributi
Sanzione del Re
Tribunale della Regia Monarchia e Apostolica Legazia
Arcivescovi, Vescovi e Abati
Chiesa di Sicilia
Ogni cittadino, senza alcuna distinzione, può presentare domanda, querela o progetto di legge per mezzo di un membro del Parlamento
Distretti (23)
Città e terre
Eleggono 140 rappresentanti, purché con 150 Oz. di reddito (300 i rappresentanti dei Distretti e 500 i rappresentanti della città di Palermo)
L'università di Palermo manda 2 rappresentanti e quella di Catania 1
Elezioni consigli civici e magistrati municipali
Cittadini maschi non analfabeti con 18 Oz. di reddito (50 a Palermo) dai 20 anni in su

Mai, dai tempi di re Ruggero II, la Sicilia aveva ottenuto un traguardo più ampio. Nel 1813 furono tenute nuove elezioni secondo la nuova Costituzione. Purtroppo la Sicilia si ritrovò ad avere di colpo un ordinamento liberale appena uscita dal feudalesimo, e forse la Gran Bretagna avrebbe dovuto guidare un po' più da presso quel processo che aveva contribuito a creare. E invece si occupò solo dei propri interessi e lasciò la giovane democrazia al proprio destino. E questo fu un dilaniarsi tra i partiti di nuova istituzione. La Camera dei Comuni fu egemonizzata da una maggioranza di centro (i cosiddetti cronici dal nome di un giornale palermitano), tra una destra reazionaria filoborbonica (i cosiddetti anticronici) e una forte sinistra dei Democratici di Rossi, quasi repubblicana, di composizione borghese e espressione dei ceti emergenti catanesi e messinesi, che giudicava insufficienti le riforme costituzionali. La maggioranza era poi composta al suo interno da un prevalente partito di centro-sinistra (rappresentato dal leader più rappresentativo di quest'epoca, il Principe di Castelnuovo) e da un recalcitrante centro-destra (che accettava la riforma ma voleva ritornare di più alla Costituzione precedente, o salvarne il salvabile, come il maggiorascato nella successione delle proprietà, il fedecommesso, o la deputazione del Regno). Castelnuovo, per le riforme più coraggiose dovette appoggiarsi alla sinistra, ma in genere fece blocco sociale con il centro-destra del Principe di Belmonte, altro protagonista di questi giorni molto convulsi. Si dice sempre, ingiustamente, che il Parlamento e la Rivoluzione del 1812 sarebbero state esclusivamente "baronali". Niente di più falso. Il Castelnuovo era sì un aristocratico, come lo era la classe dirigente di quasi tutta l'Europa di allora, ma aveva una stentata maggioranza in Camera dei Comuni, e non l'aveva proprio nella Camera dei Pari, un po' perché molti prelati di nomina regia erano anticostituzionali, e comunque ostili ad ogni cambiamento, un po' perché molti pari temporali guardavano con preoccupazione il moto di riforme che travolgeva tutti i loro privilegi. E tutti i membri del partito borbonico furono rigorosamente nobili fedeli alla corona. La fazione borbonica, del resto, non stava a guardare, favorendo dimostrazioni di plebaglia prezzolata per delegittimare con varie agitazioni le nuove istituzioni parlamentari.

Il Governo liberale governò in qualche modo tra il 1812 e il 1813. Nel 1813 in Inghilterra salirono al potere i conservatori, meno inclini dei liberali a supportare l'esperimento costituzionale in Sicilia. A questo punto Ferdinando, una volta richiamato il Bentink in Inghilterra, ha campo libero. Esce dalla Ficuzza (1814) e riprende i propri poteri. Scioglie il Parlamento e ne guida una rielezione che gli dà una maggioranza favorevole, certamente con mezzi non costituzionali. In questo modo si dota di un ministero siciliano solo di nome, ma già preordinato a schiacciare ogni libertà in Sicilia.

Luigi Cottone, P.pe di Castelnuovo, protagonista della Costituzione del 1812

E tuttavia l'opposizione poté sopravvivere almeno fino ai primi del 1815, mentre, ad uno ad uno i progressi della Rivoluzione del 1812 venivano ridimensionati dal nuovo ministero reazionario.
La causa non sembrava ancora persa. Napoleone era stato sconfitto a Lipsia (1814) e confinato all'Elba. Murat cerca di riciclarsi con i vincitori. La situazione è alquanto confusa. Sembra che possa restare a Napoli mentre Ferdinando sembrava destinato a restare re costituzionale in Sicilia (magari con un segno un po' più autoritario) sotto la protezione britannica. Ma i "Cento Giorni" di Napoleone portano Murat a schierarsi con il cognato. Invade il Nord, a Rimini fa un "proclama agli italiani" in chiave antiaustriaca, a seguito del quale troverà la sconfitta e infine la morte. Le potenze, già sedute a Vienna nel celebre Congresso ritengono sia venuto il momento di restituire il Regno di Napoli ai Borbone.
Già con il Trattato di Parigi, dopo la prima sconfitta di Napoleone, Ferdinando aveva dovuto assistere inerme al dono all'Inghilterra delle Isole Maltesi (1814) per far togliere loro il veto su un suo ritorno a Napoli. L'Inghilterra fu paga di questo scambio (le Isole erano occupate dagli Inglesi dal 1800, ma formalmente appartenevano ancora al Regno di Sicilia e, sconfitto Napoleone, le avrebbero dovute rilasciare). La Sicilia, come primo premio per aver sconfitto Napoleone, veniva intanto mutilata territorialmente. A Vienna Ferdinando è reintegrato nel regno di Napoli, ma il Medici insiste che sia scritto non "Re delle Due Sicilie" come era stato nel Settecento, ma "Re del Regno delle Due Sicilie", con apparente pleonasmo. Le potenze non comprendono bene questa insistenza, peraltro incoerente con la successiva "reintegrazione di Ferdinando IV nel Regno di Napoli"; ma nessuno fa caso al dettaglio. E invece questo dettaglio è usato da Napoli per distruggere il Regno di Sicilia e annetterlo a quello di Napoli sotto la finzione della fusione tra le due corone.

Nel 1814, intanto, il Parlamento è sciolto e, in elezioni del tutto truccate, ne viene rieletto uno composto quasi esclusivamente da persone fedeli al re incaricate di paralizzarne il funzionamento. L'anno successivo Ferdinando torna a Napoli, violando la Costituzione che glielo impediva, e lascia nuovamente il figlio Francesco come luogotenente. Seguono, uno dopo l'altro, provvedimenti liberticidi. I Comuni sono sciolti e commissariati, così come i Distretti. I giornali sono chiusi. Gli oppositori incarcerati. Una dopo l'altra le libertà e i simboli del Regno sono distrutti, dietro solo qualche modestissimo rimbrotto da parte degli inglesi. I pochi oppositori al ministero reazionario che erano riusciti a farsi eleggere nel Parlamento del 1814, insultati pubblicamente, e impossibilitati a intervenire in Parlamento, coperti dalle urla e dalle ingiurie degli "squadristi" (*ante litteram*) del partito borbonico. Alla fine il Parlamento è definitivamente sciolto. E tuttavia, persino questo Parlamento collaborazionista, aveva approvato le manovre finanziarie solo fino all'anno indizionale 1815-16. Dal settembre 1816 ogni manovra finanziaria del Governo non aveva più alcuna copertura costituzionale. Il Governo prometteva di riconvocare un Parlamento per questo, ma se ne guardò bene.

Chiese ai Comuni siciliani di firmare una petizione per abolire la Costituzione del 1812. I Consigli civici, tranne Messina che covava vecchi odi antipalermitani, si rifiutarono di aderire. Un comune solo su centinaia era un fallimento troppo clamoroso. L'idea fu accantonata. Nel frattempo furono fuse le marine e gli eserciti, abbattuti dappertutto i vessilli secolari del Regno, con le aquile fridericiane, sostituite dappertutto con quegli odiati gigli borbonici che ricordavano sin troppo quelli angioini di secoli prima. Gli appelli degli intellettuali e degli aristocratici siciliani all'Inghilterra caddero praticamente nel vuoto.

Alla fine, inevitabile, arrivò la catastrofe. Con decreto dell'8 dicembre 1816 (e poi con una legge dell'11 successivo) re Ferdinando assunse la corona di "Re delle Due Sicilie" con il titolo di Ferdinando I. La Sicilia, come premio per aver vinto le guerre napoleoniche, era annessa a un paese sconfitto, il Regno di Napoli, mantenendo per il momento tutta la propria amministrazione separata sotto un governo di Luogotenenza.

Per "finta", nella legge dell'11 dicembre si scrisse che ogni ulteriore tassazione sulla Sicilia sarebbe stata preceduta dall'approvazione della stessa da parte del Parlamento siciliano (quale? eletto con quale Costituzione?). In una corrispondenza privata il Ruffo confessò che il passaggio sul Parlamento di Sicilia era stato messo solo per dare una parvenza di legittimità costituzionale di fronte all'opinione pubblica internazionale, e in particolare di fronte alla debolissima, e un po' ipocrita, difesa inglese delle ragioni della Sicilia.

La cruda realtà era che, dopo 8 secoli circa (forse 10 se contiamo anche l'emirato), la Sicilia non aveva più il proprio stato, pieno soggetto di diritto pubblico internazionale, ed era stato sciolto il Parlamento più antico del mondo.

Cronologia politica:

1700-1713 Filippo IV (V di Spagna)

Viceré:

1700-1701 Pietro Colon, duca di Veraguas (in continuità)

1701-1702 Giovanni Emanuele Fernandez Paceco, duca di Ascalona

1702-1705 Card. Francesco del Giudice, arciv. di Morreale, viceré ad interim

1705-1707 Isidoro de la Cueva Benavides, m.se di Bedmar

1707-1713 Carlo Antonio Spinola, m.se di Los Balbases

1713-1718 Vittorio Amedeo Savoia

1713-1714 dominio diretto di Vittorio Amedeo

1714-1718 Viceré: c.te Annibale Maffei

1718-1720 Filippo IV (V di Spagna, di nuovo)

1718-1720 Viceré: Giovan Francesco de Bette, m.se di Lede, nominato ufficialmente nel 1719

1720-1734 Carlo III Asburgo-Austria (VI come S.R..I)

Viceré:

1720-1722 Nicola Pignatelli, duca di Monteleone, già viceré dal 1719 sui territori conquistati

1722-1728 Gioacchino Fernandez Portocarrero, m.se di Almenara

1728-1734 Cristofaro Fernandez de Cordova, conte di Sastago

1734-1759 Carlo III

Viceré:

1734 Giuseppe Cartillo Albornoz, c.te di Montemar

1734-1735 Pietro de Castro Figueroa, m.se di grazia reale, presidente

1735 dominio diretto di Carlo III

1735-1737 Pietro de Castro Figueroa, m.se di grazia reale, presidente, di nuovo

1737-1747 Bartolomeo Corsini, p.pe di Sismano

1747-1754 Eustachio duca di Laviefuille

1754-1755 Giuseppe Grimau Corbera, presidente

1755 Marcello Papiniano Cusani, arciv. di Palermo, presidente

1755-1759 Giovanni Fogliani di Aragona, m.se di Pellegrino

1759-1816 Ferdinando III (sotto il Consiglio di Reggenza fino al 1767)

Viceré:

1759-1773 Giovanni Fogliani di Aragona, m.se di Pellegrino, , in continuità, sostituito temporaneamente da:

1768 Egidio Pietrasanta, p.pe di S. Pietro, presidente

1773-1774 Mons. Serafino Filangeri, arciv. di Palermo, governo provvisorio a Palermo e viceré Fogliani a Messina

1774 Serafino Filangeri, arciv. di Palermo, presidente

1774-1781 Marcantonio Colonna, p.pe di Alliano, sostituito temporaneamente da:

1778 Antonio Cortada Bru

1781-1786 Domenico Caracciolo, m.se di Villamaina, sostituito temporaneamente da:

1784 Card. Francesco Ferdinando Sanseverino, Arciv. di Palermo, presidente

1786 Gioacchino de Fonsdeviela, presidente

1786-1794 Francesco d'Aquino, p.pe di Caramanico

1794-1798 Filippo Lopez Y Rojo, presidente

1798 Tommaso Firrao, principe di Luzzi

1798-1802 Governo diretto del re

1802-1803 Domenico Pignatelli, presidente

1803-1806 Alessandro Filangeri, p.pe di Cutò, luogotenente

1806-1812 Governo diretto del re

1812-1813 Vicariato del p.pe Francesco

1813-1815 Governo diretto del re
1815-1816 P.pe Francesco Borbone, luogotenente
1816 Nicolò Filangieri, p.pe di Cutò

PARTE III:

SICILIA E ITALIA

Lo scioglimento del Regno di Sicilia, nel 1816, non segna solo la fine di una esperienza di stato proprio che era iniziata un millennio prima con lo Stato arabo-siculo, che era proseguita con la Gran Contea e poi con il glorioso Regno di Sicilia, anche se questo negli ultimi 400 anni era stato ridotto in qualche modo solo a "stato potenziale", come Viceregno. Non è solo questo. Non è soltanto la perdita della ritrovata indipendenza, che in qualche modo durava ormai dal 1798, e che quindi in quasi vent'anni aveva fatto della Sicilia un esperimento politico ormai ascrivibile alla storia europea contemporanea, né solo la perdita della Costituzione del 1812, con tutte le sue guarentigie, libertà, diritti.
Con il 1816 succede qualcosa che non era mai accaduto in tutta la storia siciliana. Mai, nemmeno nell'Antichità, la Sicilia era stata parte di uno stato italiano o comunque parte dell'Italia. Nell'Antichità pre-romana la distinzione tra Sicelioti e Italioti era netta quanto lo Stretto di Messina. I Romani stessi, nel ricondurre a Provincia la Sicilia, ne fecero un paese conquistato, alla pari della Gallia, della Licia o della Dacia, che non per questo nessuno avrebbe considerato mai Italia. Durante l'Impero Romano (inclusa la fase bizantina), la Sicilia non aveva cessato di essere un Paese a sé, una componente di un Impero universale, o potenzialmente tale. Nessuno avrebbe mai detto allora che la Sicilia era Italia. Alcuni pietosi storici nazionalisti sfruttarono la riorganizzazione di Diocleziano, in cui, sul finire del III secolo, la Sicilia, come la Rezia, l'Illiria e il Norico, furono ricomprese insieme all'Italia propriamente detta in un grande raggruppamento di province, la

"Diocesi Italia", per dire che "da quel momento in poi" il concetto di Italia avrebbe incluso anche la Sicilia. Niente di più falso. Intanto perché si trattò appena di un raggruppamento burocratico, poco dopo abbandonato, poi perché includeremmo nel concetto di Italia anche terre che non ne avrebbero mai più fatto parte (e, con ragionamento analogo, dovremmo comprendere l'attuale Marocco nella Spagna), poi perché nelle epoche successive la distinzione tra Sicilia e Italia restò sempre netta. Qualche volta la Sicilia fu in qualche modo coordinata politicamente con la vicina Penisola. Come quando ad esempio la provincia o thema bizantino fu fatto dipendere dall'alta autorità dell'Esarcato di Ravenna, sorta di relitto dell'Impero Romano d'Occidente dopo la conquista di Giustiniano. Ma, appunto, era come dire che la Sicilia apparteneva alla parte occidentale dell'Impero, e peraltro tale dipendenza, molto debole, rapidamente si dissolse all'invasione dei Longobardi sull'Italia.

Anche la comprensione della Corona siciliana nel "Gran Consiglio d'Italia" ad opera di Filippo II non aveva alcuna dimensione geopolitica se non quella di inserire la Sicilia nel gruppo dei domini "italiani" in senso ampio. E in effetti, dalla dinastia Asburgo, per semplificare l'amministrazione del grande impero spagnolo, ci fu una qualche politica linguistica a favore dell'italiano in Sicilia. Una politica linguistica che avrebbe dato lentamente i suoi frutti se – come abbiamo visto – all'alba del XIX secolo la Sicilia scelse per sé l'italiano come lingua ufficiale.

Ma se andiamo a vedere tutta la pubblicistica giuridica e politica, fino ai primi del 1800, nessun siciliano considerava "Italia" la Sicilia. E anche dopo. Negli anni '30, all'infiltrarsi dei primi mazziniani unitari nell'Isola, lo Scinà, ormai studioso maturo, si interrogava stupito sul significato di questa strana "isteria italica", per lui, siciliano da sempre, in comunità ideale con tutto il nostro passato politico, semplicemente inspiegabile. Persino le cartine geografiche dell'Italia, sino a tutto il 1700, troncano la Sicilia come fosse un paese diverso. E il Machiavelli, nel 1500, riprendendo la famosa teoria dantesca che sarebbero italiane tutte le parlate romanze nelle terre "dove il sì suona", confuta candidamente questa teoria, dicendo che se fosse stata vera, avremmo dovuto considerare italiani "anche gli spagnoli e i siciliani", ciò che a lui sembrava semplicemente un'enormità. Tutti i letterati e gli storici siciliani, fino al 1800 inoltrato, parlavano unicamente di "nazione siciliana", anche se ormai nazione di lingua italiana.

C'era stato un tentativo, nel 1059, di "allungare lo Stivale" sino alla Sicilia, quando Roberto il Guiscardo era stato investito "Duca di Sicilia", come se la Sicilia potesse essere un qualunque ducato italiano. Ma questa investitura "impossibile", basata su una pretesa infondata dei pontefici, di tradurre le antiche proprietà di diritto privato della Chiesa in Sicilia in potestà pubblica, sarebbe stata contraddetta dai fatti, poiché, una volta liberata, la Sicilia si eresse a stato autonomo, ben presto ricostituito in Regno proprio perché, anche prima dei Romani, essa era stata un Regno di Sicilia.

Le Due Sicilie, titolo mai usato per un regno unitario, anzi "ossimoro" già nel nome, per la prima volta "cancellavano" così la Sicilia dalla carta geografica e ne facevano una provincia d'Italia.

Vero è che per tutto il periodo delle Due Sicilie, cioè fino al 1860, la Sicilia continuò a considerarsi "siciliana" (magari inserita più o meno in un'ampia comunità "italica", ma nulla più), anche per la totale inconsistenza di una nazionalità "duosiciliana". Ma la parola "Sicilia" fu quasi proibita dal regime, sostituita dalla perifrasi pressoché impronunciabile di "Regi dominii al di là del Faro".

Con l'annessione all'Italia propriamente detta questa catastrofe identitaria giunse al suo pieno compimento. La Sicilia diventava solo un'espressione geografica, un'appendice, malata aggiungeremmo, di una grande e nuova nazione nella quale si dissolveva.

Con l'Unità d'Italia (1860) la Sicilia fu ridotta a colonia di sfruttamento economico interna, con la cooperazione della classe dirigente agraria naturalmente. Stati d'assedio, fucilazioni, rapine, politiche economiche coloniali, drenaggi fiscali, espropri, ridussero la Sicilia ad una delle regioni del nuovo "Mezzogiorno" e la fecero quindi confluire in quella drammatica "Questione Meridionale" dalla quale non sarebbe più uscita. Con l'Unità d'Italia la Sicilia sparisce dai radar della storia come paese a sé, e per cercarne la storia dobbiamo cercare nella grigia "cronaca regionale", poiché confluita ormai nella storia italiana di cui è ora totalmente partecipe, se non succube. Con l'Unità d'Italia, infine, nasce la mafia, una delle più gravi piaghe della Sicilia contemporanea, non solo in termini economici o di ordine pubblico, ma perché questa degenerazione della società viene quasi "appiccicata" alla Sicilia intera e a tutti i Siciliani come marchio etnico di infamia, a suggello perenne della loro condizione di colonia interna.

La progressiva evoluzione democratica del Paese Italia costringe, alla fine del Secolo XIX, a mollare un po' la presa. La Sicilia si scopre "regionista", cioè autonomista, ma l'Italia ha modo di schiacciarne in mille modi le pretese. Ogni sentimento siciliano è bandito durante la I Guerra mondiale, e represso duramente durante il Regime Fascista, durante il quale il sistema industriale siciliano, faticosamente costruito in maniera autonoma sul finire del secolo precedente, è smantellato per le politiche autarchiche mentre la distanza con il Nord raggiunge il massimo storico.

La sconfitta dell'Italia nella II Guerra mondiale per un attimo fa pensare alla Sicilia di potersi emancipare e riprendere per la propria strada. Ma le condizioni politiche internazionali non sono favorevoli a questa svolta, e la Sicilia è inquadrata ancora una volta

nello Stato italiano, ormai repubblicano, questa volta con un'ampia autonomia conquistata con il sangue di una vera e propria guerra civile.
Lo Stato Repubblicano, a dire il vero, consente un certo sviluppo economico, sociale e culturale dell'Isola, al traino di una delle maggiori potenze industriali dell'Occidente, ma sempre in posizione subalterna, e secondo un regime assistenziale, mentre le parti più vitali dell'Autonomia sono progressivamente svuotate.
Il Secondo Dopoguerra, ad ogni modo, cambia il volto tradizionale dell'Isola. Un po' per riforme epocali, quali quella agraria, che spostano masse di contadini verso le città e soprattutto verso Palermo, di nuovo assurta a capitale amministrativa, o l'elettrificazione rurale, portata avanti lungo mezzo secolo con un coraggioso e lento processo che letteralmente fece uscire una certa Sicilia interna da un vero Medio Evo nel quale sembrava attardata. Ma soprattutto per trasformazioni culturali e sociali di massa, che non hanno uno specifico siciliano (la scolarizzazione di massa, l'avvento della televisione, e poi, dalla fine del XX secolo, la rivoluzione telematica globale), ma che in gran parte avrebbero trasformato il volto linguistico della regione (riducendo per davvero a "dialetto" il siciliano e cominciando a minacciarne le sorti), ma anche quello culturale, familiare, sociale (si pensi almeno al mutato ruolo della donna nella famiglia e nella società siciliana, ovvero alla secolarizzazione della società, almeno in relativo, più o meno analogamente a quanto avvenuto nelle altre società europee).
Tornando alla sfera politica e politico-economica, l'era della globalizzazione (dal 1990 circa), infine, porta la stessa sovranità dell'Italia a dissolversi in quella europea e dei poteri forti internazionali. In questo quadro non c'è più spazio per il modello assistenziale della I Regione e della I Repubblica; la Sicilia entra in una crisi economica, demografica, culturale, sociale, politica mai

vista prima. La sua Autonomia, formalmente ancora in piedi, è sostanzialmente azzerata, i servizi pubblici ridotti all'osso, la sua condizione complessiva ridotta a "colonia di colonia". Il XXI secolo trova così ancora irrisolta la storica Questione Siciliana in tutta la sua drammaticità.

La Sicilia Regione a Statuto speciale nella Repubblica italiana

Capitolo 1: La Sicilia nel Regno delle Due Sicilie

Il Regno delle Due Sicilie, da un punto di vista amministrativo era un regno dualistico. Aveva cioè un'unica corona, e rappresentanza estera, uniche leggi, ma tutta l'amministrazione e la giustizia era duplicata "al di qua" e "al di là" del Faro. Probabilmente questo stato era provvisorio, nell'attesa di una più stretta unità voluta dai suoi vertici che non ebbero mai il tempo di realizzare.

Era anche un po' più piccolo dell'Unione di Napoli e Sicilia del Settecento, avendo perso lo staterello dei Presìdi in Toscana, integrato ora nel Granducato di Toscana, e le Isole Maltesi, cedute alla Gran Bretagna.
Su queste dobbiamo interrompere quindi la trattazione unitaria con la storia siciliana che abbiamo condotto sin dalla Preistoria. Diciamo solo che il possedimento inglese mantenne a lungo lingua e ordinamenti burocratici siciliani/italiani, per essere anglicizzato solo molto lentamente. Ancora dopo il Congresso di Vienna il Re delle Due Sicilie tentò una volta di far valere i propri diritti sulla Chiesa maltese, per effetto dell'Apostolica Legazìa, con il pretesto che la cessione delle Isole non includeva l'abdicazione del Re di Sicilia (ormai "delle Due Sicilie") ai diritti ecclesiastici sull'arcipelago. La Gran Bretagna naturalmente ricusò il diritto e da allora non se ne parlò più. Anche una certa integrazione tra il sistema postale siciliano e maltese tardò molto a recidersi. Lo sviluppo della lingua maltese, come lingua nazionale, già dialetto sopravvissuto del siculo-arabo, fu favorito dalla dominazione inglese in chiave antiitaliana, e finì per soppiantare del tutto l'italiano come lingua ufficiale, dopo una progressiva ritirata di questa dall'amministrazione e dalla scuola, soltanto nel 1936. In quel momento, e da lungo tempo infatti, il "Partito Nazionalista" maltese era un partito sostanzialmente

irredentista italiano. I legami storici della Sicilia si erano – per così dire – traslati all'Italia, con la quale in verità Malta non aveva mai avuto grandi rapporti diretti. È pur vero che dal 1530 i Cavalieri avevano fatto rapidamente scomparire il siciliano dagli atti ufficiali a favore dell'italiano, anche nei rapporti con la corte viceregia. E quindi il filo-italianismo dei nazionalisti era visto in chiave anticoloniale. Il Fascismo non fece che esasperare questi rapporti e quindi ebbe per reazione inglese l'unico effetto dell'anglicizzazione definitiva dell'arcipelago. Ottenuta una prima forma di autogoverno dopo la I Guerra Mondiale, Malta si sarebbe aperta al multipartitismo. Dopo la II Guerra mondiale il Partito Nazionalista si trasformò in indipendentista. Il partito laburista invece era per un'integrazione più stretta con la Gran Bretagna. Il rifiuto dei Britannici nel concedere cittadinanza, diritti e finanziamenti alla piccola colonia ex-siciliana, determinò la volontà compatta di tutte le forze politiche verso l'indipendenza. Così nel 1964 Malta divenne indipendente, come monarchia nell'ambito del Commonwealth, nel 1974 divenne una repubblica, per poi conoscere una prodigiosa crescita economica, ed entrare infine nell'UE (2004) e nell'eurozona (2008). Ma questa storia è ormai la storia di una vera e propria Nazione a sé, simile, vicina e amica della Sicilia, da cui è gemmata, ma ormai in tutto e per tutto una storia propria, e quindi al di fuori del nostro oggetto.

Tornando al Regno delle Due Sicilie e alle conseguenze del Congresso di Vienna, dopo qualche tempo anche Francesco Borbone abbandonò la Sicilia e questa fu governata per mezzo della Luogotenenza, erede istituzionale dei vecchi viceregni, ma senza più alcuna autonomia. I luogotenenti erano funzionari degli interni, essenzialmente poliziotti, non certo esponenti della casa reale. A Napoli sedeva un Ministro per gli affari siciliani con cui corrispondeva il Luogotenente siciliano. La Luogotenenza rilevava l'antica Segreteria viceregia e veniva riorganizzata in alcune ripartizioni, in cui, tra le funzioni "nuove", osserviamo la "terza", dedicata ai lavori pubblici, istruzione pubblica, agricoltura e commercio, salute pubblica, mentre le altre due erano dedicate alle funzioni più tradizionali di giustizia, finanze, ecclesiastico.

Dall'Unione in poi non furono più coniate monete siciliane, ma l'onza continuò ad aver corso legale e i conti continuarono ad essere segnati in onze e tarì per molti anni, prima che i ducati duosiciliani ne prendessero il posto, nonostante una legge del 1818 che ne rendeva obbligatorio l'uso.

Le autonomie municipali furono sciolte e i Comuni affidati a funzionari di polizia nominati dal governo borbonico. Anche i distretti furono sciolti, accorpati in 7 Intendenze, cioè Prefetture, che accentravano tutti i poteri, sul modello francese, già sperimentato da Murat nel Regno di Napoli: Palermo, Messina, Catania, Siracusa, Trapani, Girgenti e Caltanissetta. I distretti furono declassati a circondari, con funzionari di secondo livello. I tentativi di estendere l'obbligo di leva alla Sicilia fallirono per la generalizzata renitenza dei Siciliani. Il sistema di imposte fu completamente cambiato e aggravato, rimanendo tuttavia relativamente moderato.

L'unica cosa che fu mantenuta della Rivoluzione del 1812 fu l'abolizione dei diritti feudali che non furono restaurati. Anzi, ma era nello spirito dei tempi, alcuni ultimi residui furono aboliti negli anni seguenti con un contenzioso che ne seguì che sarebbe durato decenni e fin oltre l'Unità d'Italia, soprattutto per quel che riguardava l'appropriazione dei "diritti promiscui" (cioè gli usi civici su alcuni terreni o le terre "demaniali", cioè dei comuni, di cui aristocratici e borghesi si erano di fatto impadroniti).

Il governo borbonico, nell'abolire ogni libertà di pensiero non tornò all'Antico Regime, ma sottopose la società siciliana alla cappa di una ben più severa censura. Il nuovo regime fondamentalmente impedì la

naturale evoluzione della società siciliana da feudale a moderna, decapitando lo stato e la società siciliane in un colpo solo. Il regime poliziesco che fu insediato non riuscì a coprire il vuoto che ne derivò. La società siciliana, soprattutto nelle campagne, prese a organizzarsi con un ordine parallelo, e illegale, rispetto a quello ufficiale, anche se allo stato si sa ben poco di questo mondo misterioso che andava covando nella Sicilia del XIX secolo.
L'opposizione politica non aveva alcuna voce legittima nella quale farsi sentire. Per fare "opposizione" ora non restavano che le società segrete e la cospirazione. La massoneria era indifferente alle vicende politiche siciliane, al pari della diplomazia britannica, che aveva voltato le spalle alla Sicilia, e poi il suo carattere illuministico ed elitario, più o meno esplicitamente anticattolico, mal si adattava allo spirito dell'Isola. Più fortuna, specie tra i ceti medi, ebbe per questo la Carboneria, venuta dall'Italia, meno antireligiosa e più animata da spirito espressamente politico. I carbonari siciliani avevano aspirazioni politiche vaghe e contraddittorie, di tipo liberale, e più o meno indipendentiste.
Nel frattempo a poco a poco tutte le istituzioni del Regno di Sicilia venivano smantellate e sostituite da cloni di analoghi istituti napoletani. Con il 1819 – piace notarlo seppure come curiosità – l'anno amministrativo e contabile diventava quello solare, abbandonando quello indizionale che datava dai tempi dell'imperatore romano Diocleziano. Naturalmente l'ultimo anno indizionale fu una frazione di anno (1 settembre – 31 dicembre 1818).
La Sicilia diventava in tutto e per tutto una "conquista postuma di Napoleone"; dove non erano arrivate le armi dei francesi arrivarono le riforme borboniche copiate da quelle napoleoniche. I codici ferdinandei, insieme all'anagrafe, entravano l'1 gennaio 1820. In quel momento non si stava solo pensionando il *Corpus Juris* di Giustiniano ma di colpo tutte le Costituzioni, Capitoli, Prammatiche,

Giurisprudenza del Regno – che si erano stratificate per secoli – erano abrogate con un tratto di penna. Di un ordinamento sovrano rimanevano poche tracce qua e là, come il vuoto titolo di "Pretore" per il sindaco di Palermo, funzionario governativo come tutti gli altri del resto, o i "Senati" di Palermo, Messina e Catania, anch'essi nominati dai "poliziotti" napoletani. Veri relitti di un naufragio politico e istituzionale che non ebbe pari nella storia siciliana.
Negli anni '20 sono abolite le dogane tra Napoli e Sicilia, ma attraverso i dazi comunali Napoli favorisce l'industria continentale, relegando l'economia siciliana a fornitrice di materie prime, quali il grano e lo zolfo, questo sempre più importante nell'economia siciliana. L'industria siciliana era colpita anche dalle commesse statali, riservate esclusivamente al Napoletano.

La Rivoluzione carbonara di Napoli del 1820, con la quale i liberali napoletani richiedevano per le Due Sicilie la Costituzione spagnola liberale di Cadice del 1812, fu un'occasione anche per la Sicilia. Mentre a Messina semplicemente fu annunziata la Costituzione, quando la notizia arrivò a Palermo, nel giorno di S. Rosalia, si chiese l'indipendenza e la Costituzione del 1812, almeno da parte del partito dei "cronici". Gli "anticronici" (cioè ora i democratici) si sarebbero forse accontentati della costituzione spagnola proclamata a Napoli, ma erano ancor più rigorosi sull'indipendenza da Napoli. Il luogotenente Naselli non gestì bene la vicenda e, dopo che la truppa mercenaria tentò di sparare sul popolo, una ribellione lo cacciò, e si costituì un Governo provvisorio. I rivoltosi, se fosse stato concesso di mantenere lo Stato di Sicilia con la Costituzione del 1812, sarebbero anche stati disposti a negoziare alcune cessioni di sovranità a Napoli. Ma la risposta dei liberali napoletani fu negativa. I carbonari messinesi, in chiave anti-palermitana, sconfessarono questa richiesta e si dichiararono fedeli a Napoli, dividendo il fronte nazionale.

Le "intendenze", infatti, avevano gratificato 6 città dell'Isola, con una serie di impieghi pubblici prima inesistenti, e quindi questo le aveva legate al nuovo regime. Fu così che solo Girgenti (Agrigento) e a fatica seguì Palermo, mentre gli altri capoluoghi si mantennero fedeli a Napoli. Ma non così gli altri Comuni, che in stragrande maggioranza (più di due terzi) si ribellarono e aderirono alla Rivoluzione. In pochi giorni quasi tutta la Sicilia, fino alle porte dei nuovi "capoluoghi", riconosceva il governo provvisorio. La Giunta rivoluzionaria fu ampliata ai rappresentanti delle città in rivolta costituendo quasi un nuovo parlamento rivoluzionario di 77 componenti.
Questa decise di "conquistare" le città ribelli con la forza, dando vita ad una guerra civile, quando ancora Napoli non era in grado di reagire. La guerra fratricida determinò la sanguinosa conquista di Caltanissetta e la sua umiliazione da parte delle truppe palermitane, che arrivarono a isolare la costa ionica da un lato e Trapani dall'altro e a controllare praticamente tutta la Sicilia.

La reazione borbonica, anche con il governo liberale, partì da Messina, poi faticosamente deviò verso il Val di Noto risalendo poi verso Palermo. Vedendo che la resistenza siciliana era molto dura, il generale Florestano Pepe negoziò con gli insorti (la "Suprema Giunta Provvisoria" presieduta dal p.pe di Villafranca) una convenzione che avrebbe posto fine alle ostilità: «la maggioranza dei voti dei siciliani, legalmente convocati, deciderà dell'unità o della separazione della rappresentativa nazionale del Regno delle Due Sicilie» e «La Costituzione di Spagna del 1812, confermata da Sua Maestà Cattolica nel 1820, è riconosciuta in Sicilia, salve le modificazioni che potrà adottare l'unico Parlamento, ovvero il Parlamento separato, per la pubblica felicità», «ogni comune eleggerà un deputato». Di fronte a questo saggio compromesso ci furono proteste da entrambe le parti, ribelli e unionisti. I ribelli palermitani, dopo 10 giorni di agitazioni,

deposero le armi, pensando di aver quanto meno "pareggiato" con il governo napoletano. Questo, quand'ebbe conosciuto le richieste dei Siciliani, le rigettò, sconfessando il Pepe, e facendo seguire una dura repressione ad opera del generale Colletta. Questi impose l'elezione dei deputati a Napoli. Nel 1821 fu sostituito dal Nunziante, sotto cui i deputati eletti di Palermo rassegnarono il mandato, dichiarandosi tutti in blocco indipendentisti. Inutili i tentativi dei deputati catanesi e messinesi di far passare a Napoli l'idea di una unità senza centralismo napoletano, perché in quel mentre anche la rivoluzione liberale di Napoli andava perduta. Ferdinando I (ormai questo era il numero, avendo perso il IV di Napoli e III di Sicilia), riporta l'ordine sulla punta delle baionette austriache, che arrivano fino in Sicilia. Il nuovo regno si rivela quindi nient'altro che un fantoccio di Vienna. La resistenza, tardiva, di Messina, con il Rossarol, che era stata fedele al Governo di Napoli fino a quel momento, non avrebbe arrestato la repressione. Prima di passare alla reazione, Ferdinando aveva assistito alla Convenzione di Lubiana, nella quale le potenze della Santa Alleanza, più rispettose di lui dell'Autonomia siciliana, dedicarono alla Sicilia uno specifico protocollo in cui gli imponevano, al fine di evitare futuri disordini nell'Isola, "di separare l'amministrazione di Napoli da quella della Sicilia, conservando attentamente tutti i legami che li uniscono in uno stesso scettro". Nel successivo incontro di Verona questa separazione tra Napoli e Sicilia, odiata a corte, venne un po' moderata ma Metternich insistette, con grande lungimiranza politica, sul rispetto del protocollo di Lubiana.
E così il nuovo ordinamento si consolida, replicando in Sicilia gli stessi ordinamenti di Napoli, seppure con numeri di funzionari e compiti ridotti. Viene costituita la Consulta dei "Reali domini al di là del Faro" (lunga perifrasi per intendere la Sicilia, a quanto pare innominabile), composta da 8 membri, che – unitamente ai 16 "al di qua del Faro" – costituivano la Consulta generale del Regno delle Due Sicilie, con

funzioni giuridico-consultive. Per comprendere quali fossero le principali funzioni del Governo della Luogotenenza è interessante notare che questa Consulta si divideva in due sezioni: una si occupava di interni e finanze, l'altra di grazia, giustizia ed ecclesiastico (la Sicilia sola era ancora soggetta all'antica Apostolica Legazìa), mentre una Commissione mista napoletano-siciliana (4 napoletani e 2 siciliani) si occupava di guerra, marina ed esteri. Tuttavia questa Consulta, sebbene competente per la Sicilia, sedeva a Napoli, da dove mandava i propri pareri (o ordini?) a Palermo. La Luogotenenza, riordinata, è divisa in tre dipartimenti, ciascuno sotto un direttore generale: interno, giustizia e finanze. Il Ministero a Napoli per gli Affari di Sicilia venne soppresso, le sue funzioni nominalmente ripartite tra i Ministeri competenti, in pratica tutti ampiamente decentrati alla Luogotenenza. Se è vero che le due amministrazioni restavano separate è anche vero che le finanze siciliane erano gravate di un quarto delle spese comuni: guerra, marina, diplomazia e "lista civile" (cioè le spese di corte). Pur essendo solo queste le voci comuni, tuttavia esse assorbivano circa il 40 % di tutte le entrate tributarie siciliane, con un peso insostenibile e un apporto a infrastrutture e servizi pubblici trascurabile rispetto alle esigenze dei tempi.

Seguono mille complotti e congiure indipendentiste di cui sarebbe difficile tenere il conto. Anche la morte di Ferdinando (1825), e la successione di Francesco I, ormai vecchio e malandato anche lui, non fanno cambiare di una virgola le politiche reazionarie, di cui è simbolo di quest'epoca il marchese delle Favare. Anzi, poco a poco, le funzioni vitali della pubblica amministrazione sono sfilate dalla competenza del governo della Luogotenenza e affidate ai ministeri napoletani, lasciando alla Luogotenenza un ruolo di semplice coordinamento. Un'ulteriore rivolta, nel 1830, è sventata e seguono repressioni.

Poco prima era morto anche Francesco I e gli era successo il giovane Ferdinando II, che era nato a Palermo ai tempi dell'esilio in epoca napoleonica.
Ferdinando II comprende che è ora di innovare lo stile della monarchia. Tra gli altri provvedimenti in Sicilia è inviato come luogotenente il fratello Leopoldo, Conte di Augusta.
La Sicilia tornava ad avere come Luogotenente un esponente della famiglia reale, un vero vicario. E Leopoldo fece di tutto per riconciliare i Siciliani alla nuova monarchia. Primissimo provvedimento fu quello di riaprire una Commissione consultiva nell'Isola (visto che la Consulta risiedeva a Napoli). Seguirono altri provvedimenti e riforme utili per la Sicilia. Intraprese un processo di opere pubbliche, in particolare di sistemazione della vetusta rete stradale. Nel 1831, a metà circa tra la costa siciliana e Pantelleria, in quel basso fondale che oggi si chiama il "Mammellone" apparve un'isola, contesa tra le principali potenze navali dell'epoca (Francia e Regno Unito). Le Due Sicilie ne rivendicarono la sovranità, come pertinenza della Sicilia, e l'isola ebbe il nome di Ferdinandea, ma presto fu nuovamente sommersa. Tra gli altri provvedimenti l'apertura della Direzione Generale di Statistica, nel 1832, fiore all'occhiello della tradizione ormai secolare della Sicilia in questo settore. Tentò persino di riaprire la zecca di Palermo, con la coniazione di alcuni spiccioli (i "grani siciliani", del valore della metà rispetto alle analoghe monete napoletane), ma l'esperimento dové subito essere interrotto con il ritiro della moneta. Il Banco delle Due Sicilie aprì a Palermo e Messina due filiali (le Reali Casse di Corte), anche per sopperire alle esigenze di un sistema bancario moderno, cui non potevano essere più sufficienti i due vecchi banchi comunali cinquecenteschi, prossimi alla liquidazione. Leopoldo fu coadiuvato da un vero Ministro Segretario di Stato, quasi la Sicilia fosse diventata uno Stato. A Napoli Leopoldo ottenne che si ricostituissse il

Ministero per gli Affari di Sicilia, affinché avesse un unico interlocutore con la capitale.
Ma l'idillio tra i Borbone e la Sicilia non durò più di un lustro. Timoroso che Leopoldo potesse farsi proclamare Re di Sicilia, geloso del troppo affetto che i Siciliani gli riservavano, accertati i rapporti tra Leopoldo e l'ambasciata francese, lo fece ritirare a Napoli, riprendendo così la serie dei Luogotenenti poliziotti. Tra i due fratelli sarebbe stato gelo. Leopoldo, quasi prigioniero a casa sua, dovette dedicarsi alla pittura, e, all'Unità d'Italia (1860), avrebbe prontamente giurato fedeltà ai nuovi venuti. La Commissione Consultiva di Sicilia sarebbe sopravvissuta comunque, fino alla Rivoluzione del 1848.
La politica dell'accentramento ottuso riprese imperterrita. Persino l'ufficio del protomedico fu soppresso e la sanità centralizzata a Napoli, proprio quando un'epidemia di colera (1836) avrebbe richiesto una maggiore presenza nel territorio.
Il fuoco della rivolta, sedato a Palermo, riprese in altre parti dell'Isola. Nel 1837 fu la volta di Siracusa e Catania. Ancora una volta i drappi gialli e le aquile fridericiane, simbolo del nazionalismo isolano, fecero la propria comparsa. La reazione fu violenta, ad opera del generale Del Carretto. Le Due Sicilie riuscirono in un compito storico: far superare il municipalismo storico della Sicilia, inimicandosi tutti. La Luogotenenza, dal 1838, fu resa una carica poco più che simbolica, e tutta l'amministrazione fu accentrata a Napoli. Il Ministero siciliano, e il Ministero a Napoli per gli affari di Sicilia nuovamente sciolti. L'alienazione tra Napoli e Sicilia si fece totale e generalizzata, estesa a tutte le città e tutte le classi. A nulla servì un viaggio di Ferdinando II in Sicilia e nemmeno la riapertura dell'Università di Messina (1838). Si moltiplicavano le stampe clandestine. La coscienza politica indipendentista era ormai generalizzata e crescente, seppure articolata in diverse correnti e partiti. Fu introdotta la legge sulla "promiscuità" ma questa, anziché unire il Regno, fu occasione di ulteriori divisioni e

rancori: gli uffici napoletani erano aperti ai siciliani e viceversa, ma di fatto le posizioni di massimo potere erano riservate ai napoletani, lasciando i siciliani sempre in posizione subalterna.

La fine del 1847 vide una rivolta, a carattere sociale, tra Messina e Reggio Calabria, soffocata con la forza come le altre.

Ma fu il 1848 che portò la grande esplosione. Fu Palermo, il 12 gennaio, a dare il segno a tutta l'Europa, con una rivoluzione, che fu al contempo liberale e nazionale. Il clima, però, era cambiato. Erano passati più di 30 anni dall'annessione, e tutti i tentativi di restaurare il Regno erano stati frustrati dall'opposizione di uno stato meglio organizzato dei rivoltosi. I Siciliani, in gran parte, avevano deciso di far confluire la causa nazionale siciliana nella più ampia causa italiana. La Rivoluzione del '48 fu così allo stesso tempo indipendentista e federale (italiana). La Sicilia abbandonò il giallo o il giallo-rosso della sua tradizione per adottare una bandiera tricolore italiana, con la secolare Trinacria al centro. Questa, da sempre simbolo non ufficiale dell'Isola, fu eretta a simbolo ufficiale mandando in pensione le aquile federiciane che avevano accompagnato la storia del Regno sin dai tempi del Vespro, ma prima ancora, come aquila singola, dai tempi di Federico II. Durante i primi giorni di rivolta, quando il generale borbonico chiese ai rivoltosi cosa volessero dal re per deporre le armi, memorabile fu la risposta: «Il popolo coraggiosamente insorto non poserà le armi, e non sospenderà le ostilità, se non quando la Sicilia, riunita in general Parlamento in Palermo, adatterà ai tempi quella sua Costituzione che, giurata dai suoi Re, riconosciuta da tutte le Potenze, non si è mai osato di togliere apertamente a questa Isola. Senza di ciò qualunque trattativa è inutile». L'esercito borbonico in fuga per vendetta incendiava villaggi e assassinava, non dimenticando di aprire

prima le carceri per riempire il paese di malfattori e far così vacillare il fragile governo emerso dalla Rivoluzione.
La Rivoluzione fu un esempio di concordia: da Pantelleria a Messina, all'unisono, i "borbonici" furono dovunque cacciati rapidamente, quasi come in un nuovo Vespro. Solo nella imprendibile cittadella di Messina non si poteva entrare. La Sicilia era di nuovo indipendente, grazie al sangue dei suoi figli. Non ci furono differenze di ceto o classe: l'indipendentismo siciliano metteva d'accordo la Chiesa, gli Aristocratici, i Borghesi, gli Artigiani, i Villani. Fu costituita una Guardia Nazionale, con uffici elettivi. Si costituì un Governo provvisorio, e fu affidato al vecchio contrammiraglio Ruggero Settimo, che da giovane aveva avuto un ruolo nella Rivoluzione del 1812, e che invece, non vedendoci chiaro, non aveva voluto esporsi nella rivoluzione fratricida del 1820, pur non avendo mai nascosto le sue idee indipendentiste. Per lui si rispolverò l'antica carica di "Presidente del Regno", adottata nella vacanza dei Viceré. Sarebbe stato l'ultimo capo di stato, legittimo aggiungiamo noi, di una Sicilia indipendente. Primo Ministro fu Mariano Stabile.

Ruggiero Settimo, Presidente del Regno

Tentò di far riconoscere il Regno di Sicilia sul piano internazionale ma non ce ne fu il tempo. Francia e Gran Bretagna accettarono gli emissari della Sicilia, e la Gran Bretagna liberale mandò la flotta a proteggere la Sicilia dagli assalti napoletani.
Fu riportata in vigore la Costituzione del 1812, e con questa, furono ricostituite una Camera dei Comuni e una Camera dei Pari.
Le proposte di blandissima autonomia che ora arrivarono da Napoli, in realtà insignificanti ed insidiose, furono rigettate: abolizione della "promiscuità", ampliate le competenze della Consulta, nomina di un luogotenente di famiglia reale, modifica della legge sulla censura. Il Governo siciliano, però, fu sin troppo parlamentare, democratico e liberale, in un momento rivoluzionario che avrebbe richiesto un'energica dittatura. Sia sul piano dell'organizzazione delle forze armate, sia su quello della polizia interna, non ci fu in quel momento uno statista all'altezza della situazione. Ad ogni modo furono presi alcuni importanti provvedimenti d'urgenza, e impedita la riconquista, sebbene non si comprese che bisognava espugnare la Cittadella di Messina per garantire sicurezza all'intero Regno. Le intendenze furono abolite e ristabilita l'autonomia dei municipi e dei distretti.
Si tentò di arrivare ad una mediazione attraverso gli Inglesi. Lord Minto fece quasi un miracolo, nel momento di massima debolezza di Ferdinando II, facendo approvare dei decreti che erano la vittoria per la Sicilia: questi accettava che la Sicilia convocasse un Parlamento separato da Napoli, che questo Parlamento avrebbe adattato ai tempi la Costituzione del 1812, si sarebbe ricostituito il Ministero per gli Affari Siciliani a Napoli, si sarebbe riconosciuto come legittimo il governo rivoluzionario e Ruggero Settimo come Luogotenente. L'unica cosa su cui il Borbone non mollava era che il regno dualistico sarebbe rimasto unito della sua corona e che l'esercito sarebbe dovuto tornare

nell'Isola. In caso di dissenso tra i due parlamenti (di Napoli e Palermo) sulla sistemazione definitiva del Regno, si sarebbe proceduto ad un arbitrato internazionale. I successi di quel momento della Sicilia, o la giusta diffidenza verso una dinastia troppe volte spergiura, consigliarono ai Siciliani di ripudiare questi decreti (che forse sarebbero stati la vittoria della Rivoluzione), rilanciando con un'offerta praticamente inaccettabile per la controparte: due stati separati, solo unione personale, con invio di un "Viceré" dotato di tutti i poteri del re, cessione di un quarto dell'esercito e della flotta. In fondo, da un punto di vista legittimo, i Siciliani non chiedevano altro che una piena scissione tra i due regni, per ripristinare una situazione simile a quella del secolo precedente. Ma, dal punto di vista della corte napoletana, significava trasformare la Sicilia in un "commonwealth" simile a quello che più tardi l'Inghilterra avrebbe sperimentato con il Canada e altri possedimenti. Seguì, inevitabile un *ultimatum* da parte di re Ferdinando, e, in risposta a questo, il Parlamento dichiarò solennemente la decadenza perpetua dei Borbone dal trono di Sicilia.
La Sicilia, anche per evitare la cattiva propaganda borbonica antisiciliana tra i governi costituzionali italiani di quel momento, inviò in Lombardia una "centuria" simbolica, a combattere contro gli Austriaci durante la I Guerra d'Indipendenza italiana. Ricordiamo che in quel momento, a Torino, Firenze, Venezia, Roma e Napoli, oltre che a Palermo, erano governi costituzionali, e a Parma e Modena i duchi filoaustriaci erano stati provvisoriamente cacciati. La Confederazione Italica in quel momento sembrava una realtà e la Sicilia non poteva restarne del tutto fuori.
Quando, poco dopo, Ferdinando a Napoli sospese la Costituzione, che aveva concesso a gennaio a seguito dello

scoppio della Rivoluzione Siciliana, richiamò dal nord le truppe (che non avevano mai combattuto contro gli Austriaci in verità), e represse le agitazioni liberali; per la stessa ragione il Governo siciliano generosamente mandò una spedizione in Calabria per aiutare i liberali "napoletani", invece di pensare ad espugnare la Cittadella di Messina. Fu un errore e un fallimento. Un po' di simpatia, ma nessun aiuto, a Reggio, indifferenza a Catanzaro, ostilità a Cosenza, poi la fuga via mare e la cattura da parte dei borbonici.

Il principale compito di questo novellato Parlamento di Sicilia era quello di darsi funzioni costituenti. E quel Parlamento licenziò una nuova Costituzione, che non poté mai essere applicata, ma che è un monumento di democrazia in un'epoca ancora soltanto liberale.

Il suffragio viene esteso a tutti i cittadini non analfabeti dai 21 anni in su. Naturalmente, ai tempi, il suffragio era solo maschile. Ma, mentre per il Capo di Stato, il re, era specificato che la successione era regolata dalla legge salica, e quindi riservata alla linea maschile, anche perché il re era anche "sacerdote cattolico", in quanto Legato apostolico (le Due Sicilie non avevano rinunciato a questo antico privilegio), per la qualifica di elettore non era specificato il sesso, talché il Parlamento di Sicilia avrebbe potuto estendere il diritto di voto alle donne con una semplice legge ordinaria. Il Parlamento era composto da una Camera dei Deputati, che prendeva il posto di quella dei Comuni, e di una Camera dei Senatori, che prendeva il posto di quella non elettiva dei Pari. La camera bassa si sarebbe dovuta rinnovare ogni 2 anni, e, per l'eleggibilità passiva, oltre al limite di età di 25 anni, si ponevano restrizioni minime (praticamente quelle che nel 1812 servivano per l'eleggibilità attiva): avere 18 onze di reddito annuale, o essere laureati, o commercianti, etc.

La Camera dei Senatori diventava elettiva, ogni 6 anni, con rinnovo di un terzo ogni due anni: a votare erano i "consorzi di comuni" (cioè i Distretti, che riprendevano il posto delle odiate Intendenze). I requisiti per l'eleggibilità furono lasciati piuttosto restrittivi; ex deputati per 2 legislature, ex ministri, professori universitari, vescovi, professionisti con non meno di 200 onze di reddito etc. (grosso modo come i requisiti di eleggibilità per i Comuni nel 1812). Niente più baroni parlamentari quindi, e gli stessi vescovi dovevano essere designati dai distretti per essere eletti nella camera alta. L'esecutivo e le politiche finanziarie rimesse alla fiducia del Parlamento (sulle leggi finanziarie e sui quantitativi delle forze armate la camera alta avente solo diritto di veto). Costituzionalizzata la Guardia Nazionale. Ridimensionati i poteri del re a quelli di formale capo di stato. Indipendente la magistratura, soggetta solo alla legge, e al sindacato di un'Alta Corte, nella quale i deputati potevano accusare, e i senatori giudicare. Reinserita la democrazia nei consigli civici e nelle magistrature municipali, riuniti i Comuni in Associazioni distrettuali.
Stabilito solennemente, ancora una volta, all'art. 1 addirittura, che la religione cattolica era "religione di stato", ma non è più ribadito che è "l'unica ammessa" come nel 1812, prefigurando la possibilità di "culti ammessi", sia pure presumibilmente sottoposti a restrizioni. Ribadite tutte le libertà fondamentali, suggellate dalla clausola finale della riserva di legge ad ogni limitazione alla libertà: "Tutto ciò che non è proibito dalla legge, è permesso".

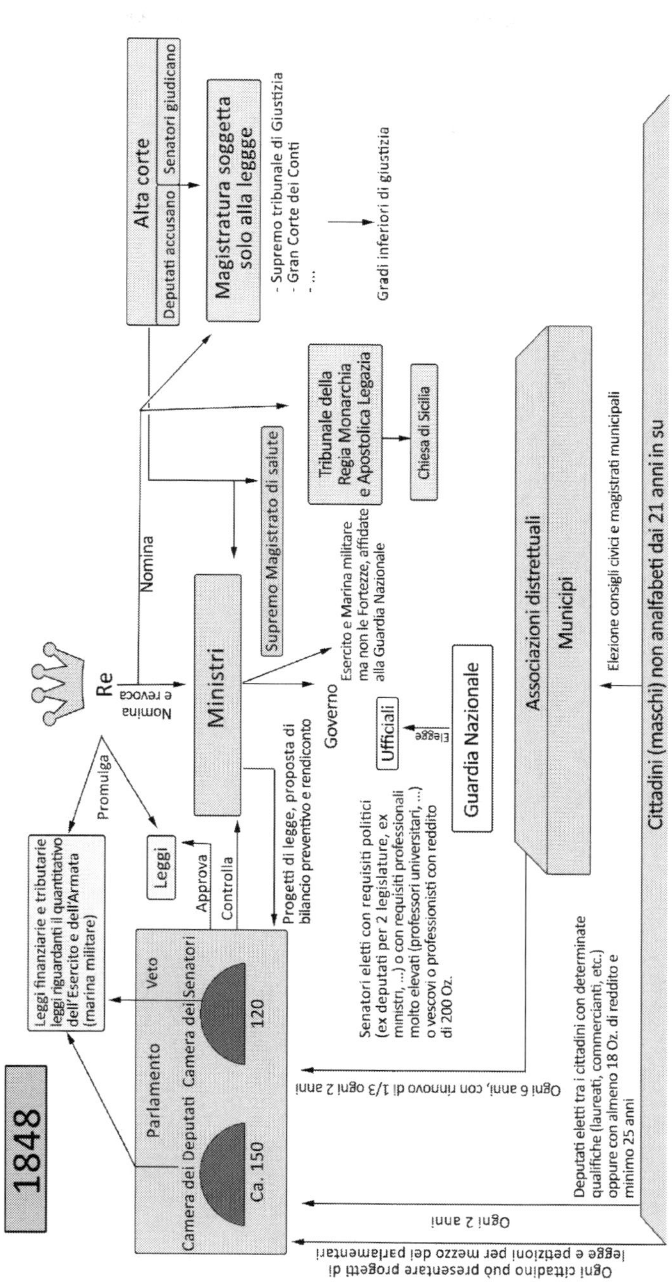
1848
Parlamento
Camera dei Deputati
Camera dei Senatori
Ca. 150
120
Veto
Leggi finanziarie e tributarie leggi riguardanti il quantitativo dell'Esercito e dell'Armata (marina militare)
Leggi
Approva
Controlla
Promulga
Re
Nomina e revoca
Ministri
Progetti di legge, proposta di bilancio preventivo e rendiconto
Governo
Esercito e Marina militare ma non le Fortezze, affidate alla Guardia Nazionale
Nomina
Supremo Magistrato di salute
Tribunale della Regia Monarchia e Apostolica Legazia
Chiesa di Sicilia
Alta corte
Deputati accusano
Senatori giudicano
Magistratura soggetta solo alla leggge
- Supremo tribunale di Giustizia
- Gran Corte dei Conti
- ...
Gradi inferiori di giustizia
Ufficiali
Elegge
Guardia Nazionale
Senatori eletti con requisiti politici (ex deputati per 2 legislature, ex ministri, ...) o con requisiti professionali molto elevati (professori universitari, ...) o vescovi o professionisti con reddito di 200 Oz.
Associazioni distrettuali
Municipi
Elezione consigli civici e magistrati municipali
Ogni 6 anni, con rinnovo di 1/3 ogni 2 anni
Deputati eletti tra i cittadini con determinate qualifiche (laureati, commercianti, etc.) oppure con almeno 18 Oz. di reddito e minimo 25 anni
Ogni 2 anni
Ogni cittadino può presentare progetti di legge e petizioni per mezzo dei parlamentari
Cittadini (maschi) non analfabeti dai 21 anni in su

Questo monumento di libertà di uno staterello dalle strutture fragili poteva reggere all'urto di uno stato potente, militarmente organizzato, senza alcun appoggio internazionale?
Le casse erano vuote, e nessun ceto brillava per generosità in quel momento drammatico. Geniale e moderna l'idea del Ministro delle Finanze, Cordova, di cartolizzare il valore della vendita dei beni nazionali, attraverso carta moneta o cedoline, ma questa non ebbe materialmente il tempo di tradursi in pratica.
Si tentò di dare la corona a un principe di sangue italiano, ciò che avrebbe garantito la perpetua indipendenza della Sicilia. Si pensò al cugino del Re di Sardegna, il duca di Genova Ferdinando, ribatezzato "Alberto Amedeo", per evitare l'omonimia con l'odiato re napoletano. Ma l'interessato, su indirizzo del governo piemontese che sperava ancora in un'alleanza con Napoli, declinò l'invito. La Sicilia restava sola.
I rovesci della Rivoluzione in Italia, e la repressione nel Napoletano, consentivano ora a Ferdinando di indirizzare i propri sforzi contro la Sicilia. Con un violento bombardamento, che gli valse il titolo di "Re Bomba", riconquistò Messina tra gli eroici episodi di resistenza della popolazione civile, come i giovani Camiciotti o Rosa *'a Cannunera*. Dopo la conquista la soldataglia borbonica si lanciò in vendette disumane contro la popolazione civile. Sfortunatamente ora in Inghilterra erano di nuovo al potere i conservatori, indifferenti alla Questione Siciliana. Lo Stabile, da sempre filo-britannico, si dimette. Al suo posto succede un governo presieduto dal marchese di Torrearsa. Nel frattempo, su mediazione inglese e francese, si arrivò ad un armistizio. Luigi Napoleone Bonaparte (il futuro Napoleone III) offrì di inviare in Sicilia la Guardia Nazionale Repubblicana a difesa dell'Isola. L'idea piaceva alla minoranza democratica, ma spaventava gli aristocratici che la bloccarono. I Pari, sempre

timorosi di ogni piega repubblicana o democratica, rifiutarono pure l'aiuto di patrioti italiani pronti a venire a difendere la Sicilia in pericolo.
Allo scadere dell'armistizio l'inesperienza militare dei Siciliani di fronte a un esercito organizzato si rivelò disastrosa. Cade il Ministero Torrearsa, sostituito dal Governo di Pietro Lanza e Branciforte, che dopo qualche mese richiama lo Stabile come ministro della Guerra. Fu conquistata Catania, nonostante l'eroismo dei suoi abitanti, e le rappresaglie borboniche non furono minori che a Messina. Non restava che aprire le trattative. Nel frattempo cadeva pure Siracusa. Toccherà proprio al Lanza, rampollo della più antica e alta aristocrazia sicula, chiudere l'esperienza del plurisecolare Regno di Sicilia.
Nel maggio 1849, ormai, la resa era inevitabile. Quattro capi della Rivoluzione, tra cui Ruggero Settimo, presero salvi la via dell'esilio; Ruggero Settimo fu accolto a Malta con gli onori di un Capo di Stato.
Nessuna repressione ulteriore per i rivoltosi, soltanto la "ritrattazione pubblica" per i Parlamentari che avevano votato la decadenza di Ferdinando II. La Sicilia otteneva una devoluzione integrale, dal punto di vista fiscale ed amministrativo, persino con polizia propria. In pratica, a parte la perdita del Parlamento, Napoli e Sicilia tornavano nei fatti due stati distinti e confederati. Persino la banca centrale pubblica, che i rivoluzionari avevano creato con il nome di "Banco Nazionale di Sicilia" con la fusione delle Reali Casse di Corte di Palermo e Messina, sopravviveva, consentendo alla Sicilia di avere almeno la propria moneta cartacea, attraverso i cosiddetti titoli apodissari, al pari del Banco delle Due Sicilie (il futuro Banco di Napoli), sotto il nome quasi impronunciabile di "Banco dei Regi Dominii al di là del Faro". Fu soppressa la competenza della Consulta delle Due Sicilie sulla

Sicilia e fu istituita una "Consulta di Sicilia", che prendeva il posto di quella semplicemente consultiva istituita nel 1831 dal luogotenente Leopoldo Borbone. La Sicilia, tranne che per la cittadinanza, gli esteri e la difesa, sembrava ora in tutto un vero e proprio stato confederato con Napoli. Era una resa più che onorevole, che vedeva in parte riconosciute le ragioni dei Siciliani. Ma era anche la fine del sogno indipendentista. Il 15 maggio 1849 i borbonici rientravano a Palermo, e i patrioti non sapevano più cosa sperare per poter liberare la Sicilia.
Negli anni che seguirono la Sicilia fu tutt'altro che doma. Ma il quadro si fa confuso. Il vecchio Ruggero Settimo non costituì, come forse avrebbe dovuto, un governo siciliano in esilio, restando metà ospite e metà prigioniero degli Inglesi a Malta. Senza guida le opposizioni siciliane andarono allo sbando. L'idea dell'indipendenza, anche confederale, divenne rapidamente minoritaria. Il Piemonte, attraverso la Società nazionale, faceva propaganda unitaria. Tutto sembrava immobile, fino al 1859 almeno, a parte il solito corollario di congiure e complotti, tutti facilmente sventati dalla polizia borbonica.
Una notazione finale merita la politica linguistica e dell'istruzione borbonica. Le Due Sicilie non avevano una particolare vocazione ad aumentare il livello generale dell'istruzione. Si limitarono a razionalizzare le strutture esistenti e, sul modello francese da loro seguito da presso, a costruire una burocrazia pubblica dell'istruzione. In questo senso furono indubbi alcuni progressi, in relativo rispetto alla frammentarietà dell'istruzione pubblica settecentesca, ma con il mantenimento di forti ritardi, in relativo ad altri paesi, almeno visto il mutare dei tempi. Si può affermare però che si andò creando un sistema abbastanza diffuso di istruzione pubblica primaria. Fortunatamente il vuoto lasciato dall'istruzione pubblica negli studi medi, appena abbozzata, fu

coperto dalle istituzioni religiose, cui fu appaltata gran parte dell'istruzione, a partire dai gesuiti che erano stati riammessi nel Regno dopo l'espulsione settecentesca. Qualche progresso in più fecero invece le università, seppure sotto il controllo occhiuto della burocrazia napoletana, che forse mal sopportava il fatto che la Sicilia avesse ben tre università, mentre il continente, a parte la facoltà di Medicina di Salerno, aveva soltanto l'Università degli studi di Napoli. Dal punto di vista linguistico il siciliano ormai era considerato lingua "nazionale" dai soli siciliani, senza più alcun riconoscimento pubblico. Vi furono studi e cultori della lingua siciliana, ma solo di carattere strettamente privato, anche oltre l'Unità d'Italia. E ciò è naturale, giacché il siciliano era visto come una lingua potenzialmente separatista. Con tutto ciò l'italiano non era neanche particolarmente incoraggiato, giacché era anch'esso potenzialmente eversivo in quanto poteva richiamare a programmi politici unitari o confederali avversati dal regime. Ma non c'era alternativa al suo uso, non esistendo una lingua "duosiciliana". Singolare che spesso questo non venisse chiamato "italiano", ma in maniera più asettica "lingua illustre", per evitare ogni riferimento politico. Nel complesso la Sicilia borbonica si trovava in una condizione linguistica singolare: tranne poche élite in grado leggere il francese o altre lingue straniere, solo il 10 % circa della popolazione era in grado di parlare o scrivere malamente in italiano (dato che bene o male un'istruzione di base in questa lingua finalmente si era fatta strada a spese di un latino che però persisteva), un po' di più nelle città, un po' di meno nei piccoli centri. Ma tutto ciò che era scritto ufficialmente era scritto solo in italiano, con il risultato che la quasi totalità della popolazione non trovava una letteratura in lingua propria, né aveva gli strumenti per accedere alle idee che venivano da fuori, restando quasi sequestrata culturalmente dal resto d'Europa.

Francobollo di epoca borbonica

Il 1859, ad ogni modo, fu l'anno della II Guerra d'Indipendenza italiana. Il Piemonte, con l'aiuto della Francia, strappa la Lombardia all'Austria. L'Austria si ritira nel Veneto, ed abbandona al proprio destino il resto d'Italia, Due Sicilie incluse. Nello stesso anno, improvvisamente, Ferdinando II, cui non si poteva negare dignità di statista, muore, lasciando un inesperto Francesco II sul trono (spregiativamente chiamato Franceschiello). Il Regno delle Due Sicilie, infiltrato di massoni sino al midollo, incapace di aprirsi alle novità del secolo, senza alcuna protezione o relazioni internazionali, era diventato il classico vaso di coccio in mezzo ai vasi di ferro, devastato e logorato da una quarantennale e assurda lotta interna volta unicamente a piegare la Sicilia a un tentativo di colonialismo interno. In Sicilia la propaganda unitaria aveva dato i suoi frutti. In una corrispondenza privata, uno degli unitari, Francesco Crispi, ebbe a dire: «Il partito d'azione in Sicilia è nostro e perciò unitario… Ma accanto ad esso o dietro di esso c'è il partito separatista …». Ciò che accomunava gli esuli, tra unitari, federalisti e indipendentisti, era la possibilità di liberare la Sicilia dal giogo borbonico, quanto meno su di un piano di ampia autonomia amministrativa e politica.

Cronologia politica:

Luogotenenti:
1816-1817 Nicolò Filangeri, p.pe di Cutò
1817-1820 Francesco Borbone, p.pe di Calabria
1820 Diego Naselli d'Aragona
1820-1821 Ten.generale Pietro Colletta [Giunta Provvisoria rivoluzionaria a Palermo]
1821 Ten.generale Vito Nunziante [Giunta Provvisoria rivoluzionaria a Palermo]
1821-1822 Niccolò Filangieri, p.pe di Cutò
1822-1824 Antonio Lucchesi Palli, p.pe di Campofranco
1824-1830 Pietro Ugo, marchese delle Favare
1830-1835 Leopoldo Borbone, conte di Siracusa
1835-1837 Antonio Lucchesi Palli, p.pe di Campofranco (di nuovo)
1837-1840 Onorato Gaetani, duca di Laurenzana
1840-1848 Luigi Nicola de Majo, Duca di S. Pietro
1848-1849 Regno di Sicilia indipendente [Presidente del Regno: Ruggiero Settimo]

Prlmi Ministri:
1848-1849 Mariano Stabile
1849 Vincenzo Fardella m.se di Torrearsa
1849 Pietro Lanza e Branciforte, p.pe di Trabia

Luogotenenti:
1849-1855 Carlo Filangieri, p.pe di Satriano
1855-1860 Paolo Ruffo di Bagnara, p.pe di Castelcicala
1860 Gen. Ferdinando Lanza

Capitolo 2: La Sicilia nel Regno d' Italia

I tempi per un'annessione della Sicilia all'Italia settentrionale erano maturi. Il Piemonte trattava con la Francia la formazione di un Regno del Nord (dando Nizza e Savoia in cambio dell'annessione di Emilia-Romagna e Toscana). Per il Centro sembrava insormontabile la difesa dello Stato della Chiesa da parte della Francia di Napoleone III. Per il Sud si pensava di rimettere un napoleonide a Napoli, lasciando magari la Sicilia nella zona d'influenza inglese.

Ma questo disegno avrebbe creato tre piccole italie sotto egemonia francese, e confinato l'influenza della maggiore potenza, l'Inghilterra, alla piccola Sicilia, peraltro con un regno senza re, per l'impossibilità di riproporre gli odiati borboni alla Sicilia. L'Inghilterra decise che, una volta usciti di scena gli Austriaci, che si accontentavano di mantenere il Triveneto, era il momento di creare un unico stato italiano, molto più sensibile alla propria influenza che a quella francese. E pertanto abbandonarono la causa siciliana. Gli stessi nazionalisti siciliani erano scoraggiati dopo tanti insuccessi. La propaganda nordista, mazziniana o moderata, spingeva verso una soluzione unitaria. La maggior parte, tuttavia, propendeva per una qualche forma di autonomismo, che avrebbe salvato almeno qualcosa del vecchio Regno di Sicilia.

Nell'aprile del 1860 a Palermo scoppia l'ennesima rivolta antiborbonica. Difficile dire se fosse "unitaria", come più tardi si sarebbe scritto, o più semplicemente l'ennesimo tentativo dei Siciliani di scrollare il dominio dei Napoletani. Soffocata a Palermo, la rivolta dilaga endemica nel resto dell'Isola.

In questo contesto caotico si inserisce la "Spedizione dei Mille" guidata dalla milizia di Giuseppe Garibaldi, un comandante di volontari della sinistra liberale che si era distinto in varie operazioni, soprattutto nella I Guerra d'Indipendenza e nella difesa della Repubblica Romana del 1848. In teoria i miliziani di Garibaldi (un migliaio circa di giovani del Nord e pochissimi siciliani) stavano compiendo un colpo di mano fuori dalla legalità, impadronendosi di due vapori a Quarto (in Liguria), assaltando una fortezza sabauda a Orbetello, per far rifornimento di armi e munizioni, sbarcando infine a Marsala. Nella realtà l'operazione era interamente coperta dal governo piemontese e soprattutto da quello inglese, che protesse lo sbarco dei Mille a Marsala, l'11 maggio 1860. Il resto lo fecero la corruzione di funzionari e militari del Regno delle Due Sicilie, pagati per fare una resistenza puramente simbolica di fronte al "liberatore". In questa operazione ebbe un ruolo determinante la Massoneria, che anch'essa spingeva per creare il nuovo stato unitario italiano.

Garibaldi, a Salemi, si proclama "Dittatore della Sicilia" in nome di "Vittorio Emanuele II". Stranissimo titolo, questo. In teoria proclamava usurpatori i Borboni, e per farlo si riallacciava all'unica legalità possibile in Sicilia, quella dello Stato di Sicilia (indipendente) che formalmente si riportava in vita transitoriamente, con l'unico scopo però di favorire l'annessione al Piemonte. Dall'altro si presentava a nome di quello che a tutti gli effetti ancora era un re straniero. Nulla disse, né poteva dire, l'unico rappresentante della legalità costituzionale siciliana, il vecchio e malandato Ruggiero Settimo, "ospite" a Malta degli stessi Inglesi che stavano organizzando la spedizione. Per coprire questo strappo a Ruggiero Settimo sarà offerta la Presidenza del primo Senato del Regno. Egli non abbandonò però il suo esilio, e poco dopo vi morì, non si sa se di vecchiaia o di crepacuore, per essere poi traslato a San Domenico, a

Palermo, nel Pantheon dei Siciliani illustri. Con lui fisicamente sembrava morire lo stesso concetto di Regno di Sicilia.
In verità sulle prime non si sapeva bene come sarebbero andate a finire le cose. Bisognava vincere più che altro le resistenze francesi, vista l'assoluta inconsistenza dello Stato borbonico, privo ormai del supporto austriaco. Sarebbe potuta anche andare che la Sicilia restava un Regno confederato all'Italia centro-settentrionale (allora ancora amorfa somma del Regno di Sardegna e del "re eletto" nelle regioni dell'Italia centro-settentrionale) o una regione autonoma con proprio parlamento, come aveva promesso Vittorio Emanuele all'esule D'Ondes Reggio poco tempo prima. Non si comprendeva la sorte del Regno di Napoli propriamente detto, che cercava affannosamente di salvarsi sul piano della diplomazia internazionale, ma ormai in condizioni di pieno isolamento.
Per irrobustire la propria armata Garibaldi aveva ricevuto l'aiuto di bande, tra cui certamente molti criminali, a lui presentate dal La Masa già il giorno dopo lo sbarco, i famigerati "Picciotti Garibaldini", dalle cui fila poi sarebbero in gran parte nate le cosche mafiose propriamente dette, la prima delle piaghe postunitarie della Sicilia. Con l'aiuto di queste, in una battaglia farsa, a Calatafimi, l'esercito borbonico è messo in fuga. Inutile sarebbe stato poi il tentativo della Dittatura di disfarsi di queste squadre, e di sostituirle con un esercito di leva, da sempre avversato dai Siciliani.
Ad Alcamo si dà un barlume di legalità al nuovo governo: Francesco Crispi è nominato "Segretario di Stato" (di quale Stato? Della Sicilia naturalmente, ancora per una volta riconosciuta, anche internazionalmente, come stato sovrano) e sono richiamati in vigore le leggi e i provvedimenti del Governo Rivoluzionario del 1848/49 ("rivoluzionario" in senso molto

relativo, essendo in fondo l'unico governo legittimo), dichiarando la decadenza di tutto ciò che dopo era stato deliberato dall'"usurpatore borbonico". In questo modo Garibaldi si riallacciava esplicitamente alla legalità anteriore al 1816, per fare accettare il proprio governo ai Siciliani. Seguono provvedimenti conseguenti. Le 7 intendenze borboniche sono sciolte, sostituite nuovamente dai 24 distretti del Regno di Sicilia, nei quali nomina un Governatore. C'è chi crede che sia tornato il '48, ma gli atti pubblici già sono intestati a "Vittorio Emanule Re d'Italia", quando l'Italia in quel momento ancora non esisteva. Tornano le libertà civiche e la libertà di stampa. Si formano i partiti. Sono rimessi al loro posto i funzionari deposti nel 1849 e ricostituiti i consigli civici con le stesse persone di allora, integrati da componenti popolari per cooptazione quando necessario. Così, anche per guadagnare popolarità, furono abolite tutte le imposte decretate dopo il 15 maggio del 1849, tra cui quella più odiata, sul macinato.
Più difficile fu la conquista di Palermo, che costa tre giorni di barricate, con l'apporto decisivo dei Palermitani che, in quelle barricate, pensavano soprattutto di liberarsi finalmente dalla birraglia borbonica e dai suoi soprusi. Molti Siciliani, tra il popolo minuto, non comprendevano neanche bene cosa fosse questa Italia, di cui si andava parlando. Non ne conoscevano proprio il concetto, ignoravano di poter essere altro che "Siciliani"; per molti addirittura "Italia" era il nome della regina, la presunta moglie di questo Vittorio Emanuele II nel cui nome veniva Garibaldi.
Dopo la conquista di Palermo l'amministrazione borbonica in Sicilia collassa dappertutto definitivamente. I contadini, vedendo in Garibaldi un democratico, pensano sia giunta l'ora della distribuzione delle terre.

Tra i vari partiti che si formano prevalgono, a destra, come a sinistra, i "regionisti", popolari tanto tra i moderati che avevano fatto la rivoluzione del '48, quanto tra la destra clericale, quanto tra i repubblicani e radicali. Cavour manda subito agenti per infiltrare il nuovo effimero Stato e fomentare il partito "fusionista", che invece era per un'annessione pura e semplice al Piemonte (tra questi il La Farina). Ma questo partito resta assai minoritario. Le proteste dell'economista Francesco Ferrara, ricevono una risposta sdegnosa e indiretta di Cavour, che considera i Siciliani quasi dei "traditori", che invece di essere fieri di unirsi alla grande famiglia italiana (della quale non avevano mai fatto parte), parlavano di parlamenti separati, mettevano paletti, accampavano antichi diritti. Gli Italiani non potevano capire secoli di cultura politica propria dei Siciliani. Stava per nascere subito un terribile malinteso tra Sicilia e Italia.

Garibaldi aveva sin allora fatto un po' il Capo di Stato in Sicilia, e dopo la presa di Palermo costituisce un vero Ministero, con otto dicasteri (Guerra e Marina, Interno, Lavori pubblici, Finanze, Giustizia, Istruzione pubblica e culto, Affari esteri e commercio, Sicurezza pubblica) e pretendendo anche di presiedere ai festeggiamenti di S. Rosalia, nella qualità di Legato Apostolico.
Sotto l'influsso del La Farina, inviato da Cavour, abbatte rapidamente tutte le istituzioni siciliane appena ricostituite per omologarle a quelle piemontesi. Viene introdotto lo stemma sabaudo quale emblema dello Stato di Sicilia, pur essendo questo del tutto estraneo alla sua tradizione storica. I Siciliani protestano. Garibaldi è costretto ad espellere La Farina dalla Sicilia, per il momento perplesso anche lui sull'annessione immediata al Piemonte.

La battaglia definitiva in cui i residui dell'esercito borbonico furono sconfitti si ebbe nel mese di luglio a Milazzo. Dopo, questo si rinserrò dentro l'imprendibile cittadella messinese.
Nel frattempo, cambiato il contesto internazionale, si optò per la spallata finale al regime borbonico, con la piena collaborazione del Ministro dell'Interno napoletano Liborio Romano, in combutta anche lì con camorra e massoneria. I tentativi di Francesco II di concedere la Costituzione, di adottare il Tricolore, di dare l'Autonomia ai Siciliani, si rivelarono patetici e fuori tempo massimo; la dinastia spergiura era ormai condannata dalla storia. Garibaldi risale trionfalmente la Calabria e arriva a Napoli comodamente in treno, mentre il Regno va in frantumi. Il Piemonte, per saldare anche fisicamente l'Italia, attacca lo Stato pontificio, strappando le Marche e l'Umbria, garantendo alla Francia che il "Patrimonio di S.Pietro" (il solo Lazio) non sarebbe stato tolto al papa, e invade il Regno delle Due Sicilie da nord, occupando l'Abruzzo. Di lì a poco i Borboni in ritirata sarebbero stati annientati. Resistettero un po' soltanto le fortezze di Gaeta e della cittadella di Messina (quest'ultima fino al 1861).

La vittoria di Milazzo e la prospettiva di risalire le Province Napoletane costringono Garibaldi a delegare i poteri di Capo di Stato in Sicilia: nomina così Agostino Depretis "Pro-dittatore", sorta di viceré repubblicano, in piena continuità con la medesima tradizione che durava dai primi del 1400, mostrando che l'indipendenza formale del Governo della Dittatura e le "forme esteriori" di Governo sovrano di cui la Sicilia era stata dotata erano puramente apparenti ed esclusivamente funzionali alla successiva annessione.

Curioso notare che il Depretis formalmente riapre la zecca di Palermo, ma questa di fatto, pur essendo riconosciuta da successiva legge del Regno d'Italia, non avrebbe mai più ripreso a funzionare. Come nel 1820 e nel 1848 valuta del rinato (anche se fantoccio) Stato di Sicilia è l'onza siciliana, al posto del ducato duosiciliano.
Anche le rivendicazioni contadine sono soffocate. Per proteggere la "Ducea di Nelson", in mano a proprietari inglesi, Nino Bixio, luogotenente di Garibaldi, manda l'esercito a reprimere la popolazione, fucilando capi e gregari della protesta contadina. Bixio, oltre a macchiarsi nell'occasione di veri crimini di guerra, avrebbe avuto parole sprezzanti per i Siciliani, definito popolo incivile da deportare in qualche isola africana, dimostrando in tal modo i reali termini della conquista piemontese della Sicilia. Il processo di omologazione con gli stati sardi non si arresta. Depretis "recepisce in Sicilia" lo Statuto albertino, abrogando così implicitamente lo Statuto del 1848, assai più democratico e carico di significati storici per la Sicilia. Impone a funzionari pubblici ed impiegati civili il giuramento di fedeltà a Vittorio Emanuele II, ancora re di uno stato straniero.
Riprendono così le proteste dei Siciliani, ancor più vigorose di quelle che avevano investito il La Farina.
Garibaldi è costretto a sostituire il Depretis con Antonio Mordini, più sensibile verso gli autonomisti, che convoca per il successivo 21 ottobre un'Assemblea (di fatto è la riapertura del Parlamento) affinché questa decidesse tempi e modi dell'annessione della Sicilia all'Italia. Mordini si rivela buon amministratore, e complessivamente amico della causa siciliana:

anche Filippo Cordova, approdato come il La Farina al "fusionismo" puro e semplice, è costretto a lasciare la Sicilia.
L'iniziativa delle elezioni siciliane è valutata con estrema preoccupazione a Torino. Una fusione "federale" avrebbe avuto il significato di una fusione tra pari. E invece doveva essere solo conquista. A Palermo, per finanziare la spedizione, Garibaldi aveva confiscato un terzo delle riserve auree del Banco, ribattezzato di "Sicilia", proprio come si fa con un paese sconfitto ed occupato. La conquista doveva procedere spietata. Per smontare l'iniziativa siciliana, il Pallavicini, pro-dittatore a Napoli, proclama, per lo stesso giorno dei Siciliani, un plebiscito-farsa per l'annessione incondizionata al Piemonte delle "Province Napoletane", mettendo in luce così lo scarso patriottismo dei Siciliani, che invece volevano convocare un parlamento.
La Sicilia fu costretta, da quello che formalmente era ancora uno stato straniero, ad adeguarsi e a celebrare essa stessa un plebiscito-farsa, al posto dell'elezione dell'Assemblea. Va detto – in tutta onestà – che questa scelta non fu presa da Garibaldi, il quale, consultato dal Mordini sul da farsi, rispose pilatescamente: "Fate come volete". L'iniziativa era ormai nelle mani del Governo piemontese, e la Sicilia non aveva in quel momento alcuna forza da opporre seriamente all'annessione.
Per non darla del tutto vinta ai Piemontesi, il pro-dittatore nominò, quale ultimo atto politico di questo effimero Stato di Sicilia, un "Consiglio Straordinario di Stato", presieduto da Gregorio Ugdulena e composto da 36 membri, con le stesse funzioni dell'Assemblea che era stata inibita, ma certamente dotato di minore legittimazione democratica.
Il Plebiscito fu un atto nullo. Sotto la minaccia delle baionette, tutti i cittadini maschi (ma anche i soldati piemontesi affluiti nel

frattempo) erano chiamati a scegliere tra due schede prestampate, una colorata prestampata con il SI, l'altra bianca prestampata con il NO, da depositare in due urne diverse, quindi senza alcun voto segreto. Il quesito poi chiedeva un'adesione incondizionata a un'Italia che ancora non esisteva, e non indicava alcuna alternativa, o l'annessione al Piemonte per fare l'Italia con Vittorio Emanuele e i suoi successori, o il caos: «Il popolo vuole l'Italia una e indivisibile con Vittorio Emanuele Re costituzionale e suoi legittimi discendenti».

In queste condizioni il risultato, sin troppo scontato, fu quello di una valanga di SI (432.053), ciò che avrebbe giustificato i seguenti atti giuridici di annessione, e solo 667 NO, di coloro che coraggiosamente intesero sfidare la violenza politica in atto.

Il Consiglio di Stato consegnò a novembre, quando ormai il governo della Dittatura stava trasmettendo al Piemonte i poteri, una relazione (elaborata da Michele Amari e Stanislao Cannizzaro) che, se accolta, avrebbe consentito alla Sicilia di mantenere una significativa autonomia: Consiglio legislativo proprio (piccolo parlamento regionale), Esclusiva sul regime tributario, Luogotenenza separata per l'esecutivo, sottoposta a fiducia da parte del Consiglio elettivo, Magistratura indipendente. Soprattutto l'idea di un piccolo parlamento regionale destò grande scandalo in Italia, dove vedevano l'autonomia come un vero attentato all'unità del paese (l'autonomia di una Terra – va detto – che non era sino ad allora mai stata parte dell'Italia e che aveva secoli di tradizioni parlamentari proprie).

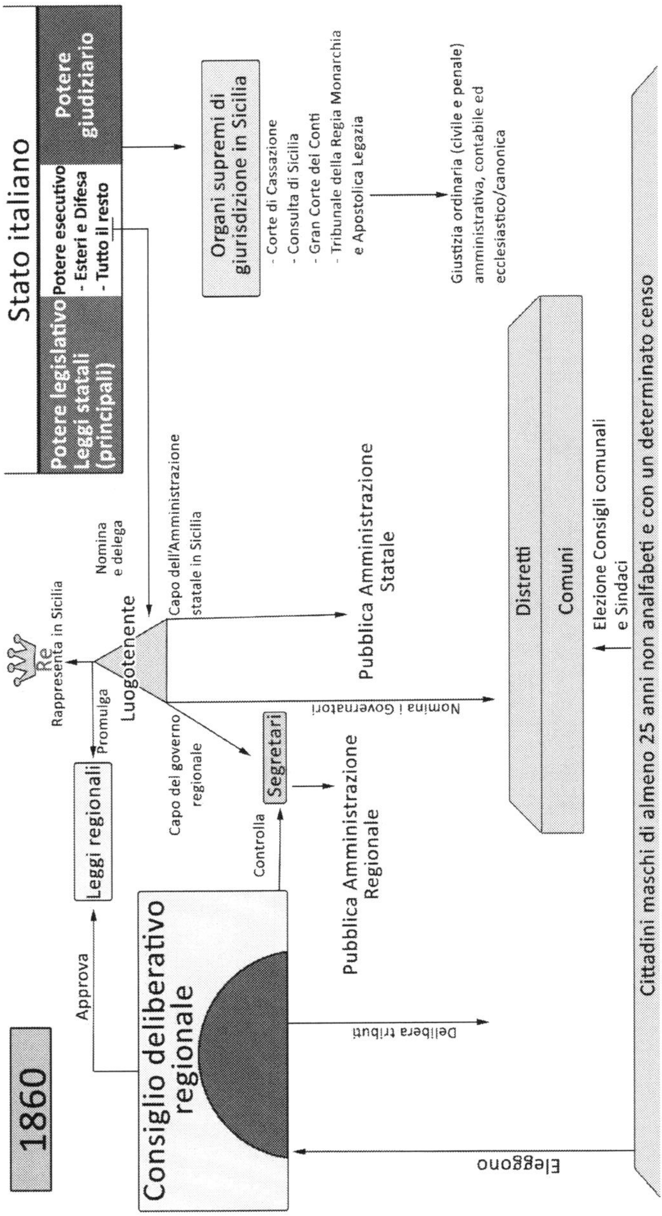
1860
Stato italiano
Potere legislativo Leggi statali (principali)
Potere esecutivo
- Esteri e Difesa
- Tutto il resto
Potere giudiziario
Organi supremi di giurisdizione in Sicilia
- Corte di Cassazione
- Consulta di Sicilia
- Gran Corte dei Conti
- Tribunale della Regia Monarchia e Apostolica Legazia
Giustizia ordinaria (civile e penale) amministrativa, contabile ed ecclesiastico/canonica
Re
Rappresenta in Sicilia
Nomina e delega
Luogotenente
Capo dell'Amministrazione statale in Sicilia
Pubblica Amministrazione Statale
Promulga
Leggi regionali
Capo del governo regionale
Segretari
Pubblica Amministrazione Regionale
Nomina i Governatori
Distretti
Comuni
Elezione Consigli comunali e Sindaci
Approva
Controlla
Consiglio deliberativo regionale
Delibera tributi
Eleggono
Cittadini maschi di almeno 25 anni non analfabeti e con un determinato censo

Il Re Vittorio Emanuele II ignorò questa richiesta, limitandosi ad ammettere un piccolo decentramento amministrativo, con un governo della Luogotenenza, come sotto i Borbone. Le province furono ricostruite e l'amministrazione affidata a Prefetti che si comportavano come governatori coloniali inviati in una terra lontana ed ostile.

Il Luogotenente era un po' rappresentante del Re in Sicilia, un po' Capo autonomo dell'Esecutivo. Sarebbe dovuto essere un po' come gli antichi viceré; in realtà si alternarono soltanto tre generali piemontesi che intesero la loro funzione come una occupazione militare pura e semplice che fece rimpiangere persino il caos dell'amministrazione dittatoriale garibaldina.

La Sicilia politica era conquistata, anzi annientata. Tra i pochi vantaggi dell'annessione un moderatissimo ordinamento liberale (votava per i consigli comunali e per le politiche meno del 2 % della popolazione), una moderata libertà di stampa, l'introduzione della libertà di culto, con la quale i Siciliani, abituati da secoli solo alla religione cattolica, videro con un certo disappunto lo stabilimento di piccole comunità valdesi venute dal nord. Nel complesso, tuttavia, il protestantesimo non avrebbe mai attecchito in Sicilia se non in piccole comunità, così come altre religioni, e ciò sino ai giorni nostri.

Le prime elezioni (1861), pilotate dai prefetti, a suffragio ristrettissimo, videro vincere di misura la Destra storica al Governo. Sarebbe stata l'unica volta. I Governi della Destra governavano la Sicilia con uno stile poliziesco tale da far rimpiangere il cessato governo borbonico (il che non a caso determinò la nascita di un piccolo partito "legittimista"), non disdegnando tuttavia di appoggiarsi ai servizi della neonata mafia, se necessario, come quasi certamente nella "Congiura dei Pugnalatori" (1862) o nell'eliminazione di qualche garibaldino troppo scomodo (Corrao, nel 1863), anche per favorire un clima di terrore che giustificasse poi provvedimenti eccezionali. Parte dell'opposizione siciliana al nuovo governo è di matrice garibaldina, come testimoniato dal successo nel reclutamento di Garibaldi nella "marcia su Roma" del 1862, finita poi sfortunatamente per lui sull'Aspromonte. I Siciliani postunitari quindi attribuivano le loro sventure al governo moderato e alla ferocia dei Piemontesi, e non al processo unitario in quanto tale, laddove il mito garibaldino sarebbe restato per più di un secolo circondato quasi da un'aura di sacralità, a posteriori certamente non troppo meritata.

La Sicilia non conobbe la Guerra del Brigantaggio del Sud Italia; troppo filoborbonica per un Popolo che con i Borbone aveva ancora un conto aperto. Ma non per questo mancarono altri disordini. Una rivolta a Castellammare nel 1862 fu l'occasione per proclamare il primo stato d'assedio (ne sarebbero stati proclamati ben quattro nel XIX secolo) e sospendere le garanzie costituzionali. Con l'occasione fu revocato il Governo della Luogotenenza, ultima larva di decentramento amministrativo, e tutta l'amministrazione affidata ai prefetti, oltre che di fatto alle forze armate occupanti, guidate ora dal generale Govone. Nel 1863 è estesa alla Sicilia la terribile "Legge Pica" che sostanzialmente sospendeva lo stato di diritto e consentiva all'esercito italiano esecuzioni sommarie. Le proteste dei deputati regionisti sono schiacciate da un Parlamento italiano che dà copertura politica ad ogni repressione.

Dal 1861 al 1865 tutte le legislazioni preunitarie sono soppresse, e la legge e le dogane piemontesi estese a tutto il Regno. Le istituzioni siciliane, quelle sopravvissute all'accentramento borbonico, sono progressivamente dissolte, con la sola eccezione della Corte di Cassazione e dell'Istituto di emissione, che sarebbero giunte sino ad epoca fascista. L'onza siciliana, la moneta che aveva accompagnato la Sicilia praticamente da sempre, è ritirata e convertita con il rapporto di 12,75 lire italiane per un'onza siciliana (e quindi 4,25 lire per ogni ducato napoletano).

La moneta emessa dal Banco di Sicilia, in parità 1 a 1 con le proprie riserve auree, e quella emessa dal Banco di Napoli, in parità 1 a 2, è scambiata alla pari con quella emessa dalla Banca Nazionale di Torino, in parità soltanto 1 a 3, con il risultato che i metalli pregiati spariscono rapidamente dal Mezzogiorno per affluire al Nord a favorire il decollo di quella parte del Paese. Le tasse, rispetto al passato regime, sono di colpo moltiplicate. Praticamente dal nulla compare una "Questione Meridionale" e così pure la "Mafia", laddove questi fenomeni non erano mai esistiti né conosciuti prima. Particolarmente odiata, e dannosa da un punto di vista economico, l'introduzione della leva obbligatoria, mai riuscita in Sicilia ai Borboni, che si erano limitati a tenerla nel Napoletano (forse anche per mancanza di fiducia nei Siciliani); leva che teneva i giovani nel fiore degli anni lontani per 5 o 6 anni sottraendoli al loro lavoro, alla loro famiglia, per andare a servire un Paese percepito come alieno e lontano, dove si parlava una lingua sconosciuta ai più, spesso andando a morire per guerre di cui si ignorava la ragione. Fino alla fine del XIX secolo si hanno testimonianze di fiera resistenza, anzi di vera e propria renitenza alla leva, finché anche questo carattere atavico di libertà dei Siciliani non fu estirpato e la leva non entrò nella cultura locale come un fatto normale.

Unico corpo tipicamente siciliano che sopravvive, specifica polizia rurale siciliana, è il "Corpo dei Militi a Cavallo", un'istituzione che, attraverso vari cambi di nome (dapprima "Compagnie d'Armi", poi "Gendarmeria reale" sotto i Borboni), risaliva addirittura al Regno di Carlo I (V S.R.I.) e che aveva in gran parte il compito di tenere l'ordine pubblico nelle campagne, in modo parallelo alle "guardie campestri" baronali, invece sostanzialmente private.

Accusato il corpo di collusione con il malaffare, in gran parte ingiustamente, dalle inchieste di Franchetti e Sonnino, i suoi militi sono licenziati quasi tutti in tronco nel 1877, e i superstiti decimati trasformati in un corpo accasermato di "Guardie di pubblica sicurezza a cavallo", che sarà definitivamente sciolto nel 1892. I "militi a cavallo", non accasermati, a differenza dei carabinieri, visti come occupanti stranieri, garantirono il difficile passaggio nei primi anni dell'Unità d'Italia e furono protagonisti di azioni a dir poco eroiche in una Sicilia in cui lo Stato italiano era del tutto incapace di mantenere l'ordine pubblico, forse proprio perché più vicini alla cultura e mentalità delle persone su cui dovevano vigilare. La loro dispersione e soppressione fu uno dei tanti atti di razzismo interno del nuovo Stato italiano. In qualche modo essi sarebbero "risorti" nell'attuale Corpo Forestale della Regione, l'unico corpo di polizia che l'Italia avrebbe devoluto alla Regione Siciliana dopo la sua istituzione (1946).

La Sicilia, dalle elezioni politiche del 1865 a quelle del 1876, è all'opposizione e sempre più con il passare degli anni.
Il 1865 vede la spoliazione del colossale patrimonio, accumulato nei secoli dagli enti ecclesiastici, i quali avevano sino ad allora svolto funzioni di previdenza e assistenza sociale, soprattutto per i ceti artigiani urbani. Questo patrimonio verrà reinvestito solo in minima parte in Sicilia. Si trattò di una vera e propria rapina, che tra l'altro lasciò nella disperazione migliaia di famiglie isolane.
In pochi anni il governo "moderato" era riuscito a mettere tutti d'accordo: repubblicani, sinistra moderata, indipendentisti o autonomisti, clericali, borbonici. D'accordo sul fatto che "si stava meglio quando si stava peggio".
Il 1866, proprio durante la III guerra d'Indipendenza italiana, a Palermo scoppia una rivolta separatista, che presto dilaga in altri

centri dell'Isola. Fu chiamata "del Sette e mezzo" per la sua durata. Protagonisti delle barricate sono in gran parte le stesse persone che sei anni prima avevano fatto le barricate per Garibaldi. Si costituisce un Governo provvisorio guidato dal Principe di Linguaglossa. La repressione italiana, guidata dal generale Raffaele Cadorna, è spietata, a capo di un corpo di spedizione di ben 30.000 uomini. Palermo è cannoneggiata dal mare. I morti si contano a migliaia e sono poi registrati come "morti per colera". Solo il sindaco di Palermo, il Marchese Di Rudinì, resta fedele allo Stato italiano, asserragliato nel Palazzo di Città. Alcuni storici sospettano che tanta capacità di resistenza sia stata favorita da interferenze straniere, ma a noi non pare un'interpretazione credibile. Il "Sette e mezzo" fu una risposta disperata e acefala della Sicilia alla barbara invasione, a una delle più dure dominazioni mai subite durante la propria lunga storia.
La Sicilia è nuovamente sotto stato d'assedio. Segue una nuova amministrazione militare dell'Isola, affidata ora al generale Medici. Per placare l'opinione pubblica internazionale, si dispone una commissione d'inchiesta parlamentare. Ma questa arriva a conclusioni che la storiografia considera come minimizzanti rispetto ai veri drammi dell'Isola, giacché lo Stato italiano non avrebbe potuto mai mettere sé stesso sul banco degli imputati.
Va dato tuttavia al Medici il merito di avere iniziato a migliorare la viabilità dell'Isola, attraverso un programma di costruzioni di strade e ferrovie. Probabilmente le comunicazioni erano allora viste come funzionali agli spostamenti delle truppe italiane d'occupazione, ma indirettamente favorivano la modernizzazione della Sicilia. Passato il primo trauma, del resto, sia pure faticosamente e piegato dal colonialismo interno, il Paese riprendeva un proprio cammino verso la modernizzazione e lo

sviluppo economico, inarrestabile ovunque nell'Europa del secondo XIX secolo.
Dopo la presa di Roma, nel 1870, il piccolo partito borbonico svanisce del tutto, confluendo parte nel regionismo siciliano, parte nel clericalismo. Lo Stato italiano, nella successiva "Legge delle Guarentigie" fatta per tentare di non esasperare i rapporti con il Papato, rinuncia (1871) all'antichissima Apostolica Legazìa sulla Sicilia, alla quale neanche l'Italia unita aveva sino ad allora rinunciato. Già il papa nel 1864 con un suo "Breve", non ancora riconosciuto dall'Italia, l'aveva ritirata cogliendo l'occasione della ormai definitiva scomparsa del Regno delle Due Sicilie; quindi la Chiesa romana, pur non riconoscendo la Legge delle Guarentigie, tornava in possesso del controllo sulla Chiesa siciliana dopo più di mille anni (da quando, nel 733, Leone III Isaurico, l'aveva tolta alla giurisdizione papale, poi restando autocefala anche nel periodo di dominazione musulmana, e sotto l'autorità del Gran Conte Ruggero alla "riconquista", fino a quando, nel 1098, Urbano II, appunto con l'Apostolica Legazìa, si limitò a riconoscere la condizione di fatto per cui la Chiesa Siciliana era dipendente dal Re, in quanto Legato apostolico "nato").

Negli anni '70 non finiscono i provvedimenti straordinari di pubblica sicurezza, militari e di polizia, contro la Sicilia, trattata ancora come un paese straniero occupato.
Nel 1876, infine, la Destra storica è rovesciata alle elezioni. Ma la Sicilia che ora va al potere con la Sinistra è ormai una Sicilia "malata": una classe dirigente più o meno apertamente mafiosa, in piena collaborazione con lo Stato.
Vi è però anche da dire che con la Sinistra viene resa obbligatoria e gratuita l'istruzione elementare; l'antico progetto della Costituzione siciliana del 1812 diventa realtà solo 70 anni dopo

circa, dopo un indubbio, seppur lento, miglioramento generale della pubblica istruzione che data dall'Unità, quando venne estesa alla Sicilia la Legge Casati del 1859 che regolava la pubblica istruzione nel Regno di Sardegna. Tale obbligo resta però in gran parte teorico, giacché è affidato alle esangui casse comunali, e la scolarizzazione, come la penetrazione della lingua italiana parlata, fa solo lentissimi progressi durante tutta l'epoca monarchica, essenzialmente grazie al servizio militare obbligatorio, alla scuola, alla I Guerra mondiale, con la sua leva di massa, e infine, sul finire di quest'epoca, durante il Fascismo, alla diffusione della radio. Man mano che l'italiano lentamente avanza, il siciliano arretra, soprattutto nella considerazione sociale, restando comunque il principale strumento di comunicazione tra siciliani nella vita di tutti i giorni. Dopo l'Unità d'Italia, esso viene politicamente e ideologicamente relegato a dialetto, e in quanto tale combattuto, o al più tollerato, ma evidenziandone le differenze di pronuncia e di grafia da distretto a distretto, tentando di far perdere quella tradizione letteraria unitaria che, nonostante il declassamento già subito in era borbonica, non si era fin lì perduta.

Fece scalpore in quegli anni l'inchiesta indipendente di Franchetti e Sonnino, molto meno ottimista di quella parlamentare. Segnata da taluni pregiudizi razziali e antropologici contro l'Isola, esprime pessimismo sull'integrazione con l'Italia e arriva paradossalmente ad individuare come unica soluzione alla Questione Siciliana l'indipendenza. «La Sicilia lasciata a sé troverebbe il rimedio: stanno a dimostrarlo molti fatti particolari, e ce ne assicurano l'intelligenza e l'energia della sua popolazione, e l'immensa ricchezza delle sue risorse».

Campagna siciliana ottocentesca nel quadro "L'arrivo inatteso" di Francesco Lojacono

La Sicilia rientra ancora nella storia per la irrisolta Questione Agraria. Gli agrari sono ancora in possesso di vastissimi e improduttivi latifondi, non troppo diversamente dai tempi del feudalesimo. In Sicilia penetrano le idee socialiste, e queste hanno successo tanto tra gli operai e gli artigiani delle città, quanto soprattutto nelle campagne. Altro settore portante nel "primario" è lo zolfo. La Sicilia arriva ad estrarre i tre quarti dello zolfo mondiale, con metodi di produzione primitivi e rapporti di lavoro ai limiti della schiavitù (celebre il caso dei "carusi", ragazzi di famiglie povere letteralmente venduti ai minatori, e che raramente arrivavano alla maggiore età); come nelle classiche colonie, tuttavia, la Sicilia non aveva quasi alcun ruolo nelle fasi successive di raffinazione dello zolfo o della realizzazione dei prodotti finiti.

L'occupazione francese della Tunisia, nel 1881, rappresentò un duro colpo per il commercio siciliano, che si era molto espanso sulla sponda opposta; questo non arrestò però il flusso migratorio, da vera colonizzazione demografica, che si era spinto verso quel paese. Le speranze che l'Italia prendesse un'iniziativa coloniale su quel versante però erano venute meno, e la conquista, circa 30 anni

dopo, della Libia, non avrebbe avuto lo stesso effetto economico per la Sicilia, a parte il ruolo privilegiato che sarebbe stato assegnato al Banco di Sicilia, attraverso la controllata "Banco di Tripoli", per l'emissione di moneta bancaria nel nuovo possedimento italiano.
Gli anni '80 però vedono un'altra novità politica. Il mondo "socialista" si distingue ora nettamente dalla sinistra radicale estrema o repubblicana o anarchica e acquisisce una propria identità. Con il socialismo entrano in politica masse popolari che prima ne erano sempre state ai margini. È vero che, sin dai tempi dell'Antico Regime, il popolo era spesso intervenuto nelle rivolte, ma per "popolo" si intendeva spesso soltanto le corporazioni artigiane o i borgesi dell'entroterra, non il vero proletariato. Questo era progressivamente entrato in gioco nelle diverse rivoluzioni ottocentesche, fino al "Sette e mezzo", ma sempre in una posizione subalterna, consegnando la guida politica alla fin fine alle solite élite, più o meno aristocratiche. Adesso il popolo più minuto, artigiano, ma ora anche operaio, diventa un soggetto sociale e politico autonomo. Dapprima, già subito dopo l'Unità d'Italia, si erano costituite diverse "società di mutuo soccorso", soprattutto dopo lo scioglimento delle corporazioni religiose che in passato avevano svolto funzioni assistenziali, ma progressivamente queste assunsero anche una dimensione sindacale.
Il punto di fusione si ebbe quando questo mondo operaio e popolare, ma a poco a poco anche contadino, prese a incontrarsi con le idee socialiste.

Lo strumento politico-sindacale di questo nuovo mondo fu il "Fascio", cioè la riunione in unica associazione di più organizzazioni appartenenti a varie categorie produttive. In questi Fasci, per la prima volta assoluta nella storia, molte iscritte donne,

sia pure con una loro sezione, che inaugurano così la loro partecipazione attiva alla vita pubblica siciliana.
Se il primo "Fascio" ad essere costituito fu quello di Catania, nel 1891, ad opera del socialista (ma anche un po' eclettico "cambiacasacca") De Felice Giuffrida, più volte deputato, con finalità anche di tipo assistenziale, il più importante, dal punto di vista degli eventi successivi, fu quello di Palermo (aperto nel 1892, ad opera di Garibaldi Bosco), che divenne in breve il centro dell'agitazione "fascista" in tutta l'Isola. Se all'inizio questo si rivolgeva alle comunità operaie, ormai presenti un po' in tutta l'Isola, ben presto il "fascismo siciliano" penetrò nelle campagne, tra i braccianti e i minatori dell'industria zolfifera, quasi sfuggendo di mano agli stessi organizzatori e diventando un fenomeno di massa. Ciò avvenne soprattutto dopo l'eccidio di Caltavuturo, nel 1893, quando l'esercito sparò su contadini colpevoli di avere occupato le terre demaniali di cui si era impadronita illegalmente la borghesia agraria del paese. Fu come una scintilla. In pochi mesi i Fasci in Sicilia contavano più di 70.000 iscritti, diventando così una minaccia per l'ordine costituito. Curiosamente, ma fino a un certo punto, il socialismo siciliano non aveva in sé nulla di materialistico o antireligioso, essendo tutt'al più anticlericale; si pensi che in tutte le sedi dei Fasci immancabile era l'immagine del Cristo e del santo protettore del paese. Intorno a questa massa contadina, intellettuali, ma anche borghesi illuminati e aristocratici "pentiti" si convertivano alla bandiera rossa.
A maggio del 1893 si tenne Congresso e i Fasci si diedero un'organizzazione più stabile, sotto il coordinamento del Fascio di Palermo. Il Bosco voleva inserire stabilmente i Fasci nel nascente Partito Socialista dei Lavoratori Italiano; De Felice voleva creare un partito autonomo siciliano. Si arrivò al compromesso di avere una sorta di partito proprio, con tanto di Comitato Centrale, bensì

federato e integrato nel socialismo italiano. Furono costituite federazioni provinciali. Del Comitato centrale fecero parte un rappresentante per ogni federazione provinciale, più tre per la sola federazione di Palermo, la più organizzata e potente. All'inizio i Fasci facevano solo scioperi e manifestazioni sindacali, senza alcunché di sovversivo o rivoluzionario. Ma ai tempi lo sciopero era in sé un fatto percepito come sovversivo.
I "borghesi" e gli "aristocratici" erano spaventati da questa presenza e chiesero aiuto al Governo, allora guidato dal siciliano Francesco Crispi. Questi impose lo stato d'assedio (1894) e affidò ancora una volta la Sicilia all'amministrazione militare, questa volta del generale Morra di Lavriano. I Fasci furono sciolti e i principali capi arrestati. Nonostante alcuni tumulti e la scelta, forse irresponsabile, del De Felice di puntare sull'insurrezione, il Governo ebbe la meglio. In Sicilia fu sospeso il diritto di associazione e riunione garantito dallo Statuto Albertino. Va anche detto che, nel momento decisivo, il Partito Socialista dei Lavoratori Italiano sconfessò i Fasci siciliani, determinandone il totale isolamento.

Crispi accusò in Parlamento i Fascisti di tramare con le potenze dell'Intesa (e in particolare con la Francia e la Russia) per "staccare la Sicilia dall'Italia"; ciò che sarebbe avvenuto in un misterioso "Trattato di Bisacquino". Le opposizioni, a partire dall'autonomista Colajanni, ridicolizzarono l'accusa e ad essa gli storici oggi non danno molto credito. Sta di fatto che, ogniqualvolta la Sicilia alzasse la testa, arrivava implacabile l'accusa "infamante" di "separatismo".
Degno di nota, segno di cambiamento dei tempi, fu il fatto che i dirigenti non vennero impiccati o fucilati, come sarebbe avvenuto solo trent'anni prima, ai tempi della Guerra al Brigantaggio, ma

solo arrestati. Il processo, presso il Tribunale militare di Messina, si rivelò un boomerang mediatico per il Governo, che fu accusato di processare le idee, di essere ingiusto, di attaccare persone oneste colpevoli solo di difendere la povera gente. Nonostante le pene severissime comminate (fino a 18 anni di carcere), le questioni sociali e politiche poste restavano in agenda politica, né il socialismo era stato sradicato dalla Sicilia.

E la repressione non poteva durare all'infinito mentre i tempi cambiavano. L'estensione del diritto di voto, voluta dalla Sinistra, favoriva alla lunga l'opposizione. Molti enti locali erano stabilmente amministrati dai "regionisti" (autonomisti) che a Roma erano isolati e non ottenevano nulla per la Sicilia ma che costituivano il nerbo della classe dirigente dei tempi. Anche il socialismo – come detto – non poté essere fermato. Catania mandò stabilmente per anni De Felice Giuffrida alla Camera, leader socialista siciliano di cui s'è detto. Nel frattempo anche il mondo cattolico si andava riorganizzando dopo la vera e propria dittatura liberale che datava dall'Unità d'Italia.
Crispi stesso, poco prima di essere sconfitto elettoralmente, stava pensando di metter mano ad una qualche forma di moderato decentramento amministrativo e di riforma del latifondo, quando la battaglia di Adua e il successivo crollo del suo governo fecero passare la mano sulla Questione Siciliana al suo successore. Nel 1896 ritornarono al potere i moderati, dopo un ventennio di opposizione. Ma la nuova destra, del Di Rudinì, siciliano, era piuttosto diversa dalla vecchia Destra Storica. Intanto era "trasformista" non meno della Sinistra che aveva governato in precedenza. E poi era meno caratterizzata in senso nordista della prima. Di Rudinì, anche se era stato campione dell'Unità ai tempi del "Sette e mezzo", era pur sempre un siciliano, non insensibile

nei confronti dei problemi dell'Isola. Tentò un decentramento nel 1896, sostituendo ai Commissari militari dello stato d'assedio, un Alto Commissariato Civile che coordinasse l'amministrazione pubblica in Sicilia, un po' come gli antichi Luogotenenti, un po' anche per rispondere alle pressanti esigenze di decentramento. A questo Commissario i Socialisti di Palermo, eredi dell'esperienza dei Fasci, presentano un celebre *memorandum* per la soluzione della Questione Siciliana, che era sì sociale ed economica, ma anche politica. I socialisti chiedono Autonomia per la Sicilia, dopo più di 30 anni di occupazione militare nordista e di continue repressioni, l'introduzione del suffragio universale e la nazionalizzazione dell'industria zolfifera. L'autonomismo dei socialisti siciliani, però, fu ancora una volta sconfessato da quelli italiani, in Parlamento a Roma, determinando tra le due formazioni una progressiva frattura. Solo i cattolici moderati diedero ascolto alle richieste che venivano dalla Sicilia, ma naturalmente non se ne fece nulla.
Il Commissariato Civile del resto durò solo un anno (1896-97), sia perché era nato come un esperimento provvisorio, sia per la fiera opposizione parlamentare, che vide in questo esperimento una sorta di attentato all'Unità d'Italia.
Gli anni '90 avevano visto la Sicilia, e soprattutto Palermo, protagonista di una piccola rivoluzione industriale, partita da lontano, e guidata soprattutto da capitale straniero e dall'industria cantieristica, vinicola e dello zolfo. Principali protagonisti di quest'epoca furono i Florio, famiglia industriale locale, proveniente dalla Calabria. La Sicilia della Belle Epoque è segnata dallo stile Liberty e dall'illusione di creare un polo di sviluppo economico contrapposto a quello del Triangolo industiale, culminato nell'Esposizione Nazionale di Palermo del 1891-92. Ciò che mancò all'industria siciliana fu, ancora una volta, il sostegno di uno stato, mentre quello italiano era sistematicamente rivolto a

difendere gli interessi dell'economia nordista e ciò, sulle lunghe distanze, avrebbe fatto la differenza. È pur vero che con il Regno d'Italia la Sicilia conobbe finalmente le ferrovie, quando il Regno delle Due Sicilie aveva appena licenziato un "progetto" nel 1860, che poi sarebbe stato continuato dal nuovo regime. Ma la realtà è che la Sicilia, come nel passato regime, era sempre la "retroguardia" del Paese, dove gli investimenti e le innovazioni arrivavano, certo, ma buone ultime dopo che tutte o quasi le altre aree del paese erano state servite. Così, il regime borbonico era arrivato a introdurre i francobolli in Sicilia solo nel 1859, un anno prima del suo collasso. Così, dopo un lungo progetto che era portato avanti da decenni, e dopo la liquidazione definitiva dei vecchi "banchi comunali", nel 1860, si diede vita alla prima Cassa di Risparmio siciliana (la "Vittorio Emanuele") che poi nel tempo sarebbe diventato il secondo istituto di credito nell'Isola. Ma nel complesso gli investimenti in infrastrutture siciliane erano sempre particolarmente lenti. Solo nel '900 inoltrato poté essere completata la ferrovia Palermo-Messina. Solo nel 1919 fu istituita la prima "Scuola superiore di commercio" a Palermo (antenata delle Facoltà di Economia e Commercio), quando a Venezia era stata istituita già nel 1869. E così potrebbe dirsi per qualunque altra branca dell'amministrazione o degli investimenti pubblici.

Nel frattempo l'emigrazione, soprattutto verso "le Americhe" raggiungeva proporzioni mai conosciute prima d'allora. La Sicilia, da sempre e soltanto terra d'immigrazione nella sua lunghissima storia, dopo l'Unità d'Italia diventava terra di emigrazione, anzi di vero e proprio esodo. Qualche beneficio tuttavia si ebbe da questa ondata di emigrazione: l'innalzamento dei salari agricoli per il rarefarsi della manodopera rurale, il ritorno e il reinvestimento terriero degli "americani", agli inizi del XX secolo, con una progressiva erosione dell'eterno latifondo.

Gli ultimi anni del secolo e i primi del nuovo videro una polarizzazione autonomista della politica siciliana, e per la prima volta una aggressione mediatica italiana nei confronti della Sicilia in quanto tale, accusata in blocco di essere mafiosa o comunque terra dell'illegalità. In effetti la mafia ormai dominava incontrastata, e lo aveva dimostrato con l'uccisione dell'integerrimo Cav. Notarbartolo che aveva rilanciato il Banco di Sicilia facendone una grande banca nazionale, ma impermeabile alle pressioni di certo potere locale. Dell'uccisione fu ed è considerato storicamente responsabile il deputato crispino Raffaele Palizzolo, referente politico della mafia, ma non si arrivò mai a una condanna definitiva, essendo questi assolto per insufficienza di prove, forse per immancabili appoggi della Roma che contava.

Il capitalismo nascente siciliano, l'unico presente a sud di Roma, non solo non era facilitato dal Governo italiano, ma addirittura era osteggiato. Fu il più importante degli industriali siciliani del tempo, Ignazio Florio, a comprendere che per difendere la Sicilia occorreva un'azione politica. Fondò a tale scopo il giornale "L'Ora" a vocazione apertamente meridionalistica, e riuscì a creare un fronte comune con gli agrari, intorno al "Progetto Sicilia", contro le politiche liberticide e antimeridionali del Pelloux.
Nonostante la stragrande vittoria elettorale alle elezioni politiche del 1900, i deputati siciliani non si rivelarono determinanti per le maggioranze nazionali, e quindi l'Italia continuò a perseguire le sue politiche protezionistiche antisiciliane. La Sicilia stava pagando ora, ancora una volta, l'assenza di uno stato proprio a difendere la spontanea rivoluzione industriale che aveva conosciuto, e veniva così condannata al regresso economico. L'uccisione di re Umberto I, e la strategia della tensione che ne derivò, fecero sfilare gli agrari

dalla coalizione, facendo deflagrare il progetto politico così difficilmente imbastito.

Nelle grandi città, ancora, le sinistre "popolari" (essenzialmente socialiste, ma anche radicali, repubblicane, etc.) avevano preso il potere, tanto a Palermo (con il principe "rosso" Alessandro Tasca di Cutò), quanto a Catania, quanto a Messina. La Sicilia sembrava una polveriera. Nel fronte "popolare" si segnala ora un nuovo impegno dei cattolici in politica, guidati da Luigi Sturzo; questi non sono più notabili o clericali, ma ormai sensibili alle esigenze sociali dei ceti più deboli e avviati a costituire una nuova formazione di massa, man mano che la partecipazione alle elezioni si estendeva sempre più (nel 1913 le prime elezioni a suffragio quasi universale).

Ci furono altri conati sicilianisti, anzi indipendentisti, nella Sicilia della *Belle Epoque*. Uno fu quello legato al citato processo di mafia contro Raffaele Palizzolo. Il linciaggio mediatico che avvolse la Sicilia nel caso ebbe sostanzialmente l'effetto di fare solidarizzare gran parte della classe dirigente siciliana con il poco raccomandabile deputato "di sinistra" (sinistra liberale naturalmente, la sinistra "vera", di Colajanni, peraltro anche lui sicilianista, lo avversò sempre), attaverso il comitato "Pro Sicilia". Ma fu un'agitazione di breve durata, anch'essa a suo modo spia dell'insoluta Questione Siciliana.
Più seria e diffusa fu la sollevazione politica a favore del Ministro trapanese Nunzio Nasi, accusato per motivi sostanzialmente futili, e "reo" in realtà di opporsi al blocco di Giolitti tra l'industrialismo del Nord e gli agrari del Sud, contro gli interessi dell'industria e del commercio estranei a questo accordo, in particolare a quelli dell'imprenditoria siciliana, proprio dal Nasi rappresentata. Di questi anni è la nascita di un primo partito sicilianista organizzato:

il Partito Siciliano, nel 1908, ma in realtà più "lobby interpartitica" che non partito vero e proprio. La dura esperienza giudiziaria fece maturare a Nasi un forte orientamento autonomistico, che culminò in un programma politico nel 1913. Il "nasismo", tra i cui sostenitori troviamo un giovane Andrea Finocchiaro Aprile, attirava molti esponenti politici siciliani di varie estrazioni, ma non arrivò mai forse a raggiungere quella massa critica necessaria ad influenzare stabilmente gli equilibri nazionali.

L'entrata dell'Italia nella I Guerra mondiale congelò infatti questa ventata di autonomismo e popolarismo, sospendendo la vita politica normale e mobilitando tutto il Paese per la Grande Guerra. La Sicilia diede decine di migliaia di morti per una guerra lontana e incomprensibile, dove molti coscritti neanche comprendevano gli ordini perché dati in una lingua, l'italiano, ancora poco intelligibile per la maggioranza dei Siciliani.
La vittoria – come è noto – non vide se non per pochi anni la ripresa di una vera vita politica liberale. Le elezioni a suffragio universale del 1913, quelle con il proporzionale nel 1919 e nel 1921, videro stabilmente in maggioranza le varie correnti del sicilianismo liberale di centro-sinistra, seguite dai socialisti riformisti (ex "fascisti siciliani") e dai popolari sturziani, che declinarono anche loro l'autonomismo, ma questa volta di segno cattolico. Furono anni molto "caldi" dal punto di vista politico e sociale, caratterizzati da agitazioni e occupazioni di terre e di fabbriche. Gli agrari, anche loro con toni sicilianisti, forse addirittura separatisti, si organizzarono in un partito a sé. Nonostante la crisi politica, il liberalismo rimase egemone, soprattutto intorno alla figura di Vittorio Emanuele Orlando, almeno fino alle consultazioni amministrative del 1925, le ultime parzialmente libere. Più

resistenti di tutti al fascismo si dimostrarono i democratico-sociali di Antonio Colonna di Cesarò.

La Sicilia, ad ogni modo, non ebbe il tempo di far sentire la propria voce dopo la Grande Guerra giacché fu schiacciata nuovamente dal Regime fascista (che nulla ha in comune con i Fasci siciliani). Regime alla cui nascita e diffusione la Sicilia non partecipò più di tanto, salvo poi essere costretta ad accettarlo senza per contro troppe reazioni, almeno in superficie. Nei due plebisciti, del 1929 e del 1933, con le buone o le cattive, i Siciliani di sesso maschile furono costretti a dire SI ad una rappresentanza parlamentare in cui gli interessi territoriali erano quasi azzerati: 99,9 % di SI nel 1929, 100,00 % di SI nel 1933. Poi, dal 1937, non furono neanche più interpellati. Anzi i Siciliani escono dalla "Camera dei Fasci e delle Corporazioni" che prese il posto della Camera dei Deputati, all'infuori di 8 segretari federali del Partito Nazionale Fascista.

Sotto il fascismo ogni barlume di attività politica in Sicilia fu divelto. Le uniche opposizioni clandestine che riuscirono a sopravvivere furono quelle del partito comunista, assai minoritaria e settaria, e di alcuni circoli sicilianisti che – poco a poco – avrebbero preso per reazione un colore definitivamente separatista.

Il fascismo portò avanti una politica di autarchia, come è noto. Questa comportava l'esistenza di un solo polo industriale in Italia. Per la Sicilia, che era l'unica regione del Mezzogiorno ad avere avuto una sorta di piccola rivoluzione industriale alla fine del secolo, questo significò lo smantellamento del sistema industriale e il ritorno alla retorica del "granaio dell'impero". La posizione del regime sul latifondo era quella di non spezzarne la proprietà, ma di favorirne la "colonizzazione": si voleva cioè riportare la massa contadina, da secoli concentrata in borghi agricoli, dispersa nelle campagne. Ma tale politica fu un totale fallimento.

Già Crispi aveva spostato da Palermo a Genova il centro della cantieristica italiana, costringendo la Flotta Florio a fondersi con la Rubattino di Genova, nella nuova Navigazione Generale Italiana. Le politiche industriali avevano da sempre favorito il Nord, ma sotto il fascismo questa politica fu accelerata e non fu consentita alcuna dinamica di segno opposto, per quanto debole.

Il divario tra Nord e Sud accelerò durante il fascismo come mai era accaduto in più di mezzo secolo di storia unitaria. Gli ultimi residui di sovranità siciliana (la Corte di Cassazione e l'Istituto di Emissione) furono aboliti, le riserve auree siciliane confiscate e trasferite in Banca d'Italia senza alcun indennizzo. Pure va detto che, come in tutta Italia del resto, furono introdotte in Sicilia infrastrutture moderne, come la rete delle strade statali, o i primi aeroporti, o innovazioni sociali che andavano emergendo in tutta Europa, come le tutele previdenziali obbligatorie o la costruzione di nuovi insediamenti di edilizia popolare.

Banconota in lire emessa dal Banco di Sicilia

Si deve al fascismo anche un cambiamento interno geopolitico stabile della Sicilia. Furono aboliti i circondari, che riflettevano ancora i vecchi distretti del Regno di Sicilia, e in cambio, oltre ad

accentrare i poteri nei prefetti a capo delle province, ne furono create due nuove: Ragusa (per trasformazione del vecchio distretto di Modica, già appartenente a Siracusa), ed Enna (per accorpamento dei distretti di Nicosia e Piazza Armerina, già appartenenti, rispettivamente, a Catania e Caltanissetta). Notevole fu il ritorno dei nomi di molti comuni per superare la presunta "barbarie" araba o medievale a quelli antichi greci: Monte di S.Giuliano divenne Erice, Girgenti divenne Agrigento, Adernò divenne Adrano, Castrogiovanni divenne Enna, Terranova divenne Gela, e così via. Queste ridenominazioni sarebbero state destinate a permanere oltre la caduta del regime, ma non così Ionia, tentativo di fusione tra Giarre e Riposto. Non fu possibile cambiare il nome invece a Caltanissetta, araba nel nome sin dalla fondazione e priva di precedenti classici.
Anche la mafia, come strumento di intermediazione tra Stato e Sicilia, da sempre organica alla politica del nuovo stato italiano, non fu più tollerata, giacché il regime non poteva dominare la Sicilia accettando poteri o mediazioni locali. Si diede inizio ad una spettacolare repressione del fenomeno, inviando in Sicilia il "prefetto di ferro" Mori. I metodi di sradicamento furono brutali, ad esempio interrompendo le forniture di acqua a interi paesi, e forse colpendo più i contadini che i mafiosi. In realtà il sistema mafioso era stato inglobato nelle strutture di partito e della milizia e, quando il prefetto di ferro toccò i santuari di questa collusione, il suo lavoro fu dichiarato terminato ed egli fu trasferito altrove.
Con tutto ciò la Sicilia non pareva del tutto pacificata. Mussolini ne era forse ossessionato. In un'affermazione si lasciò scappare che ne aveva affidato la gestione al "Ministro per le Colonie", in altre che avrebbe voluto riedificare tutte le città siciliane, secondo un modello rinascimentale italiano, in modo da divellere ogni traccia dell'arte e della cultura siciliana, in altre ancora espresse il proposito

di "interrare" lo Stretto di Messina, perché non si parlasse più di Isola.
Il regime, in altri termini, percepiva l'alterità della Sicilia come una potenziale minaccia all'unità nazionale, ma non sapeva trovare altri strumenti che quelli della repressione. Come nei più bui giorni borbonici, lo stesso uso del termine "Sicilia" era mal sopportato se non riferito strettamente al dato geografico.

Nel 1941 la Sicilia fu oggetto di un massiccio provvedimento di deportazione di funzionari e dirigenti, anche di medio livello, per un esagerato sospetto di covi separatistici nella burocrazia isolana. Il regime non perdeva occasione per mortificare la Sicilia.
La II guerra mondiale fece il resto. Nonostante la propaganda di regime, il disagio aumentava di giorno in giorno. La Sicilia diventò l'avamposto mediterraneo delle potenze dell'Asse e la retrovia per le campagne d'Africa condotte in Libia.
Nel 1943 il rovescio finale: tutto il Nordafrica è occupato dagli Alleati e la Sicilia è in prima linea, soggetta ad una martellante campagna di bombardamenti alleati.
Già nel 1942 si erano costituiti i CIS (Comitati Indipendentisti Siciliani clandestini) e l'indipendentismo era quindi l'unica forza politica realmente organizzata prima dello Sbarco degli Alleati.
Gli Alleati, probabilmente facendosi aiutare da fuoriusciti di Cosa Nostra che avevano mal sopportato le repressioni fasciste, sbarcano in Sicilia, nel Val di Noto, il 10 luglio del 1943. Gli USA attaccano l'ovest, a partire da Gela, dove trovano una debole resistenza delle truppe italiane. Gli Inglesi attaccano l'est, a partire da Siracusa, dove trovano invece un'accanita resistenza tedesca. Agli inizi di agosto si ritrovano entrambi ad entrare a Messina, gli Americani che avevano fatto tutto il giro della Sicilia dalla parte tirrenica, e gli Inglesi che erano risaliti più lentamente dalla costa

ionica. La Sicilia, occupata, fu affidata al Governo dell'AMGOT del Gen. Charles Poletti. La storia generale successiva è nota: l'Italia firma a Cassibile l'armistizio l'8 settembre, gli Alleati risalgono lentamente la Penisola, la Guerra finisce con la disfatta delle potenze dell'Asse.

Nelle prime settimane in Sicilia si è quasi certi che è finita la dominazione italiana. In maniera semiclandestina la politica riprende ad organizzarsi. All'inizio la forza più ampia è quella degli indipendentisti, riuniti nel MIS (Movimento per l'Indipendenza della Sicilia), che credono di avere il favore degli Alleati e che arrivarono a contare centinaia di migliaia di militanti. Ma anche i politici tradizionali, liberali, democristiani, socialisti e comunisti, si riorganizzano, propendendo di più per una soluzione autonomista alla Questione Siciliana.

Andrea Finocchiaro Aprile, leader degli indipendentisti

Probabilmente, in ambienti britannici, l'idea di una Sicilia indipendente fu presa seriamente in considerazione. La visita in

Sicilia, nel dicembre 1943, del ministro sovietico Vishinski, gelò però questa prospettiva. La Russia, infatti, di fronte alla richiesta di una Sicilia indipendente in area anglosassone chiese come contropartita una parte delle colonie italiane d'Africa, ad esempio la Cirenaica. A quel punto gli USA pensarono che era meglio costruire un'Italia intera sotto la loro influenza, anziché una piccola Sicilia sotto la sola influenza britannica. La visita del comunista Montalbano alla delegazione russa di Vishinski, così come quella del democristiano Mattarella al console USA (finalizzata a "spaventarlo" da una pretesa eccessiva del Regno Unito su uno stato indipendente siciliano) smossero le due più grandi potenze contro la causa della Repubblica Siciliana. La Gran Bretagna dovette accodarsi. Da quel momento in poi perciò, nonostante qualche simpatia dell'AMGOT, gli Alleati abbandonarono poco a poco la causa siciliana. Nel febbraio del 1944 riconsegnarono la Sicilia all'Italia, allora loro alleata, con la promessa di concederle almeno una amplissima autonomia. L'Amministrazione alleata accolse la presentazione di un progetto (redatto dal Vacirca) che era una sorta di indipendenza appena velata da una blanda confederazione con l'Italia e la consegnarono all'Italia per i successivi sviluppi. L'Italia, nel riprendere possesso della Sicilia, rispolverò l'antico istituto dell'Alto Commissariato Civile (già sperimentato nel 1896/97), con un'amministrazione quasi del tutto separata da quella del resto del Paese.
Nondimeno ormai il Separatismo aveva messo salde radici e non era facile da rimuovere. Vi furono disordini, come la Rivolta del "Non si parte" (in cui i Siciliani si rifiutavano di prendere le armi nuovamente con la divisa italiana a fianco degli Alleati) o la "Repubblica di Comiso", o il moto separatista di Catania, e repressioni selvagge tra cui la cd. Strage del pane di Palermo.

Bandiera ideata dai Separatisti per la "Repubblica Siciliana"

Il primo Alto Commissario, Francesco Musotto, indicato sostanzialmente dagli Alleati, considerato simpatizzante delle idee indipendentiste, fu sostituito a luglio con il più centralista Aldisio, che avrebbe garantito un più pronto ritorno all'ordine. A fine anno fu costituita una Consulta, larva di ricostituito Parlamento di Sicilia, nominata dal Governo, ma che costituiva una sorta di "Stati generali" della Sicilia, in cui erano rappresentate tutte le parti sociali e tutti i partiti dell'eptarchia (DC, PSIUP, PCI, PLI, PRI, Pd'Az, PDL). Tutti all'infuori dei separatisti. Il MIS fu l'unico partito organizzato, che contava più militanti di tutti gli altri messi insieme, ad essere escluso dal nuovo ordine. Nondimeno tra le fila della Consulta vi erano moltissimi ex separatisti o ferventi autonomisti che propendevano per dare soluzioni radicali alla Questione Siciliana, anzi – a dirla tutta – erano in netta maggioranza.
Da questo momento la storia siciliana si decideva su due piani. Su un piano politico la Consulta espresse una Commissione ristretta, costituita dai rappresentanti dei Partiti, dall'Alto Commissario, e da tre professori universitari di diritto amministrativo, per stabilire quale dovesse essere lo Statuto di Autonomia della Sicilia. Su un altro piano il Separatismo veniva combattuto sul piano militare e politico. Con le blandizie, o con pressioni di ogni tipo, il Governo

italiano ritornato in Sicilia si assicurava sempre di più il terreno. A un certo punto arrivò a far distruggere le sedi del MIS con azioni di terrorismo istigate dal Governo. La risposta degli indipendentisti fu il ricorso alla lotta armata, per mezzo della Costituzione dell'EVIS (Esercito Volontario per l'Indipendenza della Sicilia), guidata da un professore universitario di idee marxiste, Antonio Canepa. Nel MIS confluivano infatti le posizioni più variegate: si andava dai monarchici siciliani e dagli agrari a destra, ai democratici liberali, come il leader Andrea Finocchiaro Aprile, all'ala cattolica, a quella socialista, o di sinistra, come quella rappresentata da Antonio Varvaro, fino agli indipendentisti comunisti, sconfessati però dal PCI e dal Comintern guidato dall'URSS.

Bandiera dell'Esercito Volontario per l'Indipendenza della Sicilia

La lotta armata determinò la messa fuori legge del MIS e l'arresto di molti suoi militanti, e la deportazione a Ponza di quelli che erano ritenuti i massimi responsabili, Finocchiaro Aprile, Varvaro e Restuccia.

La guerra civile ebbe fasi alterne. Ucciso il Prof. Canepa, gli indipendentisti cercarono appoggio tra i banditi datisi alla macchia, nel caos bellico, come il famoso Turi Giuliano, che divenne colonnello dell'EVIS, e poi dei Fratelli Avila, che si macchiarono di molti efferati delitti comuni.

Mentre il 1945 scorreva in modo così drammatico, nella Consulta si preparava il futuro della Sicilia. L'Alto Commissario e il La Loggia puntavano ad un autonomismo ridotto, o riparazionista, che risolvesse le questioni storiche della Sicilia in modo sostanzialmente assistenziale. Le sinistre riscoprirono la loro antica vena autonomista in chiave sociale, presentando un loro progetto originale, dovuto al Mineo. Ma la maggioranza della Consulta era per un autonomismo radicale e confederale, ai limiti della piena indipendenza. Il progetto Guarino-Amella, appena più moderato rispetto a quello originario di Vacirca, aveva i maggiori consensi. Alla fine il Prof. Salemi, partendo da questo progetto, lo smussò ulteriormente su alcuni punti, per avere l'accordo dell'Alto Commissario. Ma i contenuti del documento restavano assai forti. La comunità politica italiana era recalcitrante rispetto alla domanda di Autonomia della Sicilia, sebbene anche in Italia si stesse pensando di cogliere questa occasione per superare il centralismo napoleonico e ricostruire il nuovo stato su basi decentrate e regionali.
La situazione precipitò nel dicembre 1945, quando si ebbe una vera e propria battaglia tra l'esercito italiano e l'EVIS in quel di Caltagirone.
Il Governo era deciso a chiudere la Questione Siciliana in qualsiasi modo. Si avviarono trattative con i Separatisti in prigione: se il progetto Salemi – Guarino Amella fosse stato licenziato, gli indipendentisti si sarebbero limitati a chiederne il rispetto rinviando *sine die* la richiesta dell'indipendenza; in cambio venivano scarcerati tutti i prigionieri politici e il MIS avrebbe potuto riprendere la propria attività politica.
Il gennaio 1946 vide la pacificazione della Sicilia, ma anche la difficoltà dei Separatisti, ormai emarginati nella società e dispersi, a riorganizzare la propria attività politica a così pochi mesi dalle

elezioni dell'Assemblea Costituente, dopo che il movimento era stato ormai del tutto disarticolato nel territorio.
Nel frattempo la Commissione Statuto fu autorizzata a chiudere i propri lavori. In breve il Progetto di Statuto fu approvato dalla Consulta Siciliana. Lo Statuto Siciliano quindi risultò elaborato in Sicilia, quasi da un'Assemblea Costituente, e non concesso dall'Italia. Il Consiglio dei Ministri, che allora aveva ancora funzioni legislative, si limitò a ratificarlo senza alcuna modifica, portandolo alla firma di Re Umberto II, in piena campagna referendaria tra monarchia e repubblica.

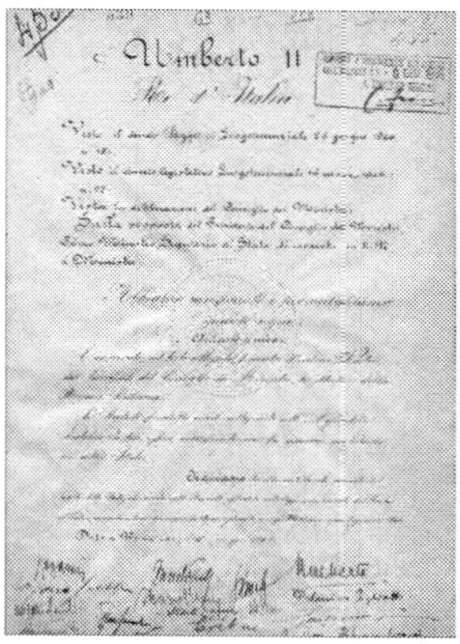
Umberto II

Lo Statuto della Regione Siciliana

Il 15 maggio 1946 la Sicilia vedeva solennemente riconosciuta la propria Autonomia. Il sogno di Autogoverno di generazioni era diventato finalmente realtà. Tra Sicilia e Italia era ormai la pace, e lo stesso indipendentismo perdeva, almeno in apparenza, ogni ragion d'essere.

Cronologia politica:

maggio – dicembre1860 Stato di Sicilia (dittatura garibaldina)

maggio-luglio Governo di Francesco Crispi (sotto la dittatura diretta di Giuseppe Garibaldi) (sostituito poi per pochi giorni da Giuseppe Sirtori)

Prodittatori:

luglio-settembre Agostino Depretis

settembre-dicembre Antonio Mordini

dicembre 1860 – marzo 1861 "Province Siciliane annesse al Regno di Sardegna"

Luogotenente generale, m.se Massimo Cordero di Montezemolo

1861-1946 Regno d'Italia

Luogotenenti:

marzo-aprile 1861 m.se Massimo Cordero di Montezemolo

aprile-settembre 1861 generale Alessandro della Rovere

settembre 1861- gennaio 1862 generale Ignazio De Genova di Pettinengo

Commissari straordinari:

gennaio-agosto 1862 generale Efisio Cugia di S.Orsola

agosto-dicembre 1862 generale Enrico Cialdini

1866 Comitato provvisorio rivoluzionario (Rivolta del Sette e Mezzo): Presidente Francesco Bonafede, p.pe di Linguaglossa

1896-1897 Alto Commissario Civile per la Sicilia: c.te Giovanni Codronchi Argeli

1925-1943 Regime fascista

1943-1944 Occupazione alleata: Governo AMGOT di Charles Poletti

Alti Commissari Civili per la Sicilia:

1944 Francesco Musotto (Partito Socialista Italiano di Unità Proletaria)

1944-1946 Salvatore Aldisio (Democrazia Cristiana)

1946 Igino Coffari (indipendente)

Capitolo 3: La Sicilia nella Repubblica Italiana e nell' Unione Europea

Il 15 maggio del 1946 la Sicilia ottiene dunque dall'Italia una amplissima autonomia, un vero ordinamento confederale alle soglie dell'indipendenza.
Lo Statuto, concesso da Umberto II, a poche settimane dal referendum istituzionale che avrebbe trasformato l'Italia in una Repubblica, rappresentò una vittoria – almeno in apparenza – per le secolari aspirazioni del Popolo Siciliano all'autogoverno. Con questa vittoria si spegne però sostanzialmente ogni pulsione indipendentista e gli stessi indipendentisti, ormai minoritari, si batterono dopo per la sola difesa dello Statuto di autonomia, per la sua attuazione, o per l'evoluzione dello Stato italiano in senso confederale o federale.
Le elezioni per l'Assemblea Costituente del 1946 furono le prime elezioni a suffragio universale estese anche alle donne, e quindi la prima volta nella storia siciliana che i diritti politici delle donne erano finalmente equiparati in tutto e per tutto a quelli degli uomini. Lo stesso giorno, nel referendum istituzionale tra Monarchia e Repubblica, i Siciliani sceglievano in maniera netta la Monarchia (64,7 %), in linea con i risultati della parte meridionale dell'Italia. La storia della Sicilia "autonoma" e di quella "repubblicana", successiva a quella consultazione, sono pertanto sostanzialmente sinonimi.
Lo Statuto creava un ente territoriale nuovo, la "Regione", che poi la Costituzione della Repubblica avrebbe esteso a tutta l'Italia, in pratica un "piccolo stato", con amplissime potestà legislative e amministrative, e con un'amplissima autonomia finanziaria e finanche un forte decentramento giudiziario.

Riguardo al *potere legislativo* tutte le materie di legislazione erano divise in tre ambiti: sulla maggior parte degli ambiti, l'Assemblea Regionale, il rinato Parlamento siciliano di 90 deputati eletti a suffragio universale, aveva *potestà esclusiva* (cioè poteva legiferare come uno stato sovrano, con il solo limite di rispettare le norme di rango costituzionale); su altri, di carattere prevalentemente sociale o di maggiore interesse pubblico (sanità, lavoro, banche, ad esempio), aveva *potestà concorrente*, dovendo rispettare anche i principi generali dell'ordinamento italiano, sui restanti ancora (le pochissime materie riservate allo stato come le leggi di rango costituzionale, la difesa, i trattati internazionali, l'ordinamento civile, penale e processuale), soltanto *potere di iniziativa*, potendo comunque formulare delle "leggi-voto" che tuttavia poi sarebbero dovute essere sottoposte al Parlamento italiano.

Per quanto riguarda il *potere esecutivo*, la devoluzione doveva essere totale. Su tutte le materie sulle quali il Parlamento vantava potestà legislativa concorrente o esclusiva (tutto in pratica), tutta l'Amministrazione statale si sarebbe dovuta devolvere alla Regione. Su queste materie la Regione avrebbe organizzato i servizi pubblici, rispondendo soltanto all'Assemblea. Sulle poche materie riservate alla legislazione dello Stato, come la giustizia o gli interni, compresa quindi la polizia e le prefetture, tutta l'amministrazione sarebbe comunque stata devoluta alla Regione, mettendo però, a capo dell'Amministrazione statale in Sicilia il Presidente della Regione, come "Ministro" del Governo italiano, e che a tale titolo avrebbe dovuto sedere nel Consiglio dei Ministri dell'Italia.

In pratica il Governo regionale avrebbe avuto una duplice veste: da un lato "luogotenente" della poca residua amministrazione statale in Sicilia, dall'altro "governo autonomo" per la stragrande parte dell'amministrazione pubblica.
In pratica lo Stato avrebbe mantenuto in Sicilia alle proprie dipendenze dirette solo le Forze Armate, che – peraltro – ai sensi del Trattato di Parigi del 1947, si sarebbero dovute ridurre a poche forze convenzionali nazionali, con completa smilitarizzazione delle Isole Pelagie e di Pantelleria. Anche queste ultime (le Forze Armate) in casi speciali potevano essere messe al comando del Presidente della Regione.
Anche in materia di enti locali la Sicilia doveva costituire un ordinamento proprio, del tutto autonomo rispetto a quello italiano, e soggetto alla potestà legislativa esclusiva della Regione.

Per quanto riguarda il *potere giudiziario*, la *Magistratura* sarebbe dovuta restare statale, ma i Siciliani avrebbero dovuto trovare nell'Isola, come era nella loro secolare tradizione, ogni ordine e grado di giudizio, dalla Corte dei Conti, al Consiglio di Stato (questi effettivamente istituiti come sezioni speciali degli organi centrali), alla Corte di Cassazione (questa mai ricostituita).
La Regione disponeva anche di una "corte costituzionale speciale", l'*Alta Corte per la Regione Siciliana*, di nomina paritetica tra Stato e Regione, con il compito di giudicare sulla costituzionalità delle leggi regionali, sui conflitti di competenza tra Stato e Regione, nonché – in sede penale – come "tribunale" del Presidente della Regione e degli Assessori per i reati commessi nell'esercizio delle loro funzioni.

Da un punto di vista *finanziario* la separazione dei conti tra Stato e Regione era pressoché totale: lo Stato avrebbe dovuto conservare pochi beni demaniali destinati alla difesa o a servizi pubblici di interesse nazionale e devolvere tutto il restante patrimonio alla Regione.
La Regione avrebbe avuto *uffici finanziari propri*, con i quali avrebbe tassato, *secondo proprie leggi*, alla pari di uno stato sovrano, tutte le fattispecie tributarie il cui presupposto fosse maturato nel proprio territorio.
Gli unici rapporti finanziari con lo Stato erano dati da un numero limitato di entrate riservate allo Stato (per garantire i servizi comuni) e su un "Fondo di Solidarietà Nazionale", che lo Stato avrebbe dovuto garantire alla Regione per spese di carattere infrastrutturale fintanto che il reddito medio dei lavoratori siciliani fosse restato inferiore a quello medio nazionale.

Concludevano l'Autonomia altre norme di grande impatto, come il diritto della Regione a co-decidere con lo Stato i costi dei trasporti e delle tariffe relative, norme doganali speciali, la possibilità di gestire il proprio debito pubblico per mezzo di prestiti interni e finanche la gestione separata, o quanto meno autonoma, delle riserve valutarie per i rapporti con l'estero, per mezzo del Banco di Sicilia, che diventava il principale strumento finanziario della Regione.
Lo stesso Statuto disponeva che una Commissione paritetica avrebbe, nel giro di pochi anni, disposto le norme attuative indispensabili al decollo dell'Autonomia e al trasferimento alla Regione dei dipendenti dello Stato.

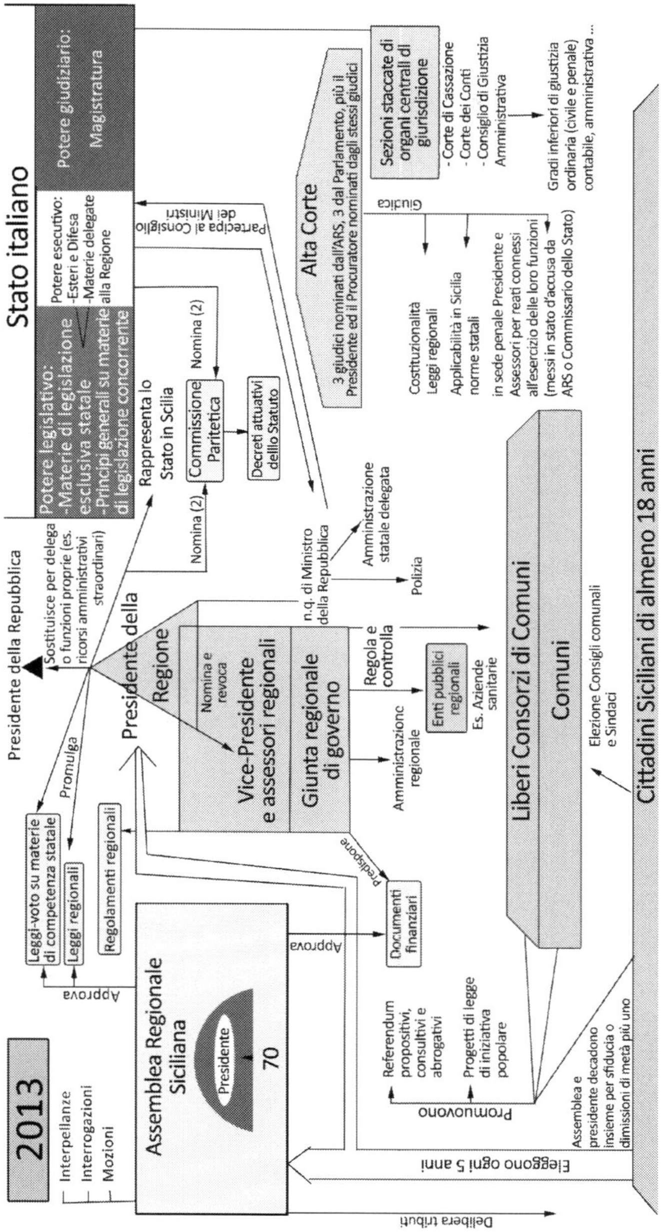
2013
Interpellanze
Interrogazioni
Mozioni
Assemblea Regionale Siciliana
Presidente
70
Approva
Leggi-voto su materie di competenza statale
Leggi regionali
Regolamenti regionali
Documenti finanziari
Predispone
Promulga
Presidente della Repubblica
Sostituisce per delega o funzioni proprie (es. ricorsi amministrativi straordinari)
Presidente della Regione
Nomina e revoca
Vice-Presidente e assessori regionali
Giunta regionale di governo
Amministrazione regionale
Enti pubblici regionali
Es. Aziende sanitarie
Regola e controlla
Polizia
n.q. di Ministro della Repubblica
Amministrazione statale delegata
Rappresenta lo Stato in Sicilia
Nomina (2)
Commissione Paritetica
Decreti attuativi dello Statuto
Partecipa al Consiglio dei Ministri
Stato italiano
Potere legislativo: -Materie di legislazione esclusiva statale -Principi generali su materie di legislazione concorrente
Potere esecutivo: -Esteri e Difesa -Materie delegate alla Regione
Potere giudiziario: Magistratura
Alta Corte
3 giudici nominati dall'ARS, 3 dal Parlamento, più il Presidente ed il Procuratore nominati dagli stessi giudici
Giudica
Costituzionalità Leggi regionali
Applicabilità in Sicilia norme statali
in sede penale Presidente e Assessori per reati connessi all'esercizio delle loro funzioni (messi in stato d'accusa da ARS o Commissario dello Stato)
Sezioni staccate di organi centrali di giurisdizione
- Corte di Cassazione
- Corte dei Conti
- Consiglio di Giustizia Amministrativa
Gradi inferiori di giustizia ordinaria (civile e penale) contabile, amministrativa ...
Liberi Consorzi di Comuni
Comuni
Promuovono
Referendum propositivi, consultivi e abrogativi
Progetti di legge di iniziativa popolare
Elezione Consigli comunali e Sindaci
Eleggono ogni 5 anni
Delibera tributi
Assemblea e presidente decadono insieme per sfiducia o dimissioni di metà più uno
Cittadini Siciliani di almeno 18 anni

Rispetto a questo modello "teorico", tuttavia, la storia della Sicilia repubblicana sarebbe andata in tutt'altra direzione.
La neonata Repubblica si trovò a gestire questa Regione come un fatto compiuto e, sulle prime, si limitò a inquadrare l'Autonomia siciliana in un contesto più ampio. Sull'esempio siciliano tutta l'Italia fu organizzata su basi "regionali" e, a cinque di esse, tra cui la Sicilia, fu garantita un'autonomia speciale.
La Sicilia, quindi, fu costituita formalmente in "Regione a Statuto speciale" dalla Costituzione del 1947, la quale disponeva – nelle norme transitorie – l'emanazione degli statuti delle regioni ad autonomia speciale quasi come "Appendice" alla Costituzione stessa. Per la Sicilia, però, essendo già vigente lo Statuto, ed essendo già stata eletta la prima Assemblea, si trattò solo di "ratificare", con la legge costituzionale n. 2 del 1948, quello che già era lo Statuto speciale concesso nel 1946.

Tra il 1947 e il 1949 una parte dell'Autonomia trovò reale attuazione: devoluzione di molte entrate tributarie, ampia autonomia legislativa, istituzione dell'Alta Corte, etc. Si costituì regolarmente il parlamento regionale, l'Assemblea, così come la Giunta regionale di Governo, composta in genere da 12 assessorati regionali, su un modello in miniatura dello Stato italiano.
Da allora in poi, il processo di attuazione dello Statuto subì prima un rallentamento, poi un arresto, poi le norme attuative vennero emanate su un arco di tempo pluridecennale, in maniera sempre più lontana dal dettato originale, infine incominciò un lento processo di normalizzazione, rispetto alle regioni a statuto ordinario, con il sostanziale abbandono dell'impianto statutario, ancora formalmente vigente, ma in gran parte, e sempre di più, lettera morta.

Come è possibile che ciò sia avvenuto senza alcuna reazione da parte della comunità politica siciliana?
La risposta va data, in ultima analisi, nella sostanziale assenza, se non episodicamente, di partiti che si richiamassero all'Autonomia siciliana all'interno del Parlamento regionale, nonché al persistere di strutturali rapporti coloniali tra Sicilia e Italia, ai quali le classi dirigenti isolane ormai subalterne non furono mai estranee.
Sin dalle prime elezioni regionali, infatti, prevalse il centrismo democristiano, dapprima fragile e incerto, poi, man mano che le strutture di potere si andavano consolidando, sempre più robusto e monolitico, senza alcuna sostanziale possibilità di ricambio.
Il primo decennio, tuttavia, segnato da presidenze tutto sommato "nobili", come quelle di Alessi, Restivo e, per certi versi, anche quella di La Loggia, pure già più centralista, segnano un'effettiva fase positiva della Regione che, tra mille difficoltà e con il boicottaggio palese da parte dello Stato, riesce ad ottenere alcuni traguardi.
Le prime elezioni, nel 1947, iniziarono sotto i peggiori auspici, con la prima delle stragi "misteriose" dell'Italia repubblicana: Portella della Ginestra. Della strage fu considerato responsabile Turiddu Giuliano, ormai in balia degli agrari di varia estrazione (monarchici, liberali, democristiani), dopo lo scioglimento dell'EVIS che gli aveva tolto ogni credibile copertura ideologica "nobile". E tuttavia la ricostruzione ufficiale ad oggi appare poco credibile, quanto piuttosto sembra essere stata un'azione dimostrativa e intimidatoria contro le rivendicazioni contadine, nella quale il ruolo dei "briganti" era stato tutto sommato secondario, quasi da "capro espiatorio", rispetto a non ancora certamente identificate collusioni tra mafiosi, agrari, repubblichini (fascisti) e pezzi deviati dello Stato, probabilmente con la conoscenza di tali accordi anche da parte dei massimi vertici delle sinistre isolane, che – nel nuovo

contesto internazionale – preferirono forse accettare ed essere tollerati come opposizioni e fare propria la "vulgata" secondo cui della strage erano colpevoli i … separatisti, che avevano sciolto l'esercito da più di due anni.

La I legislatura (1947-1951) è retta da fragili governi a guida democristiana, poiché, a destra della DC, sono fortissime le destre tradizionali, più o meno di ispirazione agraria (i monarchici, i liberali, i qualunquisti, e i separatisti del MIS), mentre a sinistra era forte il Blocco del Popolo (unione di socialisti e comunisti) che addirittura disponeva della maggioranza relativa (mentre i separatisti di sinistra del MISDR non erano riusciti ad entrare in Assemblea). In questa legislatura, tuttavia, si devono al primo Presidente, Giuseppe Alessi, i primi coraggiosi passi nel costruire dal nulla una struttura amministrativa regionale e l'appropriazione di quasi tutte le entrate tributarie spettanti alla Regione.

Giuseppe Alessi, primo Presidente regionale

Sempre in questa legislatura è varata la Riforma Agraria (con una legge parallela a quella emanata dallo Stato per il Continente). Per quanto i vecchi latifondisti siano ben indennizzati e per quanto la riforma polverizzi la proprietà, rendendola improduttiva e quindi non riuscendo a spezzare la spirale del sottosviluppo e dell'emigrazione, questa rappresenta però una svolta epocale. La Sicilia "feudale" è colpita a morte e lentamente sparisce, facendo cambiare pelle al Popolo siciliano, che rapidamente lascia i borghi dell'interno e si inurba nei centri amministrativi e sulla costa, con un cambio radicale anche del sistema economico, non più centrato soltanto sull'agricoltura o lo zolfo, ma differenziato in vari settori, con un ruolo preponderante dei servizi, e della nuova "capitale", Palermo, ormai sempre più la "Città della Regione".
La II legislatura (1951-1955) è già saldamente in mani democristiane, spalleggiata da varie formazioni, alcune delle quali autonomiste o con persistenze indipendentiste. Il Presidente Restivo riesce, sia pure in una Regione "parlamentare", a condurre un governo di legislatura, caso unico più che raro. La Regione sembra paga dei suoi traguardi. Riesce anche a produrre qualche leggina sulla fiscalità di vantaggio; la Sicilia sembra recuperare anche lo svantaggio con il Nord, ma il dualismo strutturale non è mai seriamente intaccato.
La III legislatura (1955-1959) è quella che segna la rottura definitiva del sogno autonomista. Le norme transitorie in materia fiscale non sono mai superate. Lo Stato ricusa alla Regione la potestà tributaria, rinforzato dalla formale scomparsa degli autonomisti dall'Assemblea. Intanto nella DC la generazione dei "notabili" alla Alessi è superata dalla corrente fanfaniana, molto più morbida nei confronti delle istanze di Roma e di Confindustria, guidata da Giuseppe La Loggia, pure

se questi, almeno nella forma, non rinuncia alle prerogative autonomistiche della Regione, seppure in chiave ormai apertamente assistenziale. La corrente fanfaniana, però, ai livelli più bassi, soprattutto al Comune di Palermo, ha ormai i volti di Ciancimino, di Lima, e di altri politici apertamente compromessi con il potere criminale di Cosa Nostra, già "sbarcato" insieme alle truppe USA, e ora deciso ad occupare le stanze del potere senza più troppe mediazioni.

La svolta è nel 1956: la creazione della Corte Costituzionale svuota l'Alta Corte del numero di giudici necessario per farla funzionare. Per un anno circa è braccio di ferro tra Stato e Regione. Nel 1957 una sentenza (a nostro avviso deficitaria per mancanza di competenza naturale) della Corte Costituzionale dichiara forzosamente "assorbite" le funzioni dell'Alta Corte dentro quelle della Corte Costituzionale. Tale sentenza non è però immediatamente esecutiva. Il Parlamento, riunito in seduta comune, stava per nominare i membri mancanti dell'Alta Corte quando, su istanza dell'allora Presidente Gronchi, la nomina venne "sospesa" in attesa che una legge costituzionale di interpretazione autentica non valesse a regolare i rapporti tra le due corti.

Di fatto fu un colpo di stato con cui l'Autonomia siciliana veniva colpita a morte. Da allora in poi, a "colpi" di sentenze della Corte Costituzionale, lo Statuto della Regione sarebbe stato smontato pezzo per pezzo, fino a ridurlo a nient'altro che una semplice "devoluzione di funzioni amministrative" (e in parte, sempre più piccola nel tempo, di risorse erariali), priva di qualunque sostanza e funzione socio-economica.

Sarebbe però errato dire che la Regione (intesa come comunità politica) non reagì a tale colpo.

Gran parte della classe politica democristiana, infatti, aveva lottato contro l'indipendentismo ma era intrisa di sincera cultura autonomistica. La Sicilia aveva sì l'anomalia di essere regione autonoma senza partiti autonomi, ma i partiti "italiani" erano tutti, chi più chi meno, fautori dell'Autonomia, considerata un patrimonio politico comune a tutti.
La reazione era dovuta anche a sostanziali conflitti su diversi piani: quello finanziario delle risorse tributarie, quello dei modelli di sviluppo, nel quale l'industria siciliana, con la sua piccola "rimonta" degli anni '50, e con i suoi sogni di grandezza, criticava i "monopoli" favoriti dal governo italiano, quello dell'energia, legato alle recenti scoperte degli idrocarburi e alle promesse che suscitava l'industria petrolchimica e termoelettrica.
E questa reazione trovò sbocco nel 1958 in una "Rivolta parlamentare", in cui circa mezza DC uscì allo scoperto, dando vita ad un partito autonomista cattolico siciliano, l'Unione Siciliana Cristiano-Sociale, guidata da Silvio Milazzo, che mise insieme gli industriali di Sicindustria e gli agrari, ancora forti. A questi si unirono le opposizioni di sinistra e, per un certo tempo, anche quelle di destra, mettendo la DC, ancora potente del resto, all'opposizione.
Per 18 mesi circa la Sicilia resistette con un governo autonomo e contrapposto a quello nazionale, capace di un blocco sociale promettente e in grado di dare linfa nuova al progetto autonomistico. Le elezioni del 1959 (con cui iniziò la IV legislatura, fino al 1963) segnarono un pareggio, tra gli autonomisti e i loro alleati da un lato e la vecchia DC che, seppure ancora all'opposizione, dimostrò di essere ancora saldamente la forza maggiore in Sicilia.

Silvio Milazzo

Il Milazzismo, naturalmente, godette di pessima stampa italiana, interessata a dipingere l'operazione come una bieca unione di interessi di potere, nascondendo la reale posta in gioco, che era quella dell'emancipazione della Sicilia dal colonialismo interno.
Interessanti in tal senso gli aperti intendimenti di procedere a strumenti di pianificazione economica, all'apertura dell'esperienza delle partecipazioni industriali regionali (con una finanziaria regionale, la SOFIS), all'accelerazione, tramite l'Ente Siciliano di Elettricità (altra finanziaria regionale) dell'elettrificazione rurale.
La fragilità dell'ordinamento parlamentare, però, che rendeva gli esecutivi deboli rispetto alle burrasche assembleari, non aiutava certo un Governo che avrebbe avuto bisogno di maggiore coesione interna. La mafia rampante tentò di infiltrare il nuovo debole sistema di potere, soprattutto per mezzo degli esattori Salvo, ciò che però le sarebbe pienamente riuscito soltanto alla sconfitta dell'autonomismo e alla definitiva normalizzazione politica dell'Isola.

Il prevalere di ideologie "italiane" sull'interesse siciliano, la mancanza di altri soggetti politici siciliani forti, indebolirono l'esperimento, mentre nel frattempo i neofascisti di Grammatico abbandonarono la maggioranza, non potendo più giustificare al proprio interno una collaborazione con un esecutivo che vedeva l'appoggio, all'altro estremo, dei comunisti di Macaluso.
Ma ciò che fece definitivamente pendere la bilancia dal verso del centralismo furono due fattori a quei tempi invincibili.
Il primo era quello confessionale. Per quanto avesse caratterizzato in senso cattolico e devozionale il suo partito, Milazzo non sfuggì alla scomunica della Chiesa cattolica, il cui primate di Sicilia, cardinale Ruffini, trovava intollerabile la cooperazione politica con partiti apertamente atei come il partito comunista, o comunque marxisti come il partito socialista. Il sostegno della Chiesa alla DC non venne mai meno durante l'anno e mezzo di rivolta autonomista e i molti cattolici che non seguirono gli indirizzi ecclesiastici dovettero farlo su un piano strettamente personale, e in una società in cui il richiamo religioso era ancora particolarmente potente.
Il secondo fu l'errore di un viaggio in Unione Sovietica fatto da Corrao, numero due del partito, ed esponente della sua "ala sinistra" (Milazzo era invece su posizioni molto conservatrici).
La paura che si creasse una nuova "Cuba" nel centro del Mediterraneo internazionalizzò la questione e, con ogni probabilità, segnò la fine dell'esperienza.
Con un finto scandalo si travolse la maggioranza parlamentare già nel 1960. Dopo brevi tentativi di governi eterogenei, affidati all'autonomista dissidente Majorana della Nicchiara (un monarchico in realtà) e al socialista Corallo, la comunità politica siciliana si ricompatta di nuovo saldamente intorno alla DC che,

però, questa volta apre ai socialisti per ampliare la propria base parlamentare.
La svolta siciliana, guidata dal DC D'Angelo, costituisce la Sicilia per la prima volta "laboratorio politico nazionale", giacché l'esperimento di aprire alla sinistra moderata, certamente con la benedizione USA, diventerà di lì a poco un nuovo blocco politico destinato a governare l'Italia intera per molti anni.
Gli autonomisti, nati come partito di governo, non reggono alla prova dell'opposizione. Si spaccano in due tronconi: quello di sinistra, con Corrao, riesce ad eleggere un senatore alle elezioni politiche del 1963, ma poi sostanzialmente questo confluisce nel PCI, così come già era successo a Varvaro, esponente di sinistra del MIS, anni prima; quello di destra, con lo stesso Silvio Milazzo, è rapidamente abbandonato da tutti e si dissolve.

Il centro-sinistra, dapprima con D'Angelo, poi con altri presidenti piuttosto "anonimi", avrebbe governato silenziosamente la Sicilia per altri tre lustri abbondanti circa, senza alcuna possibilità di ricambio: a sinistra i comunisti condannati a una "opposizione di sua maestà", a destra, con la scomparsa dei monarchici, un piccolo MSI (i neofascisti), sostanzialmente "congelato" da un punto di vista politico, e, in difficoltà e regresso, ciò che restava dei liberali.
I due partiti di governo (DC e PSI) con i due piccoli alleati (PSDI e PRI), sono così un nuovo blocco di potere quasi da partito unico.
Così vanno avanti le legislature V (1963-1967), VI (1967-71) e gran parte della VII (1971-76), quasi senza storia.
Il Governo D'Angelo si dava in qualche modo tono di rinnovamento politico e di trasparenza, ma era più apparenza che realtà. La fine dell'Autonomismo comportò per lo Stato un "dividendo" da erogare ai politici siciliani fedeli che lo avevano consentito.

Le partecipazioni regionali non solo furono mantenute, ma accresciute, stavolta però non in chiave anti-italiana, ma apertamente clientelare. E il clientelismo e l'assistenzialismo si eressero a pratica politica ed economica ormai incontrastata. L'Ente Siciliano di Elettricità sarebbe sopravvissuto per qualche anno alla nazionalizzazione dell'energia elettrica (nascita dell'ENEL, 1964), ma anche questo negli anni '70 sarebbe stato sacrificato al nuovo centralismo economico.

Due traguardi finanziari importanti furono raggiunti.

Nel 1962, dopo varie assegnazioni provvisorie, anche se ingenti, che datavano dal 1947, il Fondo di Solidarietà Nazionale fu calcolato sull'85 % delle entrate che lo Stato otteneva dalla Sicilia per imposte di produzione (in gran parte le cd. accise petrolifere). Si trattò di un capolavoro politico per entrambe le parti: da un lato lo Stato in realtà non dava nulla alla Regione se non quello che aveva raccolto in Sicilia stessa; dall'altro, favorendo un modello di sviluppo che alla lunga sarebbe stato devastante per l'ambiente, la Regione si dotava di un fiume di risorse che, effettivamente, consentirono alla Sicilia di fare grandi progressi sul piano della infrastrutturazione e dei trasporti. Purtroppo, già dagli anni '70, queste ingenti risorse furono progressivamente distratte dalle spese infrastrutturali e assorbite dall'insaziabile assistenzialismo, fino a che nel 1990 non venne azzerato del tutto il Fondo di Solidarietà Nazionale, per essere ricostituito solo un decennio dopo ma ormai su cifre niente più che simboliche.

Altro traguardo, e altro capolavoro politico, fu il decreto attuativo della parte finanziaria dello Statuto, ottenuto nel 1965. Con esso ciò che era stato stabilito provvisoriamente nel 1948, divenne definitivo. La Sicilia, cioè, rinunciava di fatto a istituire tributi propri (se non in modo molto teorico), e quindi rinunciava alla

fiscalità di vantaggio, ma in cambio introitava la quasi totalità delle entrate pubbliche in Sicilia.
Questo traguardo avrebbe consentito alla Regione di farsi carico di quasi tutti i settori amministrativi che, effettivamente, nei decenni successivi sarebbero stati accollati alla Regione stessa. Ma, per contro, a partire da allora, e progressivamente nel tempo, lo Stato ha lentamente ripreso, con proprie leggi, quelle risorse, lasciando le spese a carico della Regione e quindi condannandola al sottosviluppo e alla discriminazione rispetto alle stesse altre regioni del Mezzogiorno. Nel breve termine, tuttavia, la comunità politica siciliana si vedeva data un'ampia autonomia di spesa con la quale gestire un benessere fittizio che, effettivamente, si era diffuso un po' in tutte le classi dell'Isola.
A proposito di "interessi oscuri", è di questi anni l'infiltrazione mafiosa a tutti i livelli della politica e dell'amministrazione siciliana. Cosa Nostra, attraverso il dominio incontrastato delle esattorie, degli appalti pubblici, in una parola, dell'economia siciliana, diventa un'istituzione non dichiarata, quasi alla luce del sole, capace di entrare e uscire dai palazzi del potere e di condizionare la politica come mai aveva fatto prima e come mai avrebbe fatto dopo.
Gli anni '70 segnano un evidente peggioramento qualitativo, sia sul piano della qualità della spesa, sia sul piano delle prassi parlamentari, sia sul piano delle congiunture economiche, ora meno favorevoli. Anche sul piano tributario, le grandi riforme del 1972 (introduzione dell'IVA) e del 1973 (introduzione dell'IRPEF e dell'IRPEG) sono occasione per dirottare, senza riforma del decreto del 1965, una quota crescente di risorse dalla Regione allo Stato, mentre la Regione si fa carico di un numero sempre maggiore di funzioni, non ultimo anche per la correlata istituzione delle regioni a statuto ordinario.

Ma la crisi, economica e soprattutto morale, di una Regione che ormai appare nient'altro che lo specchio periferico dello Stato, è occasione per una nuova manifestazione di vitalità della politica locale. Il più grande partito d'opposizione, poco a poco, passa da un'opposizione "consociativa" ad una collaborazione sempre più aperta con i governi di centro-sinistra, dapprima con il Governo Bonfiglio, e poi, ancor di più, con il Governo Mattarella.

È questa la fase della cd. solidarietà autonomistica, che vede protagonisti i due maggiori partiti, la DC e il PCI, con il PSI in una difficile posizione di minore importanza. Ancora una volta la Sicilia è "laboratorio" per i governi di solidarietà nazionale che, in parallelo, si sarebbero poi sviluppati in Italia alla fine degli anni '70 (la "solidarietà nazionale" di Andreotti, con un'apertura ai "comunisti" che, dopo l'uccisione di Aldo Moro, nel 1978, avrebbe segnato la sua fase calante).

Il petrolchimico siciliano nella Sicilia "autonoma"

Difficile dare un giudizio storico netto su questa fase della politica siciliana: ebbe i pregi e i difetti delle ideologie dei partiti che più la sponsorizzarono. Per un verso la Sicilia fu teatro di coraggiose riforme politiche e amministrative, come ad esempio l'introduzione del "bilancio pluriennale", nel 1977, poi "recepita" dallo Stato italiano. Per un altro, tuttavia, si ha come un'esplosione dell'assemblearismo e del consociativismo a tutti i livelli, a discapito dell'efficienza e dell'efficacia dei servizi pubblici, che diventano sempre più sinonimo di "carrozzone" clientelare, dalla sanità, alla scuola, alla formazione professionale, ormai saldamente lottizzata da partiti e sindacati più o meno consociativi, alle partecipazioni regionali, ormai ridotte a stipendifici e "appaltifici" pubblici.
L'VIII legislatura (1976-1981), inizia apertamente nel segno della "solidarietà autonomistica". Significativo l'aggettivo "autonomistica", del tutto privo di qualunque riferimento a conflitti con l'Italia, o a elementi identitari siciliani, ma piuttosto riferito al legame, ormai autoreferenziale, dei partiti con ciò che restava delle istituzioni regionali normalizzate.
Ma – va anche detto – che Mattarella, sia pure con estrema prudenza, tentò di far valere i diritti della Sicilia, condizionando tali pretese alle "carte in regola", con la pretesa quindi di combattere quegli stessi interessi, anche di tipo illecito, che ormai in Sicilia erano diventati semplicemente "il sistema".
Se fu per questa ragione, o per altre ragioni di carattere nazionale e internazionale più grandi, resta ad oggi oscuro. Sta di fatto che Cosa Nostra nel 1980 uccide Piersanti Mattarella, ponendo fine in modo brutale alla collaborazione tra democristiani e comunisti, del resto già tramontata in Italia da un anno, non molto diversamente da come era stato trucidato due anni prima Aldo Moro.

Superata questa fase, gli anni '80 riportano la Sicilia a essere semplice periferia dell'Italia, di cui replicano in tono minore tutte le vicende politiche. In Sicilia, come in Italia, è ora la volta del "Pentapartito", cioè di governi formati da democristiani e socialisti, con la partecipazione dei tre minori partiti laici, in piena spartizione consociativa del potere, con un'opposizione comunque molto morbida da parte del partito comunista, e i missini sempre "congelati" all'estrema destra in una sterile opposizione. Così la IX legislatura (1981-86) e la X (1986-91).

Stemma della Regione, adottato nel 1990

L'attività politica di questi anni consiste in pratica unicamente nella creazione di una nuova frontiera dell'assistenzialismo: il precariato pubblico. Esaurita, o quasi, la capacità di assorbimento nei ruoli della Regione e delle partecipate, ora il clientelismo trova le vie degli assunti a termine, i cd. "articolisti" la categoria principale, degli operai stagionali della forestale, dei dipendenti degli enti di formazione professionale. La Regione, ancora tutto sommato solida, riesce in qualche modo a svolgere le proprie funzioni in modo dignitoso, ma getta le basi per una vera e propria "bomba sociale" destinata ad ingigantirsi e ad esplodersi nei decenni successivi.

L'unica "novità" di questi anni – a parte la curiosità del Natoli, repubblicano indipendentista, Presidente "per una sola notte" – è la lunga Presidenza di Nicolosi, l'ultimo presidente forse di qualche spessore e autorevolezza, capace anche talvolta di far valere i diritti della Sicilia nei confronti dello stato centrale e di abbozzare persino una rete di relazioni internazionali nel Mediterraneo. Per superare le paralisi del parlamentarismo, Nicolosi fu accusato di spostare la gran parte delle decisioni di rilievo sull'Esecutivo, su di un "governo parallelo" del Presidente; parallelo anche rispetto agli altri Assessori di espressione parlamentare.
Di quegli anni anche la forte protesta popolare contro gli "euromissili" di Comiso. La Sicilia scopriva ora il peso delle servitù militari che, a dispetto della promessa smilitarizzazione, avevano poco a poco fatto della Sicilia una delle principali piattaforme logistiche militari USA e NATO.
Gli anni in questione sono anche quelli in cui la risposta dello Stato, ma anche e soprattutto della società civile, alla sfida di Cosa Nostra, si fa sempre più alta. Lo Stato risponde all'omicidio Mattarella, mandando un Prefetto dotato di poteri speciali, il generale Dalla Chiesa. Ma questi viene ucciso nel 1982. Poco dopo sarà la volta di La Torre, esponente comunista che aveva fortemente voluto l'esproprio dei patrimoni mafiosi, e che si era eretto a coraggioso difensore dell'Autonomia rispetto alle "pelose" critiche dei soliti poteri forti italiani. Lo Stato, in realtà, ha sempre un atteggiamento ambivalente. Una parte di esso sembra reagire, con il "maxiprocesso" e la costruzione del "pool antimafia" presso il Palazzo di Giustizia (e più tardi con un'operazione militare vera e propria chiamata "Vespri Siciliani"). Un'altra parte sembra invece

tenere legami proprio con Cosa Nostra, "incaricata" di mantenere in Sicilia equilibri politici necessari anche per l'Italia.
In tutto ciò il sistema comincia ad avere alcune crepe; il sistema dei partiti inizia a soffrire – come in Italia del resto – di delegittimazione. Sorgono liste "fai-da-te" che conquistano scranni all'Assemblea, fondate da "notabili" dei voti fuoriusciti dai partiti tradizionali, con un rapporto con i propri elettori che ormai ricorda più le appartenenze feudali che non quelle ideologiche.
Risorge, timidamente, il Sicilianismo, incoraggiato e ostacolato al contempo dalla contemporanea rapida e inaspettata ascesa della "Lega Nord" all'altro capo dello Stato. Sicilianismo che ora veste i panni della "ruota di scorta" dei partiti italiani, con una blanda rivendicazione autonomista, non disgiunta da pratiche clientelari, ora invece assume i caratteri più radicali dell'indipendentismo o di un autonomismo senza compromessi, ma restando ai margini della grande scena politica, sempre dominata dai partiti maggiori italiani.

La crisi della I Repubblica, sul finire degli anni '80 travolge anche il sistema di potere siciliano e lo stesso Nicolosi in persona, costretto a ritirarsi. Si fa interprete di questa "innovazione" una timida "primavera dei sindaci", a cominciare da Orlando, sindaco di Palermo, che sbandiera il vessillo dell'antimafia come rottura con il precedente sistema. La "primavera", però, è più di facciata che sostanziale: gli stessi sindaci, dopo il successo effimero della "Rete", nel 1991, "trovano casa" nei nuovi partiti "nazionali" nati nella II Repubblica e sono incapaci di una reale progettualità politica nuova.

L'XI legislatura (1991-96) segna uno dei punti più bassi delle istituzioni regionali. Pur cominciata con i migliori auspici, la scomparsa, tra il 1992 e il 1994, dei partiti della I Repubblica, unitamente a una serie incredibile di scandali, per i quali più della metà del Parlamento siciliano è inquisito o arrestato, trasformano le istituzioni siciliane in una sorta di "casa di fantasmi" sopravvissuta a sé stessa. Senza alcuna novità degna di nota la politica siciliana galleggia sul vecchio clientelismo, e sul rapido trasformismo nel quale i "politici" diventano una casta di professione, impegnata a mantenere la Sicilia nel sottosviluppo e nel voto di scambio, con un cambio repentino di "casacca" ogniqualvolta ciò si rende necessario.

I "fatti di mafia" raggiungono il culmine in questi anni con l'assassinio dei giudici Falcone e Borsellino, nonché del sacerdote Puglisi. Vi è anche da dire che, mai come in questo momento, i rapporti tra Stato e mafia sono stati obliqui e ingarbugliati, al punto che sulla morte dello stesso Borsellino si addensano tutt'oggi molti indizi sul fatto che non sia stata Cosa Nostra ad ucciderlo bensì segmenti deviati dello stesso Stato italiano.

Da allora in poi, però, Cosa Nostra entra in un lento ma inesorabile declino. Delegittimata nella società, sempre meno appoggiata, almeno apertamente, dallo Stato, non più funzionale alla "dominazione coloniale" della Sicilia, e lentamente sostituita da nuove forme di occupazione criminale del potere, meno "militari" e più sottili, spesso vestite con i panni della stessa antimafia.

In questo punto di minimo la Sicilia comincia a sperimentare anche un atteggiamento nuovo da parte dello Stato, ormai irrispettoso persino della forma dell'Autonomia: privata del Fondo di Solidarietà Nazionale, mutilata nella sua autonomia legislativa più elementare, derubata in pochi anni di tutto il proprio sistema finanziario e industriale, a favore dei grandi gruppi settentrionali, con la totale complicità della classe politica locale.

Nel 1994 la Sicilia perde il controllo del Banco di Sicilia (e della Sicilcassa che da questo è assorbita), e con il Banco perde simultaneamente ogni autonomia finanziaria degna di nota.
La Regione parlamentare che tramonta negli anni '90 (1947-2001), pur godendo nel complesso di pessima storiografia, ha però anche alcuni meriti storici. Grazie ad essa, e in parte anche agli interventi straordinari statali per il Mezzogiorno, dal Dopoguerra la Sicilia si dota di un sistema di trasporti autostradali, seppure incompleto, di un nuovo aeroporto per la città di Palermo con due piste, Punta Raisi, della costruzione di svariate aree industriali, della costruzione di numerose dighe e laghi artificiali per combattere l'annoso problema della siccità, dell'elettrificazione rurale nelle campagne e così via con molti interventi in vari campi infrastrutturali. L'entrata nell'era della globalizzazione, viceversa, segnerà un progressivo deterioramento o comunque rallentamento degli investimenti infrastrutturali, talvolta neanche in grado di garantire l'ordinaria manutenzione delle strutture esistenti.

Scudo del Gonfalone della Regione (oggi usato soprattutto come stemma della Presidenza) nel quale campeggiano lo stemma degli Altavilla, degli Hohenstaufen, la Trinacria e quello del Regno di Sicilia dopo il Vespro

Il vento delle riforme istituzionali italiane questa volta arriva tardi in Sicilia: la XII legislatura (1996-2001), l'ultima di quelle parlamentari, con Presidente e Assessori espressi esclusivamente dall'Assemblea, rappresenta ormai un'anomalia "proporzionale", in un sistema italiano ormai decisamente orientato verso il "maggioritario". Ma questa legislatura resta sostanzialmente identica alla precedente, con il lento incancrenirsi di tutti gli storici problemi economici e sociali della Sicilia, e con la semplice "ridenominazione" gattopardesca del personale politico secondo le nuove formazioni partitiche italiane: da un lato il centro-destra di Forza Italia, Alleanza Nazionale e i vari tronconi post-democristiani, dall'altro il centro-sinistra del Partito Democratico della Sinistra, poi Democratici di Sinistra (in ogni caso post-comunisti), della "Margherita" di centro-sinistra, e di vari soggetti, spesso definiti "cespugli" quasi in modo dispregiativo, rispetto alle formazioni post-comuniste. Marginale, ma progressivamente in crescita, il Sicilianismo di "centro-destra" (con Nuova Sicilia), presente anche il Sicilianismo radicale, con componenti eterogenee, ma incapace di mantenere una stabile rappresentanza in Assemblea, nonostante il relativo successo del 1996 (Noi Siciliani, lista che univa semplici autonomisti sturziani, sicilianisti veri e propri delle più svariate tendenze ideologiche, da destra a sinistra, e dai gradi più o meno spinti di autonomismo, e finanche gli indipendentisti). Si noti che, in ultimo sussulto di dignità, la Regione parlamentare prima di estinguersi dona finalmente alla Sicilia una "bandiera": dopo decenni di tabù politico, preceduta (1990) da una legge sullo stemma e sul gonfalone, finalmente la Trinacria su sfondo giallo e rosso prende a sventolare dalle scuole e dagli uffici pubblici (2000).

(Myriam Thyes / Klone123 via Wikimedia Commons)

Bandiera ufficiale della Regione Siciliana (2000), simile, ma non identica a quella degli indipendentisti degli anni '40

In queste condizioni si chiude, nel 2001, la storia della Regione "parlamentare", tra qualche luce e molte più ombre. Il 2001, infatti, vede una doppia riforma costituzionale, destinata ad incidere profondamente nella storia di Sicilia a noi più vicina.

La prima riforma interessa tutta l'Italia, ed è il cosiddetto federalismo, anche se questa dizione è un po' impropria perché lo Stato italiano resta pur sempre unitario e regionale. In realtà, per fermare le pulsioni separatiste settentrionali, lo Stato devolve molte funzioni alle regioni, e soprattutto introduce elementi di federalismo finanziario. Ciò che interessa la Sicilia è che in tal modo si riduce la già debole funzione perequatrice dello Stato italiano e si aggrava la Questione meridionale, mentre le differenze di autonomia tra le regioni a statuto ordinario e quelle a statuto speciale si riducono in maniera sensibile, contribuendo ad una relativa normalizzazione delle seconde.

La seconda, invece, è una riforma specifica dello Statuto siciliano, fatta nello stesso anno. In buona sostanza la Sicilia cambia forma di governo, passando da regione parlamentare a regione presidenziale, con un Presidente eletto direttamente dai cittadini, con poteri molto più forti nei confronti dell'Assemblea (ad esempio gli assessori sono nominati e revocati da questi senza bisogno di consenso parlamentare) che non può sfiduciarlo senza decadere a sua volta. La stessa Assemblea vede introdurre un premio di maggioranza attribuito al gruppo di liste collegate al candidato presidente risultato vincente, senza abbandonare del tutto il sistema proporzionale della I Regione. Una riforma elettorale che entra in vigore 5 anni dopo (2006) introduce uno sbarramento elettorale al 5 % e completa il quadro, determinando una drastica semplificazione del sistema partitico.

Queste riforme determinano un vero e proprio cambio radicale della politica siciliana, trasformata in una piccola "repubblica presidenziale" nelle mani del "governatore" (come impropriamente viene ora chiamato il Presidente eletto direttamente dai cittadini, sul modello analogo degli stati USA). Il legame diretto di questo con Roma, lo svuotamento delle funzioni legislative dell'Assemblea ad opera di sentenze della Corte Costituzionale sempre più severe, rendono il Parlamento siciliano una "cittadella del privilegio" di notabili della politica, esautorata di reali poteri, con una produzione legislativa rada e scadente, limitata al sollecito di residuali favori alle clientele elettorali. Per questa ragione si parla sempre più spesso di "Regione presidenziale" o II Regione, a partire almeno dalla XIII legislatura.

All'inizio della II Regione lo schieramento di centro-destra sembra un blocco di potere inespugnabile. La XIII (2001-06) e la XIV (2006-08) legislatura, vedono la stabile Presidenza del democristiano Totò (Salvatore) Cuffaro, quasi simbolo di quest'epoca.

Allievo politico del DC Calogero Mannino, uno dei "potenti" dell'ultima regione parlamentare, si era già distinto negli ultimi anni di questa per il gran numero di preferenze personali, come assessore del Governo Capodicasa (sinistra), e soprattutto per il particolare "metodo politico".
Cuffaro porta il sistema dell'ultima Regione alle sue estreme conseguenze. Il clientelismo e l'assistenzialismo diventano un sistema generalizzato di governo. Le assunzioni, dirette e indirette, nei ranghi della Regione, raggiungono i livelli massimi possibili e il record storico. La Regione, priva di risorse fresche e già colpita da politiche restrittive da parte dello Stato, continua a espandersi contraendo debiti e peggiorando il livello dei servizi e degli investimenti pubblici. L'immagine delle istituzioni pubbliche degrada progressivamente, ma non si delineano alternative a un sistema politico bloccato.
Nella maggioranza c'è un'alleanza tra post-democristiani, Forza Italia (il partito del leader/imprenditore italiano Silvio Berlusconi), Alleanza Nazionale (evoluzione moderata del vecchio MSI neofascista) e vari partiti autonomisti (dapprima essenzialmente "Nuova Sicilia", poi il sempre più grande e agguerrito "Movimento per le Autonomie" del post-democristiano Raffaele Lombardo, anche lui allievo politico di Calogero Mannino). Ma, in realtà, in quegli anni, si assiste a un continuo "cambio di casacche" da parte dei politici del blocco di centro-destra, i quali rispondono in sostanza solo ai loro parcellizzati elettorati personali.

La cd. sinistra, nelle sue varie denominazioni, si limita ad un'opposizione debole e non troppo diversa, nel metodo e nei contenuti, rispetto al blocco dominante. Vincente talvolta a livello amministrativo, è ripetutamente sconfitta nelle elezioni

regionali e politiche. Il 2001 è l'*annus horribilis* della sinistra: tutti i 61 collegi uninominali di Camera e Senato sono attribuiti al centro-destra e la sinistra, o centro-sinistra, deve accontentarsi di modesti ripescaggi al proporzionale. Alle regionali dello stesso anno l'eterno sindaco di Palermo, Orlando, è sconfitto nettamente, mentre ancora peggiore e fallito (solo 4 deputati) è il tentativo del centrista D'Antoni (già a lungo sindacalista cattolico della CISL) di creare un terzo polo.
Nel 2006 il centro-sinistra ci riprova con Elvira Borsellino, sorella del più noto giudice ucciso nell'attentato di Via D'Amelio nel 1993. Ma il risultato non è migliore. Si segnala il tentativo, nelle stesse elezioni, per certi versi un po' velleitario, del post-missino Nello Musumeci, di dare vita a un autonomismo di destra (Alleanza Siciliana). I risultati modesti lo inducono però a riconfluire nel centro-destra "italiano".

In realtà i primi anni del 2000 segnano una lenta crescita del Sicilianismo. Reduci dall'esperienza del 1996 i sicilianisti si disperdono in un pulviscolo di associazioni e movimenti. Tra questi si segnala, per il particolare attivismo su internet, un'associazione di siciliani all'estero, "L'Altra Sicilia", di Francesco Paolo Catania, che contribuisce alla rinascita di un autonomismo radicale, alle soglie dell'indipendentismo. Questo movimento culturale, però, resta minoritario, pur se viene raccolto dai "politici di professione" che ne fanno una bandiera per fare una leggera fronda all'interno degli schieramenti nazionali. Prima "Nuova Sicilia" di Bartolo Pellegrino e "Patto per la Sicilia" di Ciccio Nicolosi, poi sarà appunto la volta a destra di Nello Musumeci con Alleanza Siciliana. Persino a sinistra ci sono tentativi di federalizzare i partiti di rappresentanza o di crearne uno nuovo ("Sicilia Democratica" dell'on. Morinello, tentativo poi abortito). Ma sarà al centro che il tentativo avrà successo. Raffaele Lombardo crea nel 2004 il "Movimento per l'Autonomia", e ottiene nel 2006 un discreto successo elettorale, inglobando l'anno dopo il piccolo partito di Pellegrino.

Lombardo però resta incerto tra l'autonomismo siciliano (peraltro assai moderato, sul modello che fu di Milazzo) e una sorta di "leghismo meridionale", che viene inutilmente tentato per anni. Sta di fatto che intanto ruba spazi e consensi, non solo clientelari ma anche d'opinione, al tradizionale centro-destra.

In questo frangente la Sicilia è travolta da uno scandalo senza precedenti: Cuffaro è accusato, e poi condannato, per un delitto infamante, "concorso esterno in associazione mafiosa". Dopo pochi giorni di esitazioni, è costretto a dimettersi (2008). La società siciliana, tuttavia, sembra poco scossa da questo terremoto istituzionale.

Le elezioni anticipate (2008) vedono il trionfo dell'autonomista Lombardo (XV legislatura, 2008-12) a capo di una coalizione di centro-destra. La "sinistra", guidata dalla candidata Finocchiaro, ottiene l'ennesima sconfitta, dimostrando la propria cronica incapacità di intercettare reali consensi. Tra i candidati "minori" si segnala una prima comparsa degli anti-sistema "grillini" di Sonia Alfano, "5 Stelle" *ante litteram*, che però non riescono ancora a superare lo sbarramento elettorale.
Se le legislature di Cuffaro erano state critiche quella di Lombardo è drammatica.

Raffaele Lombardo

La crisi finanziaria siciliana, però, viene da lontano.
Dopo una lunga integrazione, iniziata nel 1951 con l'istituzione della CECA, proseguita nel 1957, con la CEE, da cui l'agricoltura siciliana avrebbe tratto a lungo significativi contributi, nel 1968 con l'abolizione delle dogane, nel 1987 con l'Atto Unico di Bruxelles (le quattro libertà di circolazione di merci, servizi, persone e capitali), nel 1991 con il Trattato di Maastricht (con cui nasce l'Unione Europea), nel 1999-2002 con l'introduzione della moneta unica europea, ora entra in vigore (2009) il Trattato di Lisbona, con il quale sostanzialmente gli stati, in particolare quelli dell'eurozona, perdono la propria piena sovranità in materia di finanze pubbliche. Quest'ultima svolta, sebbene lentamente preparata e relativamente silenziosa, è in realtà epocale. Secondo taluni da allora l'Italia non è più propriamente un paese del tutto sovrano ma è entrata a far

parte di una sorta di "Confederazione" sovranazionale. Questo fa sì che la stessa storia siciliana non possa essere più considerata solo "italiana", ma ora anche "europea".

Questo, a sua volta, determina una stretta sui conti pubblici che porta lo Stato italiano, al proprio interno, a rivalersi in parte sui suoi enti locali, in particolare su quelli delle aree più deboli del Paese. La Sicilia, nonostante i tagli e il risanamento intrapresi da Lombardo, specie nella sanità, già fuori controllo negli anni passati, diventa oggetto di una vera e propria aggressione finanziaria che ne compromette la funzionalità.

Le rivendicazioni autonomiste di Lombardo, in condizioni di scarsità di risorse, fanno esplodere le contraddizioni. Il governo italiano, allora Berlusconi-Tremonti-Bossi, a forte trazione nordista, si trova a marginalizzare l'alleato meridionale. Lombardo rapidamente perde la maggioranza parlamentare, per la defaillance prima dei centristi e poi di parte dei forzisti. Ma non si dimette e cerca, di volta in volta, maggioranze parlamentari variabili, rimettendo in gioco i "democratici" dell'opposizione, e appoggiandosi saldamente su Confindustria, già dai tempi di Cuffaro di fatto presente in ogni maggioranza parlamentare.

Gli industriali in questi anni giocano però un ruolo molto diverso dagli anni di Milazzo. Ora vestono intanto i panni dell'antimafia di maniera, più tardi travolti da scandali che svelano un quadro di cupa corruzione, e si mostrano assai sensibili agli interessi esterni di sfruttamento di occasioni di affari in Sicilia piuttosto che a quelli di uno sviluppo economico autonomo della Sicilia.

Lombardo alterna rivendicazioni, spesso sterili, a pratiche clientelari di nomina di fedeli e fedelissimi in tutti i posti possibili di sottogoverno, sopravvivendo di anno in anno con un tatticismo esasperante che presto gli fa esaurire l'iniziale consenso che aveva distinto la sua Presidenza.

Non scioglie le contraddizioni, limitandosi a dire più spesso sì, come aveva già fatto sempre Cuffaro prima di lui, in molte occasioni, come ad esempio quando l'Italia sceglie la Sicilia per l'installazione del MUOS, un impianto satellitare americano assai contestato per i suoi effetti ambientali e sulla salute, e qualche no, come ad esempio sul disegno di installare in Sicilia quattro mega-inceneritori di rifiuti.
Non mancano timidi tentativi di riscatto, anche su aspetti dall'alto valore simbolico. Tra questi almeno la "Festa dell'Autonomia" nelle scuole (il 15 maggio, anniversario della conquista dello Statuto speciale, poi soppressa nel 2018), o la teorica introduzione della storia, dello Statuto e della lingua siciliana (prudentemente chiamata però "patrimonio linguistico") con una legge del 2011, poi restata in gran parte lettera morta. Altre riforme lombardiane riguardano il comparto sanitario e la ridenominazione di alcuni assessorati regionali, in chiave di maggiore sovranità (l'Assessorato alle finanze che diventa "all'economia", o i beni culturali cui si affianca "l'identità siciliana"). Riforme, invero, più nominali che reali.
Alla fine lo scontro lo vede soccombere, come già era successo a Milazzo circa mezzo secolo prima, ma questa volta per via giudiziaria. Coinvolto anche questo Presidente in un processo di mafia, dai contorni più che dubbi, la XV legislatura viene travolta nuovamente da scioglimento ed elezioni anticipate.

Le elezioni dell'autunno del 2012 vedono la destra tradizionale divisa tra quella tradizionale (guidata da Musumeci, nel frattempo rientrato nei ranghi) e una vagamente autonomista (guidata dall'ex forzista Micciché, già Presidente ARS ai tempi di Cuffaro, fondatore di Forza Italia in Sicilia, per breve tempo a capo di una formazione vagamente meridionalista, Grande Sud, cui si aggregano le truppe in ritirata dell'MPA di Lombardo, comunque ancora capaci di esprimere rappresentanza parlamentare). Al di là delle sigle, tuttavia, si vocifera di un patto sotterraneo, tra la destra e la sinistra "nazionale" per lasciar vincere quest'ultima nel segno di una continuità delle politiche di sfruttamento esterno della Sicilia. Sotto la bandiera dell'antimafia, infatti, sarà questa volta Saro Crocetta, già sindaco di Gela, a diventare presidente della XVI legislatura (2012-17) e a far prevalere, per la prima volta nella storia della Regione, la sinistra e, sempre più, con il consenso di Confindustria.

Se la legislatura di Lombardo era stata drammatica, quella di Crocetta si rivela tragica.

Il quadro politico che emerge dalle elezioni risulta molto frammentato. All'opposizione emerge potente il movimento fondato dal comico Beppe Grillo, "5 Stelle", che però talvolta coopera su singoli provvedimenti con il Governo regionale di Crocetta.

Questi, senza maggioranza parlamentare assoluta, sin dall'inizio della legislatura, naviga letteralmente a vista per tutto il quinquennio.

La Sicilia è adesso letteralmente "punita" dal Governo italiano per il sussulto autonomistico avuto nella precedente legislatura.

Le istituzioni regionali, formalmente non abrogate, toccano il loro minimo storico, materiale e morale. Lo Stato toglie alla Sicilia svariati miliardi l'anno di quelli che le toccano per Statuto, lasciandole il peso dell'amministrazione pubblica, impone la rinuncia al gettito dei ricorsi in Corte Costituzionale per svariati miliardi, legalizza, con accordi-capestro, le sottrazioni di risorse, impone la cancellazione di tutti i crediti della Regione verso lo Stato dal proprio bilancio, impone persino la rinuncia alla propria potestà legislativa, con leggi-fotocopia di quelle "nazionali", i

trasferimenti verso gli enti locali sono quasi azzerati, alla Sicilia è imposto un contributo al risanamento della finanza pubblica quadruplo rispetto a quello delle altre regioni, assunzioni e contratti pubblici sono bloccati *sine die*, lo Stato impone – infine – tutti gli assessori all'economia nominandoli dall'esterno quasi con il ruolo di commissario rispetto a un Presidente ridotto a rappresentante di facciata.
Nel frattempo la Sicilia è aggredita su tutti i media nazionali, con linciaggi quotidiani, spesso senza contraddittorio, additata come la responsabile di tutti i problemi nazionali.
Esplode infine in tutta la sua drammaticità il problema insoluto dei precari pubblici: forestali, comunali precari, addetti alla formazione e all'orientamento professionale.
L'Autonomia stessa, ormai paralizzata del tutto, viene additata come la fonte di tutti i mali e da più parti ne viene invocata l'abrogazione da campagne orchestrate da media legati ai principali partiti italiani di governo e di opposizione. Appare quasi un miracolo che lo Statuto non sia stato travolto in questo quinquennio. Tuttavia, dietro *diktat* romano, il numero dei deputati è ridotto da 90 a 70, nel quadro di una progressiva normalizzazione della Sicilia rispetto alle altre regioni.

Le condizioni economiche e sociali della Sicilia risentono di questo rinnovato colonialismo interno e diventano a dir poco disastrose. Le infrastrutture, in particolare quelle di trasporto, abbandonate a sé stesse, vanno letteralmente in rovina. Disoccupazione e precariato esplodono, in particolare tra i giovani, che iniziano un silenzioso esodo di massa, da cui interi paesi risultano spopolati. L'austerity imposta da Roma negli anni di una crisi globale (quella iniziata in America negli anni 2007-08) segna un gravissimo declino

per la Regione. Le sue istituzioni sono mediamente ignorate o disprezzate dall'opinione pubblica.
Altro dramma, a partire dal 2011, è rappresentato dai continui e crescenti sbarchi di "migranti", successivi al collasso del regime di Gheddafi in Libia. Sebbene la Sicilia sia quasi sempre solo terra di transito, rispetto a questo esodo/traffico, il costo dell'accoglienza è in parte lasciato dallo Stato agli enti locali, o gestito in grandi "centri di accoglienza" di dubbia sicurezza, come ad esempio il CARA di Mineo. Alcuni servizi essenziali, come la raccolta dei rifiuti, mai organizzata in senso moderno, sono al limite del collasso, così come l'assistenza ai disabili gravi e gravissimi, diventata uno scandalo nazionale.

In questo quadro convulso si svolgono le elezioni regionali del 2017, nelle quali la sinistra, che schiera questa volta il rettore dell'Università di Palermo, Micari, viene definitivamente marginalizzata, e in cui lo scontro aperto è invece tra il Movimento 5 Stelle, che schiera nuovamente Cancelleri come cinque anni prima, e il centro-destra, ricompattato su Musumeci, che ha la meglio. Ancora peggio la sinistra radicale che porta in ARS solo un deputato. Si segnala pure la presenza alle elezioni di un piccolo partito neoindipendentista, "Siciliani Liberi", fondato nel 2016.

La XVII legislatura (2017-) è ancora cronaca. Non possiamo dare giudizi storici su eventi in corso; eventi che si incrociano fatalmente con il crollo della II Repubblica in Italia alle elezioni del 2018, non senza speranze di riscatto per l'irrisolta Questione Siciliana.

Cronologia politica:

1946-1947 Alto Commissariato Civile per la Sicilia:

1946 Igino Coffari (indipendente)

1946Paolo D'Antoni (Democrazia Cristiana)

1946-1947 Giovanni Selvaggi (Partito Repubblicano Italiano)

Dal 1947 Regione Siciliana:

1947-2001 Regione "parlamentare":

<u>I legislatura:</u>

1947-1948 Giuseppe Alessi (I) (Democrazia Cristiana)

1948-1949 Giuseppe Alessi (II) (Democrazia Cristiana)

1949-1951 Franco Restivo (I) (Democrazia Cristiana)

<u>II legislatura:</u>

1951-1955 Franco Restivo (II) (Democrazia Cristiana)

<u>III legislatura:</u>

1955-1956 Giuseppe Alessi (III) (Democrazia Cristiana)

1956-1957 Giuseppe La Loggia (I) (Democrazia Cristiana)

1957-1958 Giuseppe La Loggia (II) (Democrazia Cristiana)

1958-1959 Silvio Milazzo (I) (Unione Siciliana Cristiano-Sociale)

<u>IV legislatura:</u>

1959 Silvio Milazzo (II) (Unione Siciliana Cristiano-Sociale)

1959-1960 Silvio Milazzo (III) (Unione Siciliana Cristiano-Sociale)

1960-1961 Benedetto Majorana della Nicchiara (dissidente monarchico dell'USCS)

1961 Salvatore Corallo (Partito Socialista Italiano)

1961-1962 Giuseppe D'Angelo (I) (Democrazia Cristiana)

1962 Giuseppe D'Angelo (II) (Democrazia Cristiana)

1962-1963 Giuseppe D'Angelo (III) (Democrazia Cristiana)

V legislatura:

1963 Giuseppe D'Angelo (IV) (Democrazia Cristiana)

1963-1964 Giuseppe D'Angelo (V) (Democrazia Cristiana)

1964 Giuseppe D'Angelo (VI) (Democrazia Cristiana)

1964-1966 Francesco Coniglio (I) (Democrazia Cristiana)

1966-1967 Francesco Coniglio (II) (Democrazia Cristiana)

1967 Francesco Coniglio (III) (Democrazia Cristiana)

VI legislatura:

1967 1967Vincenzo Giummarra (I) (Democrazia Cristiana)

1967-1968 Vincenzo Carollo (I) (Democrazia Cristiana)

1968-1969 Vincenzo Carollo (II) (Democrazia Cristiana)

1969-1970 Mario Fasino (I) (Democrazia Cristiana)

1970-1971 Mario Fasino (II) (Democrazia Cristiana)

1971 Mario Fasino (III) (Democrazia Cristiana)

VII legislatura:

1971 Mario Fasino (IV) (Democrazia Cristiana)

1971-1972 Mario Fasino (V) (Democrazia Cristiana)

1972-1974 Vincenzo Giummarra (II) (Democrazia Cristiana)

1974-1976 Angelo Bonfiglio (I) (Democrazia Cristiana)

VIII legislatura:

1976-1978 Angelo Bonfiglio (II) (Democrazia Cristiana)

1978-1979 Piersanti Mattarella (I) (Democrazia Cristiana)

1979-1980 Piersanti Mattarella (II) (Democrazia Cristiana)

1980 Gaetano Giuliano (Vicepresidente ad interim, Partito Socialista Italiano)

1980-1981 Mario D'Acquisto (I) (Democrazia Cristiana)

IX legislatura:

1981-1982 Mario D'Acquisto (II) (Democrazia Cristiana)

1982-1983 Calogero Lo Giudice (Democrazia Cristiana)

1983-1984 Santi Nicita (Democrazia Cristiana)

1984-1985 Modesto Sardo (Democrazia Cristiana)

1985-1986 Rosario Nicolosi (I) (Democrazia Cristiana)

<u>X legislatura:</u>

1986-1987 Rosario Nicolosi (II) (Democrazia Cristiana)

1987-1988 Rosario Nicolosi (III) (Democrazia Cristiana)

1988-1989 Rosario Nicolosi (IV) (Democrazia Cristiana)

1989 Salvatore Natoli (Partito Repubblicano Italiano)

1989-1991 Rosario Nicolosi (V) (Democrazia Cristiana)

<u>XI legislatura:</u>

1991-1992 Vincenzo Leanza (I) (Democrazia Cristiana)

1992-1993 Giuseppe Campione (I) (Democrazia Cristiana)

1993 Giuseppe Campione (II) (Democrazia Cristiana)

1993-1995 Francesco Martino (Partito Liberale Italiano)

1995-1996 Matteo Graziano (Partito Popolare Italiano)

<u>XII legislatura:</u>

1996-1998 Giuseppe Provenzano (Forza Italia)

1998 Giuseppe Drago (Centro Cristiano Democratico)

1998-1999 Angelo Capodicasa (I) (Democratici di Sinistra)

1999-2000 1999-2000Angelo Capodicasa (II) (Democratici di Sinistra)

2000-2001 Vincenzo Leanza (II) (Forza Italia)

Dal 2001 Regione "presidenziale":

<u>XIII legislatura:</u>

2001-2006 Salvatore Cuffaro (Cristiani Democratici Uniti e Unione di Centro, maggioranza della Casa delle Libertà)

<u>XIV legislatura:</u>

2006-2008 Salvatore Cuffaro (Cristiani Democratici Uniti e Unione di Centro, maggioranza della Casa delle Libertà)

2008 Nicola Leanza (Vicepresidente ad interim, Movimento per le Autonomie)

XV legislatura:

2008-2012 Raffaele Lombardo (Movimento per le Autonomie, con maggioranze variabili)

XVI legislatura:

2012-2017 Rosario Crocetta (Il Megafono, con governo di minoranza di centro-sinistra)

XVII legislatura:

2017- Nello Musumeci (Diventerà Bellissima, con maggioranza di centro-destra)

- INDICE -

PARTE I – SICILIA ANTICA O SICULO SICELIOTA p. 5

Capitolo 1: Sicilia presitorica e protostorica p. 9

Capitolo 2: Dalle Pòleis al Regno Siceliota p. 21

Capitolo 3: La Sicilia Provincia Romana p. 43

Capitolo 4: L'Emirato di Sicilia p. 65

PARTE II – IL REGNO DI SICILIA p. 91

Capitolo 1: La Dinastia Altavilla o Normanna p. 99

Capitolo 2: La Dinastia di Svevia o Hohenstaufen p. 123

Capitolo 3: Il Vespro e la Dinastia Aragona p. 139

Capitolo 4: La Dinastia Trastàmara p. 177

Capitolo 5: La Dinastia Asburgo p. 201

Capitolo 6: La Dinastia Borbone p. 229

PARTE III – SICILIA E ITALIA p. 267

Capitolo 1: La Sicilia nel Regno delle Due Sicilie p. 273

Capitolo 2: La Sicilia nel Regno d'Italia p. 297

Capitolo 3: La Sicilia nella Repubblica Italiana e nell'Unione Europea p. 337

19514211R00227

Printed in Great Britain
by Amazon